MESSAGES FROM MICHAEL

マイケルからのメッセージ

チェルシー・クィン・ヤーブロ著　鈴木里美訳

中位コーザル界の存在が伝える
魂の進化についての真実

ナチュラルスピリット

MESSAGES FROM MICHAEL
by Chelsea Quinn Yarbro

マイケルからのメッセージを受けとったすべての人たちのために

●注意書き

この本は約十年前から始まった、数千時間にも及ぶ降霊術の口述の筆記録を編集し、一冊の本にまとめたものです。プライバシーの保護のため、霊媒自身、彼女の家族、彼女の大勢の仲間たちなど、すべての名前を変えてあります。ただし霊媒が接触しつづけてきた集合的存在の名前だけは変えていません。このマイケルという集合的存在の意見やコメントは太字で表記され、それらは完全にこの集合的存在のものです。この本に関わった他の誰の態度、意見、信念、信仰に、必ずしも合意するものではありません。

●翻訳にさいしての注意書き

本書は『魂のチャート』(ナチュラルスピリット刊)と同じく、マイケルという存在をチャネリングした本ですが、これら二冊は書かれた時期も著者も異なるため(『マイケルからのメッセージ』一九七九年チェルシー・クィン・ヤーブロ著、『魂のチャート』一九九〇年ホセ・スティーブンス/サイモン・ワーウィック・スミス著)、本文中で使用されている表現、英単語が異なります。翻訳者も異なるため、本書の翻訳にさいしては『魂のチャート』と訳語をできる限り統一しました。ただし原書で使用されている言葉の意味が大きく違ってしまう箇所については無理に統一せず、原書を尊重して異なる訳語を使用しています。そのような箇所については、本文131ページと158～162ページの図中に『魂のチャート』で使用されている訳語を( )で記載しています。

序文【一九七八年】

オカルト研究は常に私にとって魅力的なものでした。二十年以上もこの分野に興味をもち、過去十八年間はタロットカード・リーディングや手相などのように、あまり努力を必要としない修練を行ってきました。サンフランシスコにあるナイトクラブ、マジック・セラーでは、四年ほどカード・リーディングをしていました。そのナイトクラブは主にマジック・ショーを見せるための店でしたが、残念なことに今では閉店してしまいました。また錬金術の実験と組み合わせて歴史ホラー小説のシリーズを書き、セント・マーチン・プレスとニュー・アメリカン・ライブラリーから出版されています。

私はたいてい他のオカルト研究者、特に自分の研究の体裁づくりに力を入れているような人たちを避けてきました。また、オカルトグループに一般的にみられる操作的な態度や教義的なアプローチは好きではありません。

この本の中でジェシカ・ランシングと呼んでいる女性との出会いは、オカルトとも私の書く仕事ともまったく関係ありませんでした。彼女とは音楽への強い関心を共有しており、その音楽活動を通して出会ったのです。親しくなって一年が過ぎる頃まで、私たちはお互いがオカルトに関心をもっていることを知りませんでした。ある時私が彼女にマジック・セラーの入場券を渡し、その夜、私は彼女のカードを読むことになったのです。私が彼女の家で最初のセッションに参加したのは、それからすぐのことでした。

最初のうち、私は彼女のやっていることに半信半疑でした。あまりにも簡単で調子が良すぎるように思えたからです。もちろん彼女はかなり実践を積み、技術に精通しており、まったく疲れを見せずに何時間も集中してワークし続けるための内なる修練もしていました。また、私が彼女のグループに興味をもったのは、そこに集まるメンバーが他の数多くのオカルトグループに見られるような軽々しく信じる信奉者でも、ただ興奮を求めてやってくる遊び半分の上中流階級の人々でもなかったからです。そこに集まる人々は職業人で、穏やかで、思慮があり、探究心旺盛な人々でした。彼らはマイケルの情報を調べて疑いました。私はそれが気に入りました。また、その教えに宗教のように心酔することはなく、ただ注意深い探究があるのみで理解と明瞭さが強調されていました。そしてマイケルは私を喜ばせる、痛烈な知的ユーモアの持ち主でした。

しかし変わることなく、疑問が生じます。「私はこれを信じているのだろうか？」この疑問の答えとして唯一あげられるのは、「時々」信じるということです。たしかにマイケルは、私の人生の重要な瞬間を見出す超自然的能力をもち、私が最も魅力を感じる過去の歴史の時代を特定しました。これはジェシカが非常に優れたテレパシー能力者だからかもしれません。あるいは彼女がまったく何も無いところから、徹底的な研究をして、このようなことをつくり出しているのかもしれません。しかし私はそんなことはあり得ないと思います。何をどのようにしているにしろ、彼女の言うことには筋が通っています。彼女は、彼女自身も私も知らない人々についての情報を受けとってきましたが、その応えは常に明確でした。例えば、私がこのようなセッションに参加していることを知っていたある友人が、彼女のいとこのサニーから手紙を受けとったことを私に話しました。サニーは新しい男友達ができ、彼と付き合うべきか決めかねて相談してきたのです。私はサニーも彼女の男友達のことも知りませんでした。しかし、セッションの時にこのことについて質問すると、マイケルから次のような答えが返ってきました。

この質問の男性は、レノアという女性とある契約をしています。その契約はある知的計画を進行させることと関係しています。この二人の関わりから親密な関係が生じることは疑わしいと思いますが、彼らの人生の課題を達成するためには、お互いにとって非常に役に立つ関係となるでしょう。

私はこの答えを友人にそのまま伝えました。結局彼女はそれを彼女のいとこには伝えなかったそうです。なぜなら彼女はいとこについて、自分がウィージャ盤に質問したことを認める勇気がなかったからです。しかし六ヶ月後、このいとこと男性はサンディエゴにアート・ギャラリーを開き、二人の関係は仕事と金銭面で成功していました。ついでに言うと、このいとこの名前はレノアといい、これは彼女の叔母からもらった名前で、その叔母がまだ生きているために、彼女は通常サニーというニックネームで呼ばれているのだそうです。

これを説明することは私にはできません。

これらのセッションを調査した霊能力研究者たちも何人かいましたが、彼らもまたジェシカの正当性を保証しました。彼女が何をしているとしても、誰と接触しているとしても、そこにいかさまはありませんでした。

この本は十回の特別なセッションと、八年に及ぶ通常のセッションの筆記録をまとめたものです。その筆記録は活字にして三千ページ以上に及び、ページ数は年々増え続けています。私はこれらの情報を可能な限り直接、かつ単純に紹介するよう努力しました。マイケルの言った言葉は一切書き換えていませんが、グループの質問については、混乱を避けるためにいくつかの質問をひとつにまとめるという作業をしました。これを行った箇所では、関連した複数の質問をひとつにまとめたことを表すため、質問に「括弧」がついていません。

ここで私は寛大にも時間を割いて、本文の中で彼らの資料や彼ら自身を（仮名で）使うことを許してくれたマイケル・グループの十四人のメンバーに、特別に感謝します。また、プレイボーイ・プレスの私の担当編集者で、惜しみなく激励してくれたシャロン・ジャービス、資料整理を手伝ってくれたテリー・ギャレイ、原稿を用意して千以上のファイル・カードを整理してくれたリンドール・マッコーワンに感謝します。そして特にマイケルとこの本のために特別な才能を発揮して、すべての記録をつくってくれたジェシカ・ランシングに大きな感謝を送ります。

一九七八年十月　カリフォルニア州アルバニーにて

チェルシー・クィン・ヤーブロ

新しい序文【二〇〇四年】

七〇年代半ばに私がマイケルのセッションに参加し始めた頃、もし誰かが私に二十七年後も参加し続けているだろうと言ったら、私はきっとばかばかしいと思ったことでしょう。それは興味が無かったからではなく、非常に興味はありましたが、マイケルの情報ほど魅力的なものに、かなりの長期間にわたって興味をもち続ける自分自身を想像することができなかったからです。これからあなたもその情報に出会うわけです。

この情報に初めて出会う方々のために言っておきますが、マイケルとは千以上の個々の魂が再統合した中位コーザル界の集合的存在であり、複数形で話をする教師です。私は文法的な混乱を避けるために、グループのメンバーの一人から言葉を借りて彼らをマイケルたちと呼び、「彼ら」と言ったり、複数形の動詞を使ったりすることで混乱を避けるようにしました。

マイケル・グループが始まってから長い年月の間に、多くの人々がグループに加わっては去っていきました。ごく少数の人々が亡くなりました。去った人もいれば、一度去ってまた戻ってきた人、離婚をして片方が去った人、一度去って戻り、再び去っていった人、いったんグループを離れてもセッションの時には電話やメールで質問をし続ける人や、地理的に引っ越しをして電話を通して参加している人などさまざまです。グループのメンバーの一人から紹介され、他のメンバーの承認を受けた十二人以下の非常に数少ない人々が、電話やメールだけで質問をしセッションに参加しています。現在のグループのメンバーのほとんどは十年以上このセッションに参加し続けている人たちで、私よりも長く参加している人も二人ほどいます。グループを離れた人々のうちの約十二人は別の勉強を始めるか、あるいはこのような勉強への興味を失ってしまいました。現在、私たちのグループで最も若いメンバーは二〇代後半、最年長者は七〇代後半です。メンバーの大半が職業人で、そのうち五人が経営者（私自身もこれに含まれます）、二人が貿易関係、一人が公務員、一人が医療に携わっています。他には音楽家やライターたち、頭の堅い技術者が数人など、通常の取り合わせがひと通りそろっています。過去のメンバーには音楽家やソーシャルワーカー、物理学者、医師、精神科医、弁護士、俳優、芸術家などがより多くいました。これまでの二十七年間で、私たちが投票をしてグループのメンバーに去ることを求めたのは三回だけで、あらゆることを考慮すると、これはかなり良い記録だと思います。そしてたずねられる前に言っておきますが、グループは今でも非公開です。新たなメンバーがグループに加えられるのは、グループの全員が認めた時だけで、一人でも「ダメ」というメンバーがいれば推薦された人はグループに加わることができません。私はメンバーを推薦する許可をもっていません。

この本の登場人物たちは、実際のグループ・メンバーの組み合わせです。それはプライバシーの保護のためであり、追加の情報を提供する時も、私はその人を必要な時だけ役割とサイクルによってのみ区別しています。

過去十年の間に、私が参加する以前にこのグループに参加していた二人のメンバーが、初期のセッションの筆記録を提供してくれたので、私がまとめた本と彼らの書いた筆記録を比べて、初期の情報の中に重要な部分が抜けていたと感じた部分を増やし、補足することができました。私は彼らの寛大さを喜んで受け入れ、彼らの要望通り彼らの名前を明かすことはできませんが感謝しています。彼らのうちの一人は成熟期の〈聖職者〉で、もう一人は老年期の〈学者〉です。私が彼らの筆記録を使った箇所では、どちらの筆記録を使ったかがわかるようにしました。グループの初期の頃には、答えが読み返されていたにも関わらず、マイケルの情報の正確な筆記録は必要とされていませんでした。しかし時間の経過とともに、筆記録の水準が着実に向上していきました。筆記録が一致していない箇所については、違う筆記録をいくつか載せて、読者が比較できるようにしました。この新版の準備のために、私は現在のグループ・メンバーや過去のメンバーの多くと話しをし、どんなことを加えたいか、消したいか、あるいは変えたいかなどを質問しました。そのような変更が加えられた箇所には、そのように記されています。

マイケルたちは初期の見解について、徐々に説明を増やしていきましたが、そればかりでなく答えがある特定の個人に関するもの、あるいは個々の質問に対する答えのうち、より一般的な応用性のあるものについて注意を向けるようになっていきました。時おりマイケルたちは、グループ全体の関心事について、自ら進んで「情報提供」をすることもありました。そのような情報提供は人口増加の危険性や、文化的影響を受けることによってつくりあげられる美学の個々の人生における役割について、さらには肉体感覚の機能と知覚や、物質界とタオの両方における進化の性質そのものについてなど、さまざまなテーマに及びました。

この本が最初に具現化した時からこの本をよくご存知のみなさんは、本文の他の部分と区別するために、以前はマイケルたちの言葉をすべて大文字表記していたのをやめて、太文字表記するようになったことを、きっと喜んでくださるでしょう。最後に追加された章はすべてマイケルたちによるものなので、すべてが**太字**で表記されています。

最初からそうであったように、私はよく「マイケルたちが教えることを信じますか」と質問されます。そして私は今でも「だいたいね」と答えます。なぜなら全体的にほとんどの情報が正しかったことがすでに証明されているにもかかわらず、私はその情報を鵜呑《うの》みにすることはありませんし、他の誰にもそのようにしてほしくないと思っています。しかし、みなさんにも私と同じように、マイケルたちの視点と洞察を魅力的に感じてもらえたら嬉しいです。マイケルたちがよく言うように、「信じる」必要はありません。そしてマイケルたちは雄弁に語ることもできますが、彼らの使う英語は彼ら独自のものです。マイケルたちが使う文法や構文法は彼ら独自のものであり、それは約三十年間、五人の媒体を通しても首尾一貫しています。

この本を再び出版し、私がマイケルたちの見解を挿入し、拡張することを可能にしてくれた、ポーラ・グランとシーレム・プレス社に心から感謝します。この本がマイケルたちのお気に入りの言葉の一つを証明しますように……

学べない方法など何ひとつない

二〇〇四年七月二日　カリフォルニア州バークレーにて

チェルシー・クィン・ヤーブロ

目次

1章　初めてのセッション：マイケルの紹介

私たちは今夜、あなたとともにここにいます。

一九七〇年一〇月のある心地よい夜、マイケルとして知られる存在はジェシカ・ランシングのもとを訪れました。ジェシカは当時三二歳。職業は政治評論家で、宗教学、心理学、歴史学など幅広い知識と教養のある女性でした。彼女の夫のウォルターは好感のもてる顔立ちの建設業者で、工学のあらゆる分野に興味をもっていました。その特別な夜に、彼らは数人の客を夕食に招いていました。その中にクレッグ・ライトとエミリー・ライト夫妻がいました。他にも四人の客がいましたが、彼らはこの後起きた驚くべき出来事には参加しませんでした。

ジェシカとウォルターは長い間、超心理学とサイキック研究に興味があり、さまざまな手法を試してきましたが、なんの結果も得られずにいました。その夜、二人はジェシカがプレゼントとしてもらったウィージャ盤（訳注：心霊術で使う占い板、日本の「こっくりさん」のボードゲーム版）を試してみることにしました。招待客の気が合わず、夕食会はあまりうまくいっていなかったのです。

ライト夫妻もウィージャ盤に興味をもっていました。ウォルターは面白そうだと思ったし、無理に会話を引き出すよりは、ウィージャ盤を試すほうがずっと楽だろうと考えました。それにジェシカはもうかなり前から、ウィージャ盤に興味をもっていたのです。

「もちろん私はウィージャ盤を疑っていました。今でも疑うことがあります。最初はあまりにも思いがけない出来事に驚きました」とジェシカが当時を振り返って非常に冷静に言います。

ジェシカとウォルターはウィージャ盤をはさんでダイニングテーブルに座り、プランシェット（二個の脚輪と一本の鉛筆とで支えた板。心霊研究に用いる。この板に手をのせた人の意思を鉛筆が自動的に書くとされる。〈広辞苑より〉）に軽く指を置いて、何かが起きるのを待っていましたが、彼らは何かが起きることなどまったく期待していませんでした。いくらかプランシェットのでたらめな動きがあり、文字を示したと思われた箇所はエミリー・ライトが正確に読みあげ、書き記していきました。しかし全体的にあまり面白いことも起こらず、彼らの緊張がゆるみ始めていました。

「私たちはどうでもいいと思うことにしました。何も起こらなかったし、この先も何も起こらないとね。ウィージャ盤を片付けてトランプ遊びをしたほうがいいのではないかと思い始めていました。他の招待客の中に、リー・ハリスとアーノルド・ハリス夫妻がいて、彼らはカナスタが得意だったのです」とジェシカは言います。

ジェシカはまだ気づいていませんでしたが、このように期待を手放すことが、彼女が心を開きマイケルという存在が機能するための空間をつくるのに、非常に重要だったのです。彼女はウィージャ盤に何かを期待するのをやめて、気配りはしているものの彼女の心は開かれ、いくぶんかさまよい始めていました。ウォルターもそわそわし始めました。ジェシカとウォルターがクレッグとエミリーとともにダイニングルームに座っている間、他の招待客たちはリビングでコーヒーを飲みながら、静かに話をしていました。彼らは気楽にくつろいでいるようで、気を悪くしても反感はもっていないようでした。

その時、プランシェットが始めはゆっくりと、そしてきびきびと動き始めました。言葉が綴られ、メッセージが読みあげられました。

私たちは今夜、あなたとともにここにいます。

反応は嘲笑から混乱、好奇心などさまざまでした。ウォルターはかなり動揺して、自分はこのコメントとは何の関係もなく、プランシェットが勝手に「動いた」と言い張っていました。彼はジェシカが動かしたのではないかと思いましたが、ジェシカはジェシカで、もし誰かが動かしたのだとしたら、それはウォルターしかいないと言い張りました。「私たち」とはいったい誰のことなのか質問してみようと思いついたのはエミリーでした。

このような予期せぬ反応があった後で、ジェシカはウィージャ盤を再び試すことを嫌がりました。ウォルターはこれ以上質問をして、この得体の知れない人々あるいは力と関わり合っていいものかどうか、自信がありませんでした。このウォルターの感情は、メッセージを即座に怪しんだクレッグの影響です。

「その時、私はそれがいったい何を言い出すのかということしか考えられませんでした。隠された怒りや敵意をもった誰かがその場にいて、このようなはけ口を求めているのかもしれないと思ったのです。言葉にしては言えないようなことを、安全に話すための方法を求めている誰かが……」

クレッグには誰か思い当たる人がいたのですか

「いいえ、私はジェシカとウォルターとはかなり親しかったのですが、他の二組のカップルについては一度か二度会ったことがあるだけでした」

ではなぜこのような反応を示したのでしょうか

「私が外科医として学んだことのひとつは、人々は恐怖や怒りを表現する方法をどうにかして見つけ出すということです。それは多くの場合、病気としてあらわれます。これは医者が対処しなければならない、最も難しい問題のひとつです。マイケルはこのような傾向について、私たちを何度も警告しました。多くの病は心身相関の原因をもっていますし、ウィージャ盤のように不確かなものを、私は疑わずにはいられなかったとでも言っておきましょう」

「クレッグが言いたいのは、彼がまったく信じなかったということです。彼は、私かウォルターが動かしたのだと確信していました」とジェシカがくすくす笑いながら言います。

「意図的にではないよ」

「それはなおさらよくないわ！　……ところが面白いことに、一番続けたがったのがクレッグだったのです。私は怖がっていて、ウォルターは気が進まず、エミリーは警戒していたのに、あちらの疑い深い誰かさんはやる気満々でした」

ジェシカはクレッグのほうを向いてうなずきながら言いました。

ついに好奇心がためらいに打ち勝ち、ジェシカは夫のウォルターに向き合って席につき、二人の手がプランシェットの両端に置かれました。そして彼らはおずおずと、このウィージャ盤を通して語りかけてくるのは誰または何であるかと質問しました。

あなたの好きなように私たちを呼んでください。

「私たちは困惑しました。この答えに対して何も言えませんでしたから。ばかばかしいとは思いましたが、私はウィージャ盤にもし再び連絡をとりたい時、何と言って呼びかければいいのかと質問しました。この得体の知れないものに、名前のようなものがあるのかどうかと……」とウォルターが言います。

この集合的存在の〈断片〉のひとつが最後に使っていた名前はマイケルです。

「集合的存在？〈断片〉？それってどういう意味？」とジェシカが少し当惑したように言いました。その場にいたクレッグにもエミリーにも、答えられませんでした。

エミリーは、ジェシカの読みあげる綴りを書きとめていたノートから顔をあげて「このマイケルというものが説明してくれるかしら」と言い、

「そうだといいけど」とウォルターが言いました。

他の二組のカップルはリビングに逃げ込んで食後の飲み物を楽しみながら、それとなくダイニングルームで起きていることを無視していました。

「彼らに失礼な態度をとっていることはわかっていましたが、私はどうしても説明をききたいと思いました」とジェシカが振り返って言います。

その説明には少し時間がかかり、ウィージャ盤の上のプランシェットの動きを追いながら、ジェシカは頭痛を感じ始めていました。ウォルターは、小さなプラスチックの道具が次々に示す文字を読みあげる以外には、ほとんど何も言いませんでした。

ひとつひとつの魂は、より大きな集まりの一部であり、それは集合的存在と呼ばれます。それぞれの集合的存在は約千の魂からなり、そのひとつひとつの魂が必要なだけ何度でも物質界に入り、人生のあらゆる側面を経験し、人間理解を成し遂げます。物質界でのサイクルが終わると、私たちがそうであったように、すべての〈断片〉が再結合します。

「これは霊的グルのようなものだわ」とエミリーが自信なさそうに言うと、そのコメントは直ちにマイケルによって訂正されました。

私たちは中位コーザル界の存在です。物質界からアストラル界に繋がることはできますが、私たちに接触することはできません。

ジェシカがもうこれでいいわね、と言ったその時、

「私は後頭部に奇妙な感覚を覚えました。その感覚は両肩から両腕へと伝わっていくようでした。私の両手はチクチクし始め、まるでじんましんでも発症するかのように感じられました。私の顔は真っ青になっていたようで、ウォルターがやめようと言ってくれました」

楽しみ始めたばかりのエミリーは残念そうです。

「私はあの時かなり動揺していました。たぶんおびえてもいたと思います」

本当にたぶんですか？

「そうですね、あれはかなり前のことでしたし、あれから多くの時間を過ごして私はマイケルに慣れてい

きました。今ではマイケルにおびえることはまったくありません。でもあの最初の夜、おそらく私はおびえていたと思います」とジェシカが理性的に言います。「ウィージャ盤を前にして座り、私の意思に関係なく、プランシェットが勝手に意味のある言葉を綴るのには本当に驚きました」

ジェシカはもう少しウィージャ盤を続けることにしました。エミリーとクレッグは二人とも紙とペンを持って、情報を書きとめていました。ウォルターはしばしば疑念を抱いていましたが、続けることに同意しました。

「それでは、あなたがアストラル界のグルではないのなら、いったい何者ですか」とウォルターが尋ねました。

私たちは霊的悟りへの道ではありません。私たちは、人間としての私たち自身の苦難と静寂の経験と、現在のように〈断片〉が再統合したコーザル体としての経験の両方に基づいて、人間理解への道筋を提供します。現在の私たちはあなたがたに言わせれば「生きて」はいませんが、人間として生きるとはどういうことかについて、いまも鋭い認識をもっています。

「それはあなたが悟りへの答えをもっているという意味ですか？　かなり荒唐無稽なように思えますが」読みあげられた文字を書き終えたクレッグが言いました。その答えは即座に返ってきました。

私たちは道ではありません。私たちは求める者すべて【そしてこの行為を支持する人生計画と人生の課題をもつ者〈《学者》の筆記録より〉】のもとにあらわれる、古代の集合的存在です。

私たちの目的は、物質界における進化について教え、生徒が対人関係で思い悩み、また対人関係のなさに思い悩むことなく、個人の人生計画に集中できるように人間の行動についての洞察を与えることです。

「まるでボーイスカウトの勲章のようだね」と他の客の一人が皮肉っぽく言いました。彼はダイニングルームに戻り、このやりとりを聴いていたのです。

「こんなばかげたことを、まだ続けるつもりかい？　ドリスと僕は部屋の改築について、君に相談したいと思っているんだがね、ウォルター」と言います。

この非常にはっきりとした非難によって、ダイニングテーブルについていた四人は突然気まずくなりました。ウォルターは少しためらいました。

「ウィージャ盤の言うことは魅力的でした。その答えが気に入るかどうかは別として、私にはウィージャ盤に質問したいことが山ほどありました」とウォルターがその時のことを振り返って言います。しかし、夕食会の主催者という立場上、ダイニングルームを離れてリビングの二組のカップルと話をしに行きました。

ジェシカはため息をつきながら、

「あんな態度をとって欲しくなかったわ。彼は霊能力のようなものを、すべて否定します。そこには何も無いのだと主張し、彼が間違っていることを証明しそうな情報を考察することは一切拒みます」

「このことについて、マイケルなら何て言うかしら」とエミリーがウィージャ盤を見つめて、冗談半分に言いました。

「でもウォルターがいないわ」

そこで、クレッグがウォルターの代わりをつとめると申し出ました。少しためらった後、ジェシカがこれに同意しました。クレッグはウォルターの席に座り、エミリーはペンを持って待ちました。

人間の行動は、教師があらわれて教えてくれる時がくるまで、理解することに抵抗することがあります。その時がきたら、生徒は教師の言葉が正しく、真実であると認めなければなりません。言い換えると、生徒は自分自身の内側で、教師の教えが真実であることに気づかなければなりません。生徒がアガペー（古代ギリシャの概念で性とは無関係に表現される、無私、無条件の愛）に到達する時に理解は起こり、それがゴールです。

「ということは、あなたがそのような教師だということですか」ジェシカはこの時、この質問に対するマイケルの答えに期待と不安の両方を感じていました。

そうです。

これに続くメッセージは、何度も中断しながらゆっくりと伝えられました。「こういうことは時々起こります。マイケルにとって、言葉にしてあらわすのが難しいことがたくさんあり、そのようなときは文字を伝えるのに苦労するようです」とジェシカが冷静に言います。

もしも霊的悟りを求めようというなら、その人はまず、自分自身の内なる人間らしさに気づき、これを完全に利用しなければなりません。もしも最高の真実を求めるならば、その人はまず、偽りに気づけるようになる必要があります。つまり、真実を求める前に、偽りを明かさなければなりません。理解するためには、あらゆるレベルにおいての同意が必要です。愛は私たちの誰もが切望する真実です。これには私たち自身や、私たちと同じように求め続けている他の集合的存在たちも含まれます。

「でも、なぜですか?」メッセージが読み返された時、ジェシカが当惑したように言いました。これが重大な質問のひとつであることは、当時の自分にもわかっていたと自信なさそうに笑いながら言います。彼女は答えを期待していませんでしたが、プランシェットは再び動き始めました。

人間としての人生の背後には、崇高な目的などありません。人生そのものが目的であり、それは進化の一段階にすぎません。この進化の段階は、被創造者が創造者になる時まで、整然とした、不変の道筋をたどって続いていきます。私たちは宇宙の究極の創造力について語る時、神という言葉を使うことを好みません。

「あなたは神と呼ばないのですか。私は不可知論者ですが、その言葉に異議を唱えることはありません。なぜ神という言葉を使わないのですか」とクレッグが言いました。

それはおもに、あなたがたの社会で使われている神という言葉が男性的であり、男性代名詞が使われているために、宇宙の創造力が人格化され続けているためです。宇宙の創造力はエーテル的であって、物質的ではありません。これを人格化することは、たとえこのグループ【マイケルという集合的存在と接触している生徒たちのグループ】を教えるためであったとしても、できません。それはこの集合的存在にとって、薄い氷の上を歩くようなものです。私たちにとって、この教えは進化の一形態です。残念ながら、神という言葉は人間に似たもののような幻想を起こさせ、それはこの教えにはまったく必要の無いものです。ここで私たちはこの絶えず創造する力をタオと呼ぶことにしましょう。なぜなら西洋人の心には、このタオという言葉の視覚的イメージを描き出すことが不可能だからです。

「彼はいったい何の話をしているのかしら」と、書きとめた文字を読み終えたエミリーが言いました。「タオ。この言葉は中国語で、たしか『道』という意味よね」助けを求めるようにクレッグのほうを向きながら、彼女は言いました。

これに少し遠回しに答えたのはマイケルでした。

このタオから、物質的、非物質的なすべてのものが生まれます。そして進化し、機が熟したら、すべてのものはこのタオに還らなければなりません。

ジェシカはコーヒーを飲みたいと言って、ここで中断しました。「私はあの夜、かなりぼうっとしていました。まるで別世界にいるかのように思えて、ある意味では実際に別世界にいたのかもしれません。私はこんなことが起こるはずはない、と繰り返し考えていました。それになぜ私なのか、と不思議に思いました。だって私は良識のある既婚女性ですよ。四〇歳で、一〇代の娘も一人います。私は広報の仕事をしています。私はオカルト研究に夢中になるようなタイプの女性ではないのです」

まったくジェシカ・ランシングの言う通りです。彼女は品の良いスーツを着て、天井の高いリビングに座っています。明るい茶色の髪の毛は、短い内巻きのスタイルにカットされています。翡翠のイヤリングをつけていますが、他のオカルト研究者によく見られるようなバングルや、ブレスレットや、ショールなどは一切身につけていません。とても魅力的な女性で、この森のような丘に建つ周りの家々に住む人々と、なんら変わりはありません。ハシバミ色の目は、まっすぐで聡明です。彼女は素敵な笑い方をし、控えめな愛嬌をもった女性です。

「マイケルがサイクルを時期尚早に終わらせることはできないと言った時、私はショックを受けました。私はヒンズー教の書物を何冊か読み、そのことについて書かれていたことを覚えていました。カーリー（訳注：インド神話の女神）を崇拝することで、魂を完全に絶やすことができるようでした。仏教もまた、魂が涅槃《ねはん》に帰り、生まれ変わりの苦しみから解放されることを望むと教えています。しかしマイケルの言っていることは、私が読んだこととは正反対のようでした」

その後も長い年月の中で、より多くの矛盾が生じました。その夜、マイケルは次のように説明しました。

時期尚早にタオに還ることはありません。進化とはきわめてゆっくりとした、骨の折れる過程です。宇宙を創り出すものは、すべて完璧なものだけだからです。私たちのように高い次元にあっても、そのような完璧さから私たちはかけ離れています。進化の終着点である完璧さ【タオの成し遂げる完璧さ〈聖職者〉の筆記録より）】を定義することすら、私たちにはできません。私たちは、私たちより上に存在するものの、より高位の状態を感じることによってのみ、そのような完璧さが存在することを知ることができます。それはあなたたちが、地球上に存在する崇高な魂の中にのみ、より高位の源を感じとることができるのと同じことです。

「しかしもしそうだとしたら、私たちはここでいったい何をしているのでしょうか」とクレッグが反論しました。

人間理解とは、物質界のレッスンです。このレッスン無くして魂の成長はあり得ません。人間理解を得ること無しに霊的悟りを得ようとすることは、物質界にあなた自身が存在している本当の目的を無視しているのと同じことです。このことをよく覚えておいてください。これを伝えるために、私たちは求める者すべてに、この教えを提供しているのです。【このような学びが、人生の課題に貢献するものであり、かつ「応用できる」ものである時です。これは学ぶこと自体が「間違い」だという意味ではなく、多くの人々の人生の課題には、このような教えやその他のさまざまな形態に興味をもち、追求し続けるための「さらなる動機」を提供する要素が含まれているということです。人生計画の中にそのような要素をもたず、そのような研究をすることを選択する人々にとっても、学ぶことはもちろん有効ですが、人生計画の中に含まれている場合のように、人生の焦点の「中心をなす」ことはないでしょう。〈学者〉の筆記録より】

他の四人の客を見送ったウォルターが、ダイニングルームに戻ってきました。
「彼らは腹を立てていただろうね。彼らがまだここにいるうちに、こんなことに夢中になってしまったのはまずかったね」

他の三人もそれを認めざるをえませんでした。「一人の女性などあれ以来、私と話もしてくれません」とジェシカが眉をひそめながら言います。「彼らを無視したのは悪かったと思いますが、これはトランプ遊びよりもはるかに重要なことのように思えました」ここで話を少し中断したジェシカの顔に、笑みが浮かび始めました。「今になって振り返ってみても、やはりこれはトランプ遊びよりはるかに重要なことでした。私たちのしていたことに、彼らがあんなにおびえなければよかったのに……。マイケルの言うことに、恐れるようなことは何もありません。決して楽しい話ばかりではありませんが、恐れるようなことは何も無いのです」彼女の爪の手入れが行き届いた両手は、曲げ木の揺り椅子の肘掛けをきつく握りしめ、彼女の話し方は少し防御的になりました。「この教材をより多くの人々が受け入れてくれたら良いと思います。私は職場では決して、このことについて話をしません。この情報が秘密にされなければならないのは、とても残念なことです。でももし私の上司がこの教えを知ったとしても、彼にはとても扱いきれないでしょう。とっても役立つ情報なのに……」

この最初の夜、四人のうちの誰一人として、このセッションが彼らの人生の多くの時間を割いて定期的に行われるようになり、その筆記録が二千ページ以上に及ぶとは予想していませんでした。

「私はそれがたった一度の光栄なチャンスだと思っていたので、ウォルターやクレッグと無理して長い時間ウィージャ盤の前にとどまり続けました。今ではやめるタイミングがわかるようになりました。あの夜、私はもう二度とこのようなチャンスは無いものと思い、知りたい情報すべてを、いっぺんに得なければならないと思っていました」

クレッグがマイケルに、自分自身をどのように認識しているかと質問しました。

この集合的存在は、自らを大いなる全体、一体性《ワンネス》の一部として認識しています。またこの集合的存在は、全体をつくりあげているすべての〈断片〉を、あなたが解剖学的構造の個々の部分を理解するのと同じように、認識しています。私たち自身の進化の現時点において、私たちはタオに確かに存在する、浸透性の宇宙意識があることを認めています。しかし、ブッディ界にいる高貴な集合的存在たちが、はるか昔に離れた〈人格〉を求めるというのは、きわめて疑わしいことです。失われたのは自己の認識ではなく、物質界の幻想である〈人格〉の隔たりや分離の認識です。

この集合的存在は、あなたが他者と通じ合う時に感じる隔たりを認識しません。あなたがそのような隔たりを感じるのは、物質界の堅くて厳密な時間と空間の連続性という、人為的制限にとらわれているからです。

「あなたは現実がまるで頼りないものであるかのように言いますね」とジェシカ自身がたずねました。

現実とはもちろん、それを認識する人によって決まるものです。このセッション自体が良い例です。この部屋にいるうちの何人かは、私たちを本物と認識します。その他の人々はそのように認識しません。同じことがUFOや、その他の説明のつかない現象についても言えます。現実の概念は、あるものが「本物である」と幅広く認められることによって生まれます。このことについて、バークレー司教が少し語っていたと思います。もちろん、絶対的である究極の現実《リアリティ》は存在します。これはロゴスに専念する時にのみ、垣間見ることができます。物質界では、物質的なものは非常に現実的であり、それは尊重されるべきことです。さもなければ、実際にそこに存在している扉に衝突してしまうような事態に陥るでしょう。アストラル界においては、アストラル界のものがまったく現実的です。別の次元においても、同じことが言えるでしょう。私たちの次元においても、特定のコーザル界の現象を現実としてとらえるということで、私たちの意見は一致しています。より高次元についても、同じことが言えると思います。このテーマは何千年もの間、哲学者たちを夢中にさせ続けてきました。面白いことに、これには常に対立意見が存在し、「現実のものなど何も無いことを受け入れなさい」などと言います。このことについて、何か思い当たることがありますか？

「しかし私たちは論証する生き物です。私たちには合理的な世界が必要です。もしあなたが言っていることが確かだとしたら、ものの道理はどうなりますか」とウォルターが反論しました。

道理。人類は常に、混沌や混沌とした体系（どちらも同じことです）の創造を通して、物質界に複雑さが存在するという幻想をつくり出す努力をしています。この複雑さの幻想を、私たちは偽の秩序と呼びます。その性質は非常に混沌としたものであり、そのような幻想の制限を受けた人々の信念体系に簡単に組み込まれてしまう、おそまつな秩序をつくり出します。物質界の神の概念は、まさにこの混沌からつくり出されました。それは固体化の必要性から生まれた概念です。皮肉を言えば、宇宙を固体化することもまた、もちろん真実なのです。

無、何も無いというような状態はありません。しかし宇宙を固体化することは、人類が最初に物質的宇宙に直面した時に突きつけられる、説明のつかないさまざまな現象について言い逃れをするための、最初の一歩です。その場合もちろん、限界点まで縮小しなければなりません。

セッションの間、エミリーはあまり話をしませんでしたが、気になっていることがありました。

「私はかなり信心深い人間なので、マイケルの言っていることが反宗教的な発言のようにきこえて、とても気になっています。彼の言うように、もしその夕オだけだとしたら、私の立場はどうなるでしょうか」

エミリー、あなたは必要のない制約を受け入れています。あなたの魂は擬人化された神を求めてはいません。この魂はもうかなり長い間、真実を探し求めてきました。この〈学者〉は、あらゆるエクスタシーの経験を知的に分析しようとすることで、経験そのものを否定してきました。しかしどんなにおびえていても、いま真実に触れていることは脅威であると同時に、途方もなく魅力的なことなのです。経験そのものを受け入れるためには、知性を退かせるための儀式のようなものが有益です。より多くを語ることが、良い行いではありません。それはエクスタシーより苦しみを優先させ、【ほぼすべての人間の〈断片〉にとって〈学者〉の筆記録より】苦しみを長引かせるだけです。あなたが別の扉を開くことを、私たちは気長に待っています。

その時すでに真夜中を過ぎており、ジェシカは激しい頭痛を感じていました。「でも私は続けることを決意していました。まるで階段から転げ落ちでもしたかのように感じましたが、後悔はしませんでした」と笑いながら言います。翌日は、ジェシカとウォルターがウィージャ盤の前に座り続け、クレッグが質問しました。「あなたはまるで生まれ変わりについて教えているかのようにきこえますが、私にはとても信じられないのですが」

信じる必要はありません。信じようが信じまいが、あなたは生まれ変わるのです。葉っぱが緑色になるために、光合成を信じる必要が無いのと同じことです。

「マイケルは自惚れ屋だ」とクレッグがウィージャ盤を睨みながら言いました。他の三人はこのクレッグの発言に、ばつの悪い笑いを浮かべました。

「ひどいことに、私たちの誰もがクレッグに同感でした」とジェシカが陽気に言います。「本当にマイケルは自惚れ屋です」

最初の夜のセッションは、五時間にも及びました。その時のことを振り返ってジェシカは、「私たちは全員、もうふらふらで話すことすらできないほどでした。誰も筋の通った話ができなくなっていました。私はこれを終わらせたくないとばかり考えていました。その時、このセッションをいったん中断してもまた連絡がとれるかどうかと、思い切ってマイケルに質問したのは、ウォルターでした」

答えはすぐに返ってきました。

必ず。私たちはこれから、永遠に接触することができます。

【1章：追加情報】

選択肢の限界のかなたに、「人生の意味を明らかにすること」を求める者が、この教えや、その他のどのような教えにでも執着する時、そのような教えの目的は失われます。「情報」を「教義」に変えてしまうことは、このような教えを危険にさらすことであり、中位コーザル界の教師の誰一人としてそのようなことを望んではいません。私たちが伝えるのは、情報以外の何ものでもありません。私たちに答えられる質問の答えを伝える以外に、私たちには何の目的もありません。私たちは予言もできませんし、「何をどうしろ」と指示することもないということを、警告しておきます。それは選択肢を排除する行為であり、私たちが情報提供をする目的とは正反対の行為だからです。この要点を強調しておきたいと思います。私たちは「情報」

を伝えたいのであって、「教義」を伝えるつもりなどまったくありません。この「情報」を利用するのもしないのも、もちろんあなたの自由意志です。しかし、もしあなたが私たちの教えを「教義」にしてしまうのならば、あなたがそのようにする目的と、私たちが情報提供をする目的とは一致しなくなるということを、指摘しておきたいと思います。〈聖職者〉の筆記録より）

2章　マイケル・グループの結成

「実を言うと、私たちの誰もがかなり恐れていました」とジェシカが悔やむように言います。「最初、私は何も起こらないことを恐れていましたが、次に更なる情報がマイケルから提供されることが恐ろしくなり、どちらをより恐れていたか、今ではわかりません」

眼鏡を拭き終えたウォルターが言います。「私もあの時、かなり当惑していました。私たちは得体の知れない、理解できないものと関わり合っていて、何か恐ろしい事態に陥りかねない状態だったのですからね」

「私は聖書に出てくるさまざまな悪霊のことばかり考え、どうしたものかと考えつかずにいました。考えれば考えるほど、不安になっていきました。あの時私がいったい何を恐れていたのか、検討もつきません。私はこのマイケルという存在と関わり合いたいとは思いませんでしたが、一つ二つ、質問してみたいことがありました」とエミリーは笑いながら言います。彼女は背が高くてすらりとした女性で、濃い茶色の髪の毛はカールし、ハシバミ色の目は堅実な印象で内気そうに笑います。

他のメンバーも彼女の笑いに加わります。「一つか二つの質問ね」とジェシカが絶望的だというような振りをして言います。「その一つか二つの質問の答えを埋めるために、私たちはいったい何ページ分の筆記録を書きとめてきたことか……」

「そうよ、そのほとんどをタイプしたのは私なんだから」とルーシー・ノースが言います。ルーシーはクレッグの友人で、彼の提案により、初期の頃にグループに加わりました。彼女はマイケル・グループの最初の一年間、タイピストをつとめました。

「私が初めてセッションに参加した時、私の人生はめちゃくちゃでした。精神科医や聖職者のもとを訪れ、その他思いつく限りあらゆる療法を試しました。あらゆることをやり尽くしました。信仰心も、方向感覚も、自尊心も、何もかも失いました。もうこれ以上ひどいことがあるはずは無いと思って、クレッグが誘ってくれた時、私はこのセッションに参加しました」

この自信に満ちた魅力的な女性が、そのような状態にあったとはとても思えません。

「これは魔法のような驚異の療法などではありませんでしたが、私に答えをくれました。私は自分の通っていた教会へ戻るようになり、今ではその自分の選択に満足しています。最初の頃はそうでもありませんでしたが……」と言いながらルーシーは他のメンバーを見渡します。「マイケルは何かを変えたり、誰かを変えようとしたりすることはありませんが、彼の言うことによく耳を傾ければ、自分を変えたいと思った時に、自分で自分を変えることができるのです。しばらくして私は、自分を変えたくなりました」

ジェシカとウォルターのランシング夫妻、クレッグとエミリーのライト夫妻、ルーシー・ノース、それにリーとアーノルドのハリス夫妻、これらの人々がグループのメンバーだったのですか?

「最初の六ヶ月間はそうでした。それからグループはかなり大きくなりました。ほとんどの人は、数回のセッションに参加しただけで離れていきました。これは長期間にわたって関わるには、とても難しい情報です。かなりきついことです。しかし、三十人ほどが一年以上グループに関わり続けましたし、もちろん中にはそれ以上長く関わっている人たちもいます」ジェシカは客を見渡します。彼女のリビングには他に十人がいます。「ここにいるほとんどの人は、もう六年近く、積極的にセッションに参加し、この情報に関わってきた人たちです。ご存知の通り、私は約八年間続けています。ルーシーも八年近く参加しています。リーとアーノルドは、グループに加わって約七年になります。あちらにいるサム・チェイセンは社会福祉指導員です。彼は約七年間、つかず離れず私たちのグループに参加しています。あちらのターコイズ色の目をした背の高い男性、デービッド・スワンは六年とちょっと。美しい銀髪の女性、コリーン・ロートンは約五年間。彼女はこのグループの中で、もっとも東洋哲学に精通していて、グループにとって大きな助けになっています。最後に、窓のそばにいるのがトレーシー・ローランドです。彼女とクレッグと私が、このグループの中でウィージャ盤を担当します」

このグループのメンバーは、この種のワークの参加者によく見られるようなタイプとは違います。彼らは自由奔放な生活をしている人々でも、社会からの脱落者でも、興奮を求める人々でもありません。ルーシー・ノースはシャツにスラックス姿、ショートカットの茶色の髪に澄んだ青い目をした、四〇代前半の女性で、職業は秘書です。庭仕事をしていたために、彼女のスラックスの膝には、草のシミが付いています。

「私の趣味なの。植物に触れているのが好きなの」と彼女はシミの言い訳をするのでもなく言います。

リー・ハリスはしっかりとした顔立ちに、深く、知的な目の細身の女性です。彼女は控えめながらも趣味の良い服装をしており、美しい声で話します。彼女の夫であるアーノルドは、いかにも銀行員らしく見えます。きちんとしていて、手足が柔軟で、髪には所々に白髪があり、彫りの深い顔立ちで、まっすぐな目をしています。威厳のある態度をしていますが、彼が珍しく微笑むと、顔全体が一気に明るくなります。

サム・チェイセンは三〇代後半。背が高く、顔に深く刻まれたシワのある、黄土色の髪をした男性です。彼は子供の頃のポリオのために、足に装具を付けています。彼のマナーは優しくて控えめで、内気のようでもあります。

デービッド・スワンは美術館の学芸員ですが、最初はその職業がちょっと似合わないように思えました。なぜなら彼は背が高く、手足ががっしりしていて、胸板が厚く、両手は非常に大きく、彼の黒い髪はいつもボサボサだからです。彼の話し声は低くリズミカルに響き、彼の笑い声はまるであたたかい雷のようです。

コリーン・ロートンは四六歳。異なる人種的背景が混ざり合った、伝統的な家系出身の、とても教養のある女性です。彼女の肌は濃い茶褐色で、目は黒に近い茶色をしています。彼女は未亡人で三人の子供がいますが、三人とも離れて暮らしています。彼女は現在、大きなコンピューター会社の顧問数学者として働いていますが、本当の興味は深遠な哲学の分野にあります。

「私は数学を通して哲学にたどりつきました。数学は、より深く入り込めば込むほど、哲学や芸術のようになっていきます。私は自分自身を学術研究の立場だけにとどめることができなくなり、あらゆる側面に興味をもって携わるようになり、そのうちにさまざまな秘儀の教えに引きつけられるようになりました。もちろんほとんどの教えは、詳細な調査に耐えられるようなものではありませんが、これに耐えられるものは、私を魅了し続けています。だから私は今でもマイケル・グループに参加しているのです」

トレーシー・ローランドはマイケル・グループに参加して二年ちょっとになりますが、土木技師の経験をもつ、三〇代半ばの女性です。小柄で、時おり感情的になることがあります。彼女はマイケル・グループに参加した時、すでにかなりのオカルト研究の経験があり、参加して一年を過ぎた頃から、ウィージャ盤を担当するようになりました。

「ジェシカが言うように、最初の頃は恐ろしかったです。プランシェットは本当に、勝手に動きました。最初のうち私は、その理由を考えました。地下水、太陽黒点、弱い地震などの影響、あるいは私自身の脳の奥にあるひねくれた何かかもしれないと。しかし今ではすっかり慣れて、『論理的』説明を探すことをやめ、そのまま受け入れるようになりました。……マイケルの物質化現象が起きた夜に、私も参加できたら良かったのにと、今では思っています。最初にそのことをきいた時は、私がまだグループに参加していない時に起きて本当に良かったと安心しましたが、今では何かとても重要なことを見逃してしまったように思います」

物質的な意味で、マイケルがあらわれたことがあったのですか？

「ええ、ありました」とジェシカが少し緊張したようにうなずきながら言います。「一年が過ぎた頃から、グループは大きくなり始め、セッションの参加者の中には、この情報をからかいに来る人たちもいました。彼らはマイケルに答えさせようと、封をした封筒に質問を入れて、セッションに参加しました」

マイケルは答えましたか？

「最初の数回は答えました」とウォルターが言います。「質問は予想通り、ばかげたものでした。『どうしたら娘が部屋を掃除するようになるでしょうか』『私が嫌っているのを知っていて、どうして夫は毎週日曜日になると、彼の弟を家に招くのでしょうか』『私は今年、ハワイにバケーションに行けるでしょうか』『どの馬が、次の三冠王になるでしょうか』などのような、くだらない質問ばかりでした」

「マイケルはとてもうまくこれに対応しました」とジェシカが続けて言います。「娘に無理に掃除をさせる方法はないし、なぜ自分の娘がこのような雑然とした環境に住みたがるのかを、この女性が理解するほうがいいと、彼は言いました。また彼は、彼女の夫と彼の弟は、以前にも三回の人生を親友として生きており、二人のつながりは決して壊れないと言いました。そして予言をすることについては、きっぱりと断りました」

「彼は選択肢がいくつかあると感じる時に、可能性を示唆することは稀にあります」とクレッグが素早く言います。「しかし彼が予言をすることはありません」

マイケルはこの人に何と言いましたか？

「この人が参加した三回目のセッションで、マイケルは我慢しきれなくなりました」とジェシカが落胆した身振りで、頭を抱えながら言います。「この時彼女が最初にした質問は『私の夫は浮気をしたことがありますか』でした」

あなたの夫は、転生間で交わしたある契約を果たしました。そのような関係を正当か不義か決めるのは、物質界における文化的、社会的定義づけにすぎません。

「彼女の二番目の質問はこうです。『近所の人があまり訪ねて来ないようにするには、どうしたらいいですか』」

あなたの近所の人は、あなたに歓迎されていると思うから来るのです。彼女に来て欲しいのか欲しくないのか、あなたが決めて、それを彼女に伝えなければなりません。あなたは相手の感情を害することを恐れていますが、自分のプライバシーと彼女の気持ちと、どちらがあなたにとってより大切なのか、あなた自身が決めなければなりません。

「彼女の三番目の質問は『私が上司の信頼を得るには、どうしたらいいでしょうか』でした」とジェシカが言って、陽気に笑います。「これに対するマイケルの答えは素晴らしいものでした！」

私たちは宇宙の身の上相談係ではありません。

その場にいた十一人全員がクスクス笑い、デービッド・スワンだけは大笑いをしました。

それは物質化現象が起きたのと同じ夜のことですか？

「はい」とウォルターが言い、他のメンバーは一気に深刻な表情になりました。すかさずジェシカが、「あれはとても奇妙でした。説明するのが難しいのですが、マイケルはより力強くなっていったと言えるでしょうか。ウィージャ盤を通して伝えられるメッセージがより素早く、断然と伝えられるようになりました。クレッグが、メッセージを伝達できるのは私だけなのかどうかと質問しました。もちろんこれは、クレッグがウィージャ盤を担当するようになる以前のことです」と言いました。


私たちは、この部屋の中にいる誰を通してでも顕現することができます。それには軽いトランス状態に入ることが必要ですが、それはここにいる全員ができることであり、その状態を維持することが可能です。【しかしあなたがたの多くは、答えを形作ろうと努力するでしょう。〈学者〉の筆記録より)】

そのようにしてマイケルはあらわれたのですか？

「いいえ。彼はそれを疑う人がいるはずだから、別の方法を使うと言いました」ジェシカは一度深呼吸をして、ウォルターを見つめてから言います。「私たちはその八ヶ月前にこの家に引っ越してきたばかりでした。こんなことを言うのは、当時この家が新築だったということを理解してほしいからです。まだ一度も開けたことの無い窓もいくつかありました。洗濯場もまだ使われていませんでした。犬や猫のためのペット用扉も、まだ取り付けていませんでした。それは霧の立ちこめた夜のことで、家中の扉も窓もすべて閉め切っていました」

「あれは十時を少しまわったところで、セッションには私とジェシカ以外に八人がいました。ソファーは今ある場所よりも遠くの壁際にありました。鉄製のストーブはまだ設置されていませんでした。私たちは他にも見逃している場所で、どこか開いているところはないかと探しましたが、そんな場所はどこにも見当りませんでした」

「マイケルは彼が実際にここにいて、力をもっていることを私たちに示すために、あることをすると宣言したのです」とじっと座ったままジェシカが言いました。

私たちは物質界の存在ではありません。

しかし私たちが存在しているということは確かです。この理由から、私たちはあなたがたの基準からすると物質的でない方法で、あなたがたの前にあらわれます。私たちは、あなたを怖がらせるためにこれを行うのではありません。私たちはただ、あなたがたが私たちの存在を確証し、教えに集中できるよう手助けしたいだけです。

「まず、部屋の温度が下がりました。まるで冷蔵庫の中にでも入ったかのように、部屋の温度が突然五度くらい下がったのです。急激に下がりました。次に、風が部屋中を吹き荒れ、いろいろなものを吹き飛ばしました。ピアノの上の楽譜は部屋中に散らばり、本棚の上にあった紙表紙の本は吹き飛ばされ、壁に貼ってあった写真のうちの額に入れていなかった二枚が吹き飛ばされ、あらゆるものがガタガタと音を立てました」とジェシカが言います。

他のメンバーは沈黙していました。ついに、ルーシーが話し始めます。

「あれは私にとって、まだ二回目のセッションでした。私はこんなことが度々起こるのかと、恐ろしくなりました。あの夜、私は車を運転して家に帰るのがとても恐かったです。あの風は、本当にありえません！」

それ以来、同じようなことが起こりましたか？

「たった一度だけ……」とウォルターが安心したような表情を浮かべながら言います。「あれは一年ちょっと前、非常に問題のある人物が数回のセッションに参加していた時に起こりました。私たちの誰もが、彼に対してだんだん不愉快になっていきました。彼がマイケルの教えに、真剣に注意を払うつもりのないことが、明らかになってきたからです。彼は自分をすっかり変えてくれるような、即席の魔法を期待していたのです。その代わり、マイケルはこの男性にカルマや契約、魂の成長について、繰り返し話し続けたので、この男性はどんどん腹を立てていきました」

「私はしばらくの間、本当に恐くなりました」とジェシカが言います。「この男性は私がウィージャ盤を扱う間、じっと座って私を睨みつけていました。私はマイケルが言うことに心を開くのが、どんどん難しくなっていきました。もうやめたいと思ったその時に、顕現が起こりました」

それは最初の物質化現象と同じでしたか？

「いいえ」とジェシカがきっぱりと言い、他のメンバーもうなずきます。「この時は部屋の中が、まるで電気が消えたかのようにとても暗くなりました。実際には暗くなったのではなく、部屋の中に集まってくる影があるようでした。それ以外に表現方法はありません。空気そのものが、影を帯びていたのです」

「いいえ、もっとひどかったわ。私は蛇が嫌いなの。本当に大嫌いで、あれはまるで部屋の中のどこかに、巨大な蛇がいるかのように感じられました」

「嫌だわルーシー、そんなにひどくはなかったわよ。薄気味悪かったけど」とジェシカがたしなめるように言います。「説明しようのない音もきこえました。それはまるで雑音だらけの電話回線で、誰かが外国語で会話しているかのような音でした」

その現象は何だったのですか？　マイケルですか？

「マイケルによれば、それは転生間に存在し、この男性に影響を及ぼそうとしている、この男性の集合的存在のメンバーです」とウォルターが言うと、全員が同意してうなずきました。「マイケルが言うには、物質界にいる私たちはこのような肉体をもたない〈断片〉と接触することができますが、私たちが接触しようとするのはストレスを感じる瞬間のみのようです。この男性はこの時、明らかにかなりのストレス下にありました」

「そうです。後にマイケルはこのような人物について、私たちに警告しました」とジェシカが言います。

受容を基本的ルールとする霊的志向の人々の集まりにはもちろん、孤独で、環境に適応できない人々の多くが、人間性の再確認をすることを求めて集まってきます。そしてこのような人々はしばしの間、受容の暖かさに浸るだけで、霊的成長を遂げることはありません。霊的に真実の道にある人々は、この問題点を見通すことができます。このような現象は珍しいものではありません。それはこのようなグループが愛と受容のもとに成り立っており、そのメンバーはしばしば、このような霊的侵害者たちの最も不快な行動でさえも、見逃してしまうためです。ここで明らかなことは、このような人々はまったく成長しようとはしておらず、実際にはただのお荷物となって、成長しようとしている他の人々の道を困難にしているのだということです。

「オカルト研究の分野は奇人変人だらけだというのは、まったくその通りです」とデービッド・スワンが笑いながら言います。「しかし私たちは幸運でした。これまでに一度でもセッションに参加した人々の数は、百人以上になりますが、その中で本当にいかれた人の数は十人以下です。私たちはそのような人々を非常にすばやく見つけ出し、ほとんどの場合、彼らが求めるようなことを何も提供しませんでした。ありがたいことに、ここに救世主はいません」

ジェシカが同意して言います。「私たちは幸運でした。マイケルは、運とはあまり関係ないことだと言いましたが」

「私は運だと思うわ」とルーシーが静かに言います。

「私はこの男性のために何かできないかと、願い続けました」とウォルターが言います。「今ではそれが不可能だったことがわかります。しかし私たちがアガペーを学ぼうとするならば、問題を抱えた人を拒むのは良くないことだと思いました」

「マイケルがそのことについて話をしています」と、背の高い見晴らし窓の側の椅子に座っているコリーンが言います。

ウォルター、この人物が愛することができないというのは真実です。愛することができるのは〈本質〉、本来備わっている魂の中心核のみであり、その要求が満たされた時にのみ、あなたがたの誰もが、本当に愛することができるのです。これを成し遂げるための方法は、経験に対する個人的な期待を手放すことだと、私たちは述べました。しかしあなたはまだ、この真実を軽んじています。以前に経験したことが、経験そのものを害します。そしてこれはさらに、はるかに深い部分の問題でもあります。あなたがた全員は、あなたが知るよりもはるかに偉大なるものの一部であり、あなたがたの多くはこれに気づくことを恐れています。あなたが極端に大切にしているあなたの個性を手放す準備ができた時にのみ、その先にある広大さを垣間見ることができます。あなたがたの多くは、自分の条件に基づいて愛しますが、それが目標ではありませんあなたがたは条件無しに愛することを学ばなければなりません。ウォルター、あなたはこの問題の男性について、彼があなたの愛を受けるためには、あなたの助けを彼が受け入れるべきだと主張しました。これは良い働きではありません。もしあなたが真のアガペーを学びたいなら、必要条件無しに彼を愛せるようにならなければなりません。愛と言う時、私たちはこの社会で愛と呼ばれている、感情のほとばしりのようなものや、性欲を容認するために愛と呼ばれる、性的妄想などを意味しているのではありません。私たちは恋愛や性的関心そのものが有害だと言っているのではありませんが、このような分野に対するあなたがたの期待が、最も傷つきやすいものであることは確かです。

「これには本当にまいりました。マイケルが私に何を言いたかったのか、今では理解していますが、当時私はかなり憤慨しました。結局のところ、私はこのかわいそうな悩める男性に手を差し伸べて、彼が向上するよう説得しようとしていたのです。これこそ期待に他なりません！」とウォルターは首を横に振りながら言いました。

「マイケルがウォルターにこう言った時、私はがっかりしました」とエミリーが振り返って言います。「ウォルターに対して、そんな言い方をするのはひどいと思ったからです。そして私はマイケルにそのように言いました」

私たちは知識を公平に伝えています。あなたがそれに同意する必要はありません。私たちが言うことは、どんなことでも拒絶していいのです。選択権はあなたにあります。

「私たちが行うことはすべて、私たちの選択によるものだと、マイケルは繰り返し強調しました」とジェシカが言います。「私たちは自らの選択によって、契約を果たすことも果たさないこともできます。自分自身に対して、自分自身が責任をとるのです」

マイケルに対してもですか？

リビングにいた全員が笑いました。

「私はしばらくの間、マイケルを特別な親のような存在だと思っていました」とクレッグが言います。「やがて私はマイケルが、彼の言うことを私たちがきこうがきくまいが、まったく気にしないと言っているのが、本当のことだと気づき始めました」

「もしすべては私たち一人一人の手にゆだねられているのならば、なぜマイケルのように再統合した集合的存在たちが、わざわざ教えようとするのかとコリーンが質問したのです」

アストラル界の合間において、学びは回顧であり不変です。【学びと言う時、私たちは「学校」や「教室」を意味しているのではありません。必然的にあなたの人生経験を色付ける社会的な押しつけ、または主特性による判断や、その結果として生じる「恐れ」「正当化」「罪の意識」「恥」、物質界に魂をもって生きるものに与えられた性質、そして宗教などのように（宗教に限ったことではありません）議題に沿った教えによって生み出される「期待」の無い、完全に統合された「意見」のことを言っています。〈聖職者〉の筆記録より）】物質界において、あなたがたは最後の一呼吸の瞬間まで、ただちにすべてを変える機会をもっています。

「まるで臨終の懺悔《ざんげ》と赦しみたいね」とルーシーが言いました。

言葉の裏側には、認識がなければなりません。言葉は意味のない文脈で何度もつぶやかれてきました。なぜならそのような言葉は実際にただ、風に吹かれているのであり、応えることのできない、超然とした力に向けられてきたからです。この考えを説得力のあるものにするには、状況を理解し、主張を正しい源へ向けなければなりません。

「正しい源とは何ですか？」とクレッグがここで質問しました。彼は、当時を振り返り「私は当時、私たちにはマイケルがいると思っていました。彼が私たちにとって、神のような働きをすると思っていました」

正しい源は、あなたがたの内にあり、魂の中でそれは永遠です。物質界や他のどんなレベルにおいても、それがあなたの唯一の助けとなる源です。

「そうだとしたら、なぜ人々はこれほど多くの間違いを犯すのですか？」とコリーンが質問しました。

【私たちの視点からすると、どれほど破壊的で恐れに突き動かされた行為をしたとしても、誰一人として間違いを犯すことはありません。すべての〈断片〉は選択をし、現在、そして未来の人生をその選択の結果とともに生きていきます。〈本質〉は進化するためにバランスを求め、カルマがいつかそのバランスをつくり出します。（〈聖職者〉の筆記録より）】魂は、肉体無しでは経験の強烈さや痛みを忘れる傾向があります。

物質界において公平な回想をすることは、ほぼ不可能です。魂は転生間において、場所、社会経済状況、両親などを選択し、生物コンピューター（訳注：人間のこと）のプログラム作成をします。人生の中で魂がその〈本質〉に近づくと、状況を満たすために〈断片〉が変えなければならないことが少なくなります。人工的な個性は、カメレオンのようなものです。あなたが世界に向けている顔は、この偽りの個性によって決められるものです。ミニーおばさんの前では、自分の興味のあることを話してはいけない……などというようなことを、あなたはこれまでにいったい何度思ってきたでしょうか？　このようなことは、ミニーおばさんにとって本当の助けにはなりませんし、あなたの魂の顕現にとっても有害です。

「しかし、私たちが優しく思いやりのある態度をとるためには、他者の気持ちを考えることが大切ではないでしょうか？」エミリーが反論しました。

私たちはあなたが優しく思いやりのある態度をとるべきでないとは言っていません。しかし他者を喜ばせるために、なぜあなた自身を変える必要があるでしょうか。

「この件について、私たちはまだけりがついていません」とエミリーが言います。

「しかし私たちの誰もが長い間、『適切』な方法で反応しようとしてきたことは確かです。これがどんなにうまくできるかを他者に示すことに、私たちの誰もが必死になっていました」とウォルターが真面目な声で言います。

これについてマイケルは何か言いましたか？

「ええ、コメント以上のものでした。彼は私たちに、ある課題を与えたのです」とジェシカが答えます。

私たちはあなたがたに、次のような〈写真のエクササイズ〉を提案します。変化を求められる意見に対して「私にはできない」と言って反応する時の、あなたがた自身の写真を撮ってください。そしてそれが真実でないことに気づいてください。その時点であなたがたに、必要な技術や知識が備わっていないという場合もありますが、ほとんどの場合、本当は「私はやりたくない」というのが真実です。これはこの道において、非常に重要で前向きな一歩です。あなたがたはこのような決定的な瞬間に、お互いの写真を撮り合うことで、助け合うことができます。あなたがた全員はこれから、一日に数回、「私にはできない」という言い訳を使うことに罪の意識を感じるようになります。これはあなたがたが責任逃れをすることから、すっきりと切り替えを行うのに役立ちます。あなたがたの多くは、いまだに選択の自由と責任を恐れています。無理強いされるよりも、選択するほうがずっと楽なのです。無理強いされている時、あなたがたはまるで宇宙のあわれみを乞う、無力な生徒のようなつもりでいますが、それはまったくばかげたことです。

この道の途上で、個性はさまざまな障害をつくり出すということを、あなたがたは覚えておかなければなりません。この否定する癖は、数多くの障害の中のひとつにすぎず、これを崩すことによって、さらに数多くの似たような癖や障害が明らかになってくるでしょう。生物の目的は当然、生き残ることであり、生き残りのための主な表現のひとつが性的表現です。性に関しては、文化的に強いられた障壁や、人為的な条件づけ、そして社会的に押し付けられた期待などによって、より難しいものになっています。この他にも障壁があります。食べる喜び、眠る喜び、さらには気持ちの良い日にただのんびりと過ごす喜びなど、さまざまな喜びの否定です。個性は、このような喜びを経験するべきでないという、正当な理由を考え出すことに必死になります。これは良いことではない、お金がかかりすぎる、時間がかかりすぎる、役に立たない、周囲の人々を落胆させ、当惑させる、取り乱させる、神の承認を受けていない、軍隊、学校、あるいは近所によって認められていない、不道徳だ、など。

「しかし私たちには、やりたいことを断念しなければならない時があります」とデービッド・スワンが反論します。「この物質界において必要とされることは数多くあります。私は義務を守ることは重要だと思います」

私たちは、あなたが義務を守るべきでないと言ったのではありません。物質界で必要とされることや、義務や責任というのは、あなたが人生で向き合うべきより意味深く、憂慮すべき問題から逃れるための、言い訳として使われることが多くあります。妻のもっともな失望と怒りに向き合うことから逃れるために、夜遅くまで勤勉に働く夫を思い浮かべてみてください。

あなたに正当な責務があることは私たちも理解していますが、あなたがなすべきことの個人的な予定表は、しばしばあなたの探究の道の妨げになっています。私たちが今ここで個人的な予定表と言っているのは、頭の中をよぎって洞察や教えに集中することを妨げる、無関係な考えのことを意味します。それはビジネス業界について、あなたが三年前に見た映画について、あるいは未払いの請求書への意識の投影などです。この他にも、これに似たような事柄のことを私たちは言っています。

あなたがたの人生について、少し考えてみてください。庭仕事をしている時、あなたは植物、土、肥料、日陰、根っこの状態について考え、さらに天気や植物の性質について考えます。料理をしている時、あなたは匂い、味、食感、空腹加減、盛りつけ、時間、手段などについて考えます。音楽をきく時、あなたはメロディー、リズム、音の強弱について考えます。これは無意識の集中であり、身についている集中のパターンです。多くの場合、別の考えが邪魔をすると、庭仕事も料理も音楽をきくことも、あまりうまくはいかず、あなたはがっかりします。その時あなたは気づくのです。何かがおかしいと感じ、すぐにイライラしたり、落胆したりします。この教えについても同じことです。あなたがたが集中の最も効果的なパターンを学べば、集中力を保つことはより簡単になります。現在のあなたがたは、あまりにも簡単に取り乱し、落胆します。そしてあなたがたが外の世界からの侵害と呼ぶようなことが、あまりにも多すぎるのです。このことにぜひ一刻も早く気づいて、気を散らすものの誘惑を乗り越える努力をしてください。あなたがたはこれを行うべきであり、あなたがたの選択を正当化することを選択すべきです。〈学者〉の筆記録より】

ここで私たちは、あなたがたのほとんどが、物事を道楽半分でやっているということを指摘しておきたいと思います。あっちにもこっちにも首を突っ込み、あらゆる種類の果物を味見しながら、そのうちのひとつとしてじっくりと味わうことが無いのと同じように、あなたがたは霊的成長においてもいろいろなことに手を出します。これもまた、正しいことです。あちこち首を突っ込むことは、悪いことではありません。しかしこれがカルマを招くことはあっても、あなたをどこかへ導くことはありません。アガペーの概念が本当の意味で表現されるためには、協力的な生徒たちがしっかりと結びついたグループの行動が必要とされます。あなたの周囲にみられる否定論を相殺するためには、他の生徒たちの協力が必要です。象牙の塔や隠遁者の独房の中にあっては、誰一人としてアガペーを感じることはできません。

あなたがたの多くは、プライベート、内なる世界を侵害されることを非常に恐れます。これは信頼のレベルの低さによるものであり、文化的に引き起こされる罪の意識によるものでもあります。あなたがたの多くは、他者に自分の個人的なライフスタイルが受け入れられるとは思っておらず、危険を冒してまでそれを試そうとは思いません。また、他者が自分の人生に干渉しようとする、あらゆる可能性から逃げ出そうとする強い欲求もあります。これは魂の〈本質〉に抵抗するために、偽りの個性がとる最後の手段であり、あなたがたはこれをなんとかしなければなりません。あなたがたの誰もが、自分の必要性に応じて、個性によって設定されたきびしい要求内容をもっています。このような要求内容に、正当性のあるものはひとつとしてありません。それらは単なる障壁にすぎません。私たちはあなたがたに、これを一夜にして放棄しなさいと言っているのではありません。実際には、このような思い切った手段をとることは、おそらくより多くの困難を引き起こすでしょう。私たちはあなたがたが、自分の人生にこのような圧力があることを認識し、それらが何であるかに気づくことだけを促します。

「このメッセージが伝えられた時、四人のメンバーがむっとしてグループを去りました」とジェシカが当時を思い出しながら言います。

「あれは針金スポーク車輪をつけたアンティークカーだよ」といたずらに目を輝かせながら、サム・チェイセンがつぶやきます。

「私たちはこのことでかなり気落ちしました」とクレッグが言います。「これは期待が障壁になりうるということの、もうひとつの例でした。私たちはマイケルが言うことを拒絶する人々がいるということは、私たちにとっての失敗だと思っていたのです。実際にそんなことはありませんが、当時この出来事は、私たちの自信を大きく揺るがしました」

「私はあれからしばらくの間、セッションに参加しなくなりました」とルーシーが素早くうなずきながら言います。

「私たちもそうです」とリー・ハリスが夫の手を取りながら言います。「私もアーノルドも、あの時はひどく失望しました。マイケルが道楽半分だと言った時、私たちは侮辱されたように思いました。私はこの教えに心から深く関わってはいませんが、答えがある限り、それに従いたいとは思っています」

アーノルドもこれに同意します。「このようなことに銀行員の私が興味をもつことは、奇妙に思われるかもしれません。私たちの職業には、あまり形而上学的なイメージは無いかもしれませんが、人生には貸借対照表以上のことがあることを私は知っています。それにカルマを負債の清算のように考えることもできると思います」

「私はみんなほどに気にしませんでした。私にはマイケルに答えてほしい専門的な質問がいくつかあり、その答えを得るために時間を惜しみませんでしたので、グループにとどまり続けました」コリーンがにっこり笑って言います。

ルーシーがため息をつきながら、

「私はそれらのセッションを書き写した時のことを覚えています。とても難しい内容でした。何を言っているのか、私には半分も理解できませんでした。アストラル界や高次元の話は、いまだに私を困惑させます」と言います。

「私も困惑するわ」とコリーンが言います。「数多くの形而上学的な考え方と一致することもありますが、簡単に考慮できる概念の枠をはるかに越えています。数学者の私にとってさえもです」

もちろん全部で七つの次元があり、それぞれが七つのレベルに分かれています。最初が物質界です。上位、

下位アストラル界の次にコーザル界があり、そこにも七つのレベルがあります。コーザル界には三つの低いレベルあり、その次に私たちが存在している中位コーザルがあり、さらに高い三つのレベルには高位コーザル体が存在しており、超越期の魂はこの次元とつながっています。私たちのサイクルは七つのレベルから成り立っており、あなたがたのサイクルも同様です。メンタル界とは、すべての歴史の鮮明な記録であるアカシック界です。高度に熟達した人だけが、この次元に入ることができます。メンタル界には無限期の魂、低位と中位のメンタル体が属しています。この上にブッディ界があり、タオと実際のつながりをもつことができた魂だけが、そこに属しています。この上にはもちろん、タオそのものがあるのみです。

魂は転生間において、肉体の乗り物をもたないために、低位アストラル界に属さなければなりません。なぜならそこが、有機的な体を必要としない、最も低いレベルだからです。時おりそのようなアストラル界の魂が、さまざまな方法であらわれることがありますが、そのようなことはここでは起きていません。

「七という数字の重要性について教えてください」と参加者のまばらになったセッションの中で、コリーンがたずねました。

七は私たちが知っている中で、最も「普遍」に近い数です。この数字は二元性の三つの側面をあらわすだけでなく、二元性の解消もあらわしています。それは主題、対照、統合です。二元性あるいは極性において、人々は表現、行為、霊感に関心をもちますが、その七番目にあたるのが吸収です。表現とは、何かを創造する行為、組立てる行為、形づくる行為を通して物を手に入れられるようにすることであり、より高い極性をもって、創造された物、組立てられた物、形づくられた物を認識することです。行為には、行為そのものとその調査と延長があり、調査と延長の結果としてうまれるつながりがあります。霊感には高められ、その高められたところからさらに上へ向けた探究があります。そして、ひとつの経験の中には、二元性の熟考と理解があります。

私たちが教えを伝える上で、あなたがたがこのことを覚えておくことを強く求めます。なぜならあなたがたの数多くの側面は、この七の規則によって影響されているからです。極性の相互関係を、それらの統合とともに、覚えておいてください。

「このことと、タオによって魂が投げ出されることと、何の関係があるのですか」とウォルターが質問しました。

これは探究を理解するための、最初の一歩です。投げるというのはむしろ、投げ出されるというよりも、投げ込まれるということです。あなたもすでに気づいているでしょうが、タオとは宇宙の母ではありません。宇宙の父でもありません。タオは人格化されるようなものではありません。最初にタオから投げ込まれる魂は、ただちにタオから最も近く、最も遠くなります。それは人間の乳児と類似しているようではありますが、誤解を招く恐れもあります。タオから投げ込まれたばかりの魂は、タオとの本質的なつながりを保っており、それは人間の乳児と母親の親密さにも似ています。しかし、人間の乳児はその状態が目標からかけ離れているということに気づいてはおらず、投げ込まれたばかりの魂はそのことに気づいています。梯子を登らなければならないということを、乳児期の魂は知っています。タオとの密接なつながりは、この知識から生じています。これ以降、この知識が拡大されることはありません。

投げ込まれることによって、永遠の脚本のすべてが失われてしまいますが、喪失感だけは残ります。そして乳児期の魂は、喪失感と親密さを同時に経験するのです。投げ込まれたばかりの魂は、この喪失感についても独特の感じ方をし、後にタオを追い求めることにつながる整理を始めなければなりません。

「ということは、私たちの誰もが投げ込まれたばかりの魂だということですか」とエミリーが質問しました。

もしそうだとしたら、あなたがたはここにはいません。探究を始めた魂だけがこの教えに集まります。あなたがた全員は、すでにこの道を歩み始めています。私たちはその道を指し示すためだけにここにいます。あなたがどこまで行くか、あなたの知識をどうするか、どのように使うか、あなたが何を受け入れるか、拒絶するか、すべてはあなた次第です。

どうやらここに集まった十一人は、この知識を受け入れる決意をしたようです。

「ほとんどの場合、私はマイケルの言うことが気に入りません」とデービッド・スワンが珍しくためらいながら言います。「時には目先のことしか見たくないこともあります。私が本当に驚かされたことをお話ししましょう」彼は熱心な表情をして、少し前のめりになりました。「マイケルは私の何度かの人生のうちのひとつを、詳しく回想したのです。すべてを話しました。そして理解しがたいことには、その話がとてもき覚えのあるように思えたのです。まるで記憶の片隅に置き忘れられ、鮮明によみがえるための小さなきっかけを必要としていた、子供の頃の思い出のような感じでした。それだけでも十分でしたが、マイケルはさらに、当時私が関わった歴史的な人物の名前や、資料についても言及したのです。ですから私は調査しようと思いました。資料の中には、ヨーロッパの図書館にあって、ここでは入手できないものもあり、すべての資料をそろえるのに私は六ヶ月も費やしました。この時ほど、自分が美術館で働いていて良かったと思ったことはありません。資料がそろうと、すべてが一致することがわかりました。マイケルが説明した人物が、実際に存在していました。彼は有名ではありませんでしたが、有名な人々と知り合いでした」

ジェシカが前もってこの人物について知っていたという可能性はありますか？

ジェシカは即座に笑いながら、「もし私がウィージャ盤を通して伝えられる歴史の情報を半分でも知っていたとしたら、学位の三つか四つは持っていて、さらにアラビア語、中国語、アフリカの言語二種、マヤ語、アズテック語、アメリカ・インディアンの言語など、私のまったく知らない言語をいくつも話せるということになるでしょう。こんなことは私にはできません。私は英語、ドイツ語、オランダ語、スペイン語、そしてロシア語をほんの少し使えますが、本当にこれだけです。私には外国の大学の公文書を入手することもできませんし、もし入手できたとして、私が時間と努力とお金を費やしてその情報を得たいと思ったとしても、手に入れた資料のほとんどを読むことさえできないと思います」

「オッカムの剃刀だ」とサムが言います。「これは最も簡単な説明が、たいてい他の説明よりも正しいという意味です。ジェシカが仕事と家庭を両立させ、地域計画の三つや四つにも精力的に参加しながら、膨大な調査と準備をしてすべての情報を集め、これを八年間もの間、頭の中できちんと整理し記憶し続け、常にグループの誰よりも一歩先を進み続ける。そしてこのようなことをジェシカが誰にも気づかれずに、彼女の夫にさえも知られずに続けてきたのか、それとも自らマイケルと名乗る存在が、ウィージャ盤を通して彼女に語りかけているのか、ということです」彼は両手を開いて、お手上げだというような身振りをします。「私は長い間彼女がウィージャ盤を扱うのを見続け、トランスのセッションで彼女の声をきき続けて、彼女がウィージャ盤を通してこのようなことを行っているということを受け入れました」

「でも最初の数年間は特別でした」とジェシカが少し興奮したように言います。「セッションが最初に受け入れられ始めたころです……。最初はウォルターと私、クレッグとエミリーが月一回くらい集まって、びくびくしながらいくつか質問をし、マイケルがかなりゆっくりと答えました。当時私はまだ抵抗していたからです。やがてクレッグが、このセッションに興味をもちそうな友人が何人かいると言ったため、彼らが招かれ、私たちは月二回集まるようになりました。たいていはクレッグの都合に合わせて、土曜日の午後に集まっていました。そしてデービッド、サム、リーとアーノルド、ルーシーなど、何人かの人々がセッションに来るようになり、セッションの時間も長くなり、いつしか毎週末の土曜日と日曜日の両日にセッションが開かれるようになりました。今になって考えると、それは信じられないことのように思います。問題がさほど起こらなかったことは、非常に幸運でした。多くの人々が関わっていて、かなり混沌としていましたから」

「しばらくして私は断固とした態度をとりました。ある金曜の夜、私が家に帰ると、十六人もの人々が私の家のリビングに泊まり込んでいたのです。もうたくさんだと思いました」

「それ以上のことも何度もありました。人々は突然ぞろぞろと、セッションにあらわれるようになったのです。大学の天文学者が二人、ここに来て時空間と天体物理学について質問していったこともありました。彼らは、ここで学んだことに非常に満足したと言っていました。医師の参加者も多く、そのほとんどがクレッグの友人でしたが、特定の患者の対処法について知りたがっていました。心理学者や精神科医たちが、彼らの教本には無い情報を求めてやって来たこともありました。あるケースでマイケルは、患者の中には狂気を経験することを必要としている者もおり、そのためにあなたの患者は、あえてあなたのような心理学者を選んだのだと言ったことがありました。かわいそうに。この男性は激怒してここを出て行きました」と言って、ジェシカが悪意なく笑います。

「彼を責めることはできないわ」とルーシーが言葉を挟みます。「彼は私たちからあらゆる打撃を受けることも、このワークが無意味であることを私たちに示すことも確信していました」

「ついに私は六ヶ月間、ウィージャ盤を扱うのをやめました。気がかりなことが、あまりにも多く起きていました。人間関係の問題もありました。このように大きくなったグループの中では、珍しいことではないでしょう。一夜漬けの熟達者になることを望むメンバーもいました。問題だったのは、本当に情報を求めている人たちが、最初に黙って引き下がってしまったことです。しばらくの間、セッションを中止したのは良いことでした。そして私たちがセッションを再会した時には、グループの中に新たな感覚が生まれていました」

ウォルターはこのような混乱に、あまり寛容ではありませんでした。「私たちは……いや、私はもうこれ以上扱いきれなくなりました。あまりに消耗が激しいために、私はジェシカとウィージャ盤を扱うことができなくなりました。面白いことに、これが幸いしました。一人がウィージャ盤を扱っているほうが、言葉はより早く伝えられました」

ジェシカがうなずいて同意します。「最初うまくいくとは思いませんでしたが、これがうまくいったのです！　私は首と両手に奇妙な感覚を覚え、文字が非常に素早く伝えられました。ルーシー一人ではすべてを書きとれなくなったので、他にも何人かが文字を書きとるようになりました」

このようなグループの変化に対するマイケルの反応がもしあったとしたら、どのようなものでしたか？

「すべてを考慮すれば、悪くはないものでした」とジェシカが言います。

私たちはここよりも上の次元でありながら、この次元とも互いに浸透し合っている次元からくる知恵を、あなたがたに語りかけています。あなたがたの目的に方向性を与えるために言うと、あなたがたは物質界での人生の合間に、探究のために尽くす人生を生きることを選択しました。あなたがたの多くの中では、これを行うための方法がかなり明確になってきていると思います。そしてあなたがたはグループの変化の様相を見ても、もはや悲しむことはありません。中には悲しむべきだと思っている人もいるようですが。道をそれて脱落していった人々は、探究以外の要因を動機としていたということを、この重大事にあるあなたがた全員が理解しなければなりません。彼らの多くには、別の道を進む、カルマ的な理由があったのです。あなたがたとの説明のしがたい繋がりを感じていたために、悲しみながら去って行った者もいますが、彼らは不安な魂を抑えることができなかったのです。今あなたがたは、選ばれた同じ目的によって導かれた人々とともに、この転機に立っています。これからは計画のオクターブに入るため、計画するのが簡単になります。今あなたがたが終えたばかりなのは、調査のオクターブです。それはもちろん、七つのレベルを完了し、八番目のレベル、つまり次のオクターブの最初の段階に達したという意味です。音階を上がるにつれて変化する、音の強さを思い浮かべてみてください。これもまた梯子のようなものです。あなたがたは音階を上がり、探究を続けることを選んだ人々が、あなたがたのメロディーに加わります。

3章　ジェシカ・ランシングのウィージャ盤

ジェシカ・ランシングは特製の曲げ木の揺り椅子に座り、特製のウィージャ盤を膝と椅子の肘掛けの上に置いてバランスをとっています。右手にはプランシェットを自然に持ち、左手にはコーヒーカップを持っています。リビングには他に二人、生物学の教授であるマージョリー・ランドールと、文学の修士号を取るために学んでいるケイト・オブライアンがいます。二人とも知的で、自分の意見をもった現実的な若い女性です。ルーシーはキッチンへ行き、コーヒーが好きでない人たちのために紅茶をいれています。

「私が特製のウィージャ盤を使うべきだと気づくまで、私たちはいくつもの市販のウィージャ盤を使ってきました。グループの中の一人の女性が、これを私のために作ってくれました。彼女は今、ミネアポリスに住んでいます」と言いながらジェシカはウィージャ盤のガラスの表面を軽く叩きます。「市販のウィージャ盤は全然もちません。一ヶ月も使うと、陥没するか、文字が薄れてきてしまいます。私たちはプラスチックで覆ってみたり、堅い裏板をつけてみたり、いろいろやってみましたが、市販のものはこのような使用法のために作られてはいないのです」

リビングにいる人たちのほとんどがメモ帳を持っています。リーのは分厚いリングバインダーで、デービッドのはクリップボード、トレーシーのは黄色い法律文書サイズのノートです。他の人々は、さまざまな種類の学用品のノートを使っています。

セッションの間は、全員が書きとるのですか？

「ええ、そうするべきよ」とジェシカが忠告するように部屋中を見渡しながら言います。「一人がすべてを書きとるには無理があります。調子がいいと、マイケルはかなりの速さで伝えてきます」ジェシカはウィージャ盤をぼんやりとしながらも愛情をもってなでながら言います。「私がこのウィージャ盤を手にしてから、彼はさらにスピードアップしました」

そのウィージャ盤は市販のものよりも大きく、まるで絵のようにしっかりとした額縁に入れられています。プランシェットはその滑らかなガラスの上に置かれ、ガラスの下には上の段にアルファベットのAからM、下の段にNからZが書かれています。両方の段は、プランシェットの動きに合わせて軽く曲げられています。からし色の背面に文字が黒。陰陽のシンボル、三つのアラビア文字、そしてローマの戦士二人の顔が描かれています。

「私はローマに興味があるのです。私はこのウィージャ盤を五～六年近く使っています。これにもうすっかり慣れました」

「私は一度か二度しか、このウィージャ盤を使ったことがありません」とウォルターが言います。「私よりジェシカのほうが、ずっとこれを扱うのが得意です。彼女のほうがエネルギーがあって、マイケルの提供することを、間違いなくすべて受けとるようにします」

ということは、他の人たちもこのウィージャ盤を扱ったことがあるということですか。もしあるとしたら、彼らの結果はジェシカの得たものと一致しましたか？

「もちろん！　クレッグは彼自身のウィージャ盤を持っていて、彼自身のセッションでそれを扱っていますが、マイケルは私たちのグループに伝えるのと同じことを彼にも伝えます。言葉遣いも、態度も、スタイルも、感覚も同じで……間違いなくマイケルです。グループの中にもう一人、時おりウィージャ盤を扱っている女性がいますが、彼女の結果も私のと同じようなものです。自分の他にもウィージャ盤を扱ってくれる人がいることを嬉しく思います。だって今では私のために、私の質問に対する答えを受けとってくれる人がいるのですから。私がウィージャ盤を扱う時、私は自分の質問に対して受けとった答えを信用しません」

それはなぜですか？

「なぜならそうすることで、私はマイケルでなく自分自身の潜在意識に簡単に入り込んでしまうことを恐れるからです」

ジェシカにはそれらの違いがわかりますか？

「ほとんどの場合はわかります。マイケルには、ある感覚が伴います。説明するのは難しいのですが。前にも話した通り、それは熱と刺激と関係がありますが、そこには別の次元、マイケルという存在感があります。私自身が何かを知りたい時、私はそのような感覚があったと自分自身を騙すこともあるかもしれません。ただ、そこで起きていることを信じたいがためにです」

「それはジェシカが一人でウィージャ盤を扱うようになった時私たちが最初に心配したことです」とウォルターが認めます。「彼女は間違いなく、これを行うための能力と集中力をもっていましたが、彼女が受けとるメッセージがゆがめられることがあるのではないかと心配したのです」

「私たちのそのような心配はすぐに解消しました。私が一人でウィージャ盤を扱った最初の夜、マイケルが始めに次のように言ったのです」とジェシカがにっこり笑って言います。

私たちは今夜、あなたがたとともにここにいます。仕事に取りかかる前に、いくつか言っておきたいこと

があります。ひとつは形式的な発言についてと、初期のセッションで質問されたことに関係します。最近では、言葉で表現された洞察に対する形式的な発言が、以前のセッションよりも増えています。特にデービッド・スワンによるものが多いです。私たちはあなたがたが与えられた洞察に対して、コメントするべきでないと言っているのではありません。しかし「うわーっ」とか「すばらしい」などと叫ぶ前に、少しその教えについて考える時間をとってほしいと思います。教えに課される訓練は、個別のものであるべきです。私たちはあなたがたに新しい教義を与えるために、ここにいるのではありません。私たちの言葉を伝達する霊媒が疲労すると、矛盾が起こるということを覚えておいてください。一人の霊媒を通して働きかけるほうが、私たちにとって便利ですが、霊媒にとっては厳しい仕事になるということを、あなたがた全員が理解してください。これが難しいことだということは、私たちもわかっています。しかし、エネルギーを最善の方法で活用するために、あなたがたには質問を事前に準備しておくことをおすすめします。あなたがた自身の期待によって、この教えを新しい宗教にしてしまおうという誘惑にのるのはあまりに簡単なことですが、それは私たちの意図に完全に反します。盲目的な信仰は理解を排除します。そして理解無しには、目標である成長もアガペーもあり得ません。

「これははっきりと私たちに教えてくれました」とジェシカが自分一人でウィージャ盤を扱った時、最初に受けとったメッセージを読みあげて言います。

「この新しい決まりに慣れるまで、しばらくかかりました」とウォルターが振り返ります。「ジェシカが一人でウィージャ盤を扱うということだけでなく、彼のメッセージを福音にしないようにというマイケルの決定にです。マイケルは、今でもこの決定に譲歩することはありません」

「この真実、つまり神のような存在を求めるということは、深刻な問題でした」とジェシカが加えます。「グループの中の数人は、この教えを生きるための新しい規則にしようとしていました。ある女性は、宗教の教えについて繰り返し言及し、さまざまな秘儀のマスターの意見や教えは、絶対的で不変であるとみなすべきだと主張しました。彼女はこのグループに長くはとどまりませんでした。マイケルはこれに同意しませんでした」

反対に教師が死んだら、その教えは文学へと変わり、文学として扱われるべきです。【改ざんや解釈無しに、教師が面と向かって質問に答えられるのでない限り、その教えは「凍結」された参考資料、つまり文学となるのです。〈学者〉の筆記録より)】

「しかし、真の啓示についてはどうですか?」とマイケルの答えに挑むように、この女性はたずねました。

あなたは存在しないところに、複雑さを押し付けています。これらは極めて単純な瞬間です。もちろん、この文化や他の似たような文化がつくり出した複雑な混乱状態という、偽りの秩序の中にあって、このような状態を維持することは困難です。以前にも私たちが言ったように、説明のつかないことを説明するために、人間はそのような証明のできない不確定要素、あらゆる疑問のすべてについて、自ら答えをつくり出さなければなりません。自分を満足させるために、人間は観測するすべての現象について、自らの信念体系の制限の中で、すべてを定義しなければなりません。〈本質〉が障壁を壊す時、真の秩序、自然の秩序が知覚できるようになります。人間は小さな活動を取りあげてはそれを分析し、調査し、優先順位をつけ、優劣をつけ

ることによって複雑にします。これは人間に限ったことではありません。物質界に存在する、分別のある生物すべてに共通することです。あなたがたが人間と呼ぶ生物に特有のことではありません。人間は最も単純な役割を取りあげて、それを複雑にすることで、自分の人生が重要であるように錯覚します。

「統合とは、人間が築く組織体系よりも単純なものですか」とメンバーの一人がたずねました。

その最も進化した形態においては、そうです。このグループのメンバーへの伝達に適した言葉にすると、それは複雑になります。繰り返しますが、分別のある生物は、単純な行為を象徴によって複雑にします。統合は複雑ではありません。統合は調和と単純さを求めます。分別のある生物は個性、分離、疎外などの表現を通して、自らの存在を正当化しようとします。

分別のある生物は、自分自身にひとつの役割を課すことによって、存在を正当化しようとします。場合によっては、否定的な役割を自らに課すこともあります。そして自分自身から責任を取りあげ、その責任を肉体の五感を越えたところに存在する、高次元の力に都合良く肩代わりさせることによって、議論の余地も無く、証明もできず、攻めようがなく、安全で、快適で、複雑なのです。立ち去れ！　このような魂は手に負えない！」

「マイケルはかなり独裁的になることがあります」とジェシカはこのような答えが伝えられた午後のことを振り返ります。

「私たちは約一年間、このようなことに取り組みました」とウォルターが言います。

「しばらくすると落ち着き、マイケルは魂の〈本質〉についての情報を伝え始めました。それはかなりの情報量で、私たちはまだ、すべての情報を得ていません」

それはマイケルが自惚れの態度をやめて、妥当な態度で話し始めたということですか？

「いいえ、まったく違います」と言ってジェシカが笑います。「マイケルには、ふざけているところがあります」

ウォルターも微笑みながら言います。「彼はいろんなことをして、私たちを面食らわせました。特に、私たちが深刻になりすぎる時です」そして彼は急いで付け加えます。「これはもちろん深刻な問題であり、そこから学ぶことは辛い経験でもありますが、マイケルは私たちがこの教えに這いつくばって取り組むことを、望んではいないのです。私たちはこの教えを使い、探究すべきなのです」

ある夜のこと、マイケルが〝今夜私たちとともに参加してください〟という言葉から、セッションを始めました。

「あなたは誰ですか」とクレッグが質問しました。

私たちは今夜あなたがたとともにここにいます。

「だから、あなたは誰ですか？」とクレッグが強く求めました。

私たちは、あなたがたにマイケルと呼ばれている存在です。なぜそんなに気にするのですか？

「だって、挨拶が違っていましたから」

なんと厳しい！

「そうです、厳しいですよ。私たちはクリスマスの亡霊なんかと話をしたくはありませんから」とルーシーがとげとげしく言いました。

この集合的存在も、かつてそのようなユーモアの罪を犯したことがあります。

「私たちはただ、あなたであることを確かめたいだけです」エミリーが言い訳しようとしました。

あなたがたは肩書きや形式に頼りすぎています。私たちはマイケルという名前で呼ばれています。それは好都合だからであって、真実ではありません。この集合的存在の小さなひとかけらが、その名前をもっていたというだけのことです。私たちはより大きな集合的存在の統合された〈断片〉であり、アストラル界ではなく、コーザル界からあなたがたのもとを訪れています。あなたがたの多くは、アストラル界の集合的存在たちを相手にすることに慣れています。

「わかりました、では、ウィージャ盤はどれくらいの期間使われてきたのですか？ また、他にはどんな伝達方法がありますか」とプランシェットをきつく握りしめて、ジェシカが質問しました。

私たちはこの方法で、約百年間伝達してきました。私たちは、アストラル・トラベルの方法を身につけた生徒たち全員と直接連絡をとります。トランス状態を引き起こすために催眠を使うこともできますが、自発的にトランス状態に入れる霊媒とのほうが仕事がしやすいです。霊媒にも、さまざまな種類があります。

「私もジェシカのような才能を開花させることができたらいいのに」とルーシーが静かに言いました。「彼女は本当に得意です。でも私には怖いです」当時ルーシーはグループに加わったばかりで、このセッションについて、かなり疑念をいだいていました。彼女はウィージャ盤を通してジェシカに伝えられる文字を素早く書きとることにおいて、グループのメンバーの誰よりも速くて正確でした。

願いにも、他のすべてのことと同様、陽極と陰極があります。何事にも、引きつける力と反発する力が存在しなければなりません。そうでなければ、いかなるエネルギーも生み出されません。原初の力は質量ではなく、エネルギーです。原因と結果にとらわれている時に、このことについて考えてみてください。より原始的なのは、エネルギーです。誰もが最も複雑でないことを求めれば、もともとの起源であるエネルギーへと戻れるとは思いませんか？

「でも、私は本当にウィージャ盤を扱ってみたいのです」とルーシーが主張しました。

欲求もまた、極性です。もちろん、この「宇宙」に存在するすべてがそうです。欲求には常に不安が伴います。別次元からの欲求を経験するまで、あなたはその選択をはっきり理解することがありません。あなたは不安の影の中に立ち、気づかなければなりません。

不動産業者のリーは、初期の頃からグループに参加していましたが、かなり個人的で重要な質問をするようになっていました。このセッションで彼女は、「人は時々、同じ局面にはまり込んでしまうことがあります。その時彼は何らかの力によって、そこに引きつけられている、あるいは押し付けられているのですか？　そこから動き出すために、何らかの行動をとる必要があるように思えますが」と質問しました。

あなたはただ、計画と道具を与えられたにすぎません。あとはあなた次第です。このゲームは永遠に続きます。

「私は同じゲームを四十五年間も続けています。変わることはありませんでした。一生同じ地点にとどまることもできると思います。これは私自身の意志によるものでしょうか、それとも私の人生を変える機会があるのでしょうか」

知性は、少なくとも学力という意味で、決定の要因ではありません。それは記憶の経験や年齢の力から生じる、鋭い洞察力によるものです。青年期の魂は、探究の中で迷子になります。それは一〇歳の子供が、ビジネス界の中で迷子になるのと同じことです。成熟期の魂は、青年期や成人期前半のあらゆる葛藤をもっています。老年期の魂だけが、欲求に身をゆだねるという経験をもっています。人間とは、神聖さと世俗との、特異な組み合わせであることを覚えておいてください。そこには獲物を狙う注意深くて孤独な狩人がいて、その狩人の中に、不滅の魂が閉じ込められているのです。これもまた極性であり、物質界における学びのひとつです。

「それでは私たちがまるで、理性的な生物ではなく、犠牲者のようにきこえますね」

あなたがそれを選ぶのでない限り、犠牲者などということはありません。クレッグ、医師としてあなたは肉体の強さについて知るのと同じように、その弱さについても認識しなければなりません。魂についても同じことが言えます。分別のある生物は、自分たちが生まれた環境を征服することを学び、長期間の生き残りを保証するのに十分なくらい開墾するとすぐに、探究に魅了され続けています。彼らの思考は、自動的に星々へと向けられました。彼らの技術力が向上すると、彼らの視野が広がりました。バートランド・ラッセルという男性が、人間が宇宙について熟考する時に感じる「宇宙の孤独という絶対的恐怖」について説明していたと思いますが、これは基本的な真実を言い当てていると思います。これは人間に限ったことではありません。分別のある生物すべてがこれを経験します。これは物質界での進化の過程の一部であり、避けることはできません。私たちの生徒は、これがおそらく結果として文化的、そして霊的やり取りをもたらし、両方の世界の霊的成長につながるのではないかと感じています。これは、これから明らかになるでしょう。

あなたがた【そしてすべての人間の〈断片〉〈学者〉の筆記録より】は恐怖とともに生き続けることを選択します。なぜなら、恐ろしい環境の中での生存本能がいまだに強いからです。あなたがたは自分で自分の竜を育てています。あなたがたの社会の懐の中で竜は大切に育てられ、炎を燃え立たせる必要のある時に、注意深く解き放たれます。これがやむと再び争いは静まり、さまざまな本能が推進力をもち始め、エネルギーを漏らします。教え無しに、あなたがたはこの他に選択の道があることを知らず、このようなパターンを壊す機会に恵まれることはありません。これはあなたがたの生活のあらゆる面に浸透しています。あなたがたの食事や眠りの習慣でさえも様式化され、繰り返される傾向にあります。少数の人々だけがこのようなパターンを壊しますが、その時には彼らも痛みを感じます。

「マイケルは本能について話しているのですか」と地元の美術館の副館長をしているデービッド・スワンがたずねました。「愛の必要性もまた、本能ではありませんか」

育てることは本能ですが、愛することは違います。

食物を集めることも本能です。好みの食料品が不足した時に、買いだめが起こるのを見ればわかります。最近では銅不足が噂されると、まるで本来高価なものであるかのように、銅の硬貨を買い集める現象がすぐに起こりました。もちろん銅の硬貨に価値はなく、たとえ今後銅貨が一枚も鋳造されなかったとしても、この世界は間違いなく生き残ります。このような行動は私たちに、冬支度のために食物を集めるリスを思い起こさせますが、そのような行動には理由など無いのです。

この裕福な文化における食料の個人的貯蔵量は莫大ですが、それでも全員に十分な量があります。特に都会において、もはやどんなものも貯蔵する必要は無くなっていますが、経済の巧みな操作によって、いまだに買いだめの必要性が永続しています。これはまったく巧妙なことですが、それでも個人が制御を保ち、食物を集めるというような古い習慣を永続させたり、社会の階層の中で地位を維持したりすることが可能である必要があります。

「しかし本能とは、実際には恐れである場合が多いのではありませんか？」とデービッド・スワンが言い張りました。

言葉は仮面として使われることがあります。

ルーシーが静かに話し始めました。「私の中では、愛の強さに関係なく、恐れが愛を支配します」

制御を失うことへの恐れが、あなたがた全員を悩ませます。あなたにとって、それは感情的制御を失うことへの恐れです。別の生徒にとって、それは狂っていると思われることへの恐れです。あなたがたの多くにとっては、分別を失うことへの恐れです。もし人が恐れの中で生きていなかったら、痛みを生み出す状況を避けるために、これほどまでに念入りな手段を選ぶことはないでしょう。

「それが私たちを妨害し続けているものですか」リーの銀行家の夫、アーノルドがたずねました。「私は意識の外の肉体を離れる現象に関わることを、これまでずっと嫌がってきました。これも恐れからくるものですか」

それは未知への恐怖にすぎません。ひとつにはアーノルド、あなたはアストラル・プロジェクション（幽体離脱）すら、まだ信じられずにいます。あなたがこのような経験をする必要はありません。それは興味深くて爽快な体験ではありますが、あなたがこれを経験する必要はないということを、私たちは繰り返し言っ

ておきます。

エミリーはいまだに、マイケルが話していた宗教に関する言葉の意味について、深く考えていました。「聖書には、真の愛はあらゆる恐れを追放するとあります。あなたはそうではないと言っているのですか」

エミリー、あなたは真の愛を経験したことがあると思いますか。創造的な力そのものを愛するためには、あらゆる人格化からの分離が必要です。

これにエミリーが素早く飛びつきました。「私は過去に、愛の高い状態がすべての瞬間に満ちあふれるのを経験したことがあります。昼も夜も、私はこの愛に陶酔しました。そうとしか言いようがありません。今では年をとり過ぎてしまい、このような探究をするには遅すぎます。ですから私は、代わりにこの探究をしているのです」

魂は、この世の生物とは異なるレベルで、すべての感情を経験します。本能的な快楽は一時的なものです。私たちはあなたがたにそれを控えるべきだと言っているのではありません。ただ、そのような快楽が〈本質〉の支えになることはありません。

抜け目のないデービッド・スワンがこのことについて意見しました。「物質界には肉体的な愛があります。そのことについてはどうですか」

あなたはエロス（ギリシャの概念で性的に表現される愛）について質問しているのですか、それともアガペーですか？

「どちらでもいいですよ、あるいは両方でも」

エロスは偽りの個性の産物であり、物質界のしるしや象徴に基づくものです。これは霊的なこととはまったく関係ありません。これは肉体的な魅力に基づくものであり、その安定性は肉体的魅力を永続させることに依存します。

【もちろん、性的魅力や肉体的な魅力というのは健康的な経験であり、あなたがたがそのような経験を正当化することを選択するのならば、物質界での生活において、それは重要な側面になります。肉体をもつことは、物質界の「核心」であり、あなたがたも知っている通り、「命」の性質に本来備わっているものです。〈聖職者〉の筆記録より）】

「それでは私の質問の答えになっていません。率直に言って、過去には、愛とは常に誰かに向けられるものでした。これから私たちはどうすれば良いのですか？　愛を神、あるいはキリストに向ければいいのですか？　彼は愛を自分自身に向けなさいと言いましたが、それはできません。燃えるような愛を、自分の内側に向けることはできません。あなたにはそれができるのですか？」とデービッドが続けて質問しました。

私たちの知っている唯一の報いは、深い霊的満足感です。あなたがたはそれをエクスタシーとでも何とでも、好きなように呼んでかまいません。一瞬立ち止まって、なぜあなたが探し求めるのか、そして何を探し求めているのかを、自分自身に問いかけてみてください。

「私は一度だけエロスと重なる感覚を味わったことがあります」とルーシーが恥ずかしそうに言います。「結局はうまくいきませんでしたが、その関係が続いている間は、まるで天国にでもいるような気分でした。彼に強い怒りを感じている時でさえも、私はこの関係が以前はどうであったかを、つい考えてしまいます。あれを取り戻すためなら、私は何でもやれると思う時があります。あれは本当に……」ルーシーの声は悲しげに消えていきました。

もしあなたがその影響から本当に自由になりたいなら、その関係の結果として生じた好ましい経験のすべてをあげた、心の記録をつくってみてください。その関係の中で、あなたはより高次の表現の贈り物を与えることができました。それはお互いに与え合うものではありませんでした。なぜなら彼は高次のセンターと繋がっていなかったからです。しかし彼にも記憶があります。これはよくあることです。あなたはその経験を取り戻すことはできませんでしたが、特にこれからは、あなたはそのような高次の感情的エネルギーの出力を再現することができます。しかしまずあなたは、あなた自身の経験を、ある特定のパートナーと結びつけて考えることを、やめなければなりません。それはあなた自身の経験です。あなたにはその準備ができていました。

「でも、私にとって彼との関係がどれほど大切であったかを、もし彼が知っていたら、彼は私とやり直すことを考えてくれるかもしれないと考えてしまいます」彼女は助けを求めるように他のメンバーを見渡しました。

「彼と話はしたのですか」とクレッグがたずねました。

「もちろんしていません。何て言ったらいいかわからないし、そんなことともできません」

他のメンバーもいくつか提案をしましたが、最終的にこの質問はマイケルに向けられました。

あなたは周囲の人々にあなたが必要としていること、望むことを伝えなければなりません。あなたがテレパシーを使えるのでない限り、言葉をつかって表現しなければなりません。そして相手に選択肢を与えなければなりません。その選択肢を相手に知らせなければなりません。すべての成り行きとともに、代替案が理解され、受け入れまたは拒否の動機も理解されなければなりません。完全な理解がある時、意見の相違は起こりません。あなたがた全員がすでにこのことをきいていると思いますが、私たちはもう一度強調しておかなければなりません。なぜならこれは効果的な意思伝達の秘訣であり、満たされない期待という恐怖の影を消し去るための秘訣だからです。

「話し合うことは本当に良いことです」とジェシカがハシバミ色の目を輝かせて言います。「ルーシーはこの男性と話をしました。彼は彼女の元夫でした。しかし二人はやり直す道を見つけることはできませんでした。今ではルーシーも話し合って良かったと認めていますが、当時はとても辛かったようです」

その日の午後、しばらくしてからルーシーがジェシカに同意します。「最初、私にはもう何も残っていないと思っていました。でも私はマイケルが言ったことを繰り返し考えていました。これは私の経験であって、私のエネルギーであるということです。ダン無しで、私はもう二度とあのような感覚を味わうことはできないと思っていましたが、やがてそれができるということに気づきました」ルーシーは生き生きと笑いながら言います。「間違いありません」

ということは、マイケルが彼女に言ったことが役立ったのですね。

「いいえ、最初はそうでもありませんでした。マイケルの言うことには、とても受け入れがたいこともありました。ダンと話し合うなんて、とんでもないことでしたが、後で私は『まあ、私はできることは全部したし、彼に理解してもらおうと努力したけど、それでもうまくいかなかったんだから仕方ない』と思いました。それは辛い経験でしたが、私は『もし……だったら』という嫌な感覚を手放すことに成功しました。私はその『もし……だったら』を実行に移したという、ただそれだけのことです」

「本当に最悪なのは期待の問題でした。ルーシーの家族のほとんどは、彼女が彼を許すべきだと思っていました。どういう意味で許すと言っているのかはわかりませんが」とジェシカが言います。「耐え難い状況を、彼女が受け入れるべきだと決めてかかっていたようでした」

「そう、そして私はもう少しでそうするところでした。ダンが望むことに私が従うべきだという重圧がありました。しばらくの間、私はそのことについてよく考えました。あくせく働く、優秀な働き者になれるかもしれないと思ったのです」

圧力がそれほど強かったのに、なぜルーシーは屈しなかったのですか？

「ひとつには良識ですね。そしてもうひとつにはマイケルの講義のおかげです」

本能的なドラマは安全に、簡単に学ぶことができます。記憶がまだそこにあるからです。あなたがたの祖

先は支配的な種で、部族で生活し、そこには支配的な指導者が存在しました。これは継承されました。なぜなら支配的な指導者の存在は、人が自己責任を放棄することを可能にするからです。つまり、「上司が私にこうしろと言った」「ヒットラーがあしろと言った」「神がそうしろと言った」などというように、何でも人のせいにできるということです。あなたがたは、責任をいつでも人任せにできます。感情的な戦いの最中であっても、常に他の誰かが最終的に責められ、その人に行為の責任をとらせます。これは動物の行動であり、この文化の中に広く普及している行為です。この例を私たちは毎日のように見かけます。このグループの中にもそれは見られます。選択とその結果が紛れもなくあなた自身のものであるにも関わらず、その責任を誰か他の人に任せてしまう行為です。いくつかの次元において、そしてこの物質界においてさえも、良い生徒たちや熟練者たちの中に卓越した存在がいて、本能的なパターンがくつがえされることがあります。しかしこれは簡単なことではありません。あなたがたの多くが頂点のヒヒになることを選び、階層が注意深く分けられている状態では、特に困難です。この頂点の座は、最下層と同じくらい明け渡すのが難しいものです。後者には途方もない苦しみが伴うにも関わらず、この文化における底辺のヒヒの座はうらやましがられる場所です。誰もがあわれみを感じ、同情と慰めを与えてくれるからです。頂点のヒヒは独立を求められ、この文化において困難な立場にあります。子供の頃から、あなたの人生は他の誰か、あるいは他の大勢の人々、両親、教師、上司、神、聖職者などが管理しているものだと教えられるからです。しかしあなた以外に、あなたの人生を管理できる者はいません。あなたがたは葛藤を続けるためだけに、社会構造の中の恐ろしい組織とともに生きることを選択することすらあります。これが唯一の理由です。もしこのような組織が排除されれば、葛藤は弱まるでしょう。

魂が支配的な種へと最初に投げ込まれる時、分別の無い生物のいくつかの、というより多くの本能的衝動が、その生体に深くとどめられたままになっています。その〈人格〉はこのような本能的行動パターンをくつがえそうとはせず、あらゆる外的要因の侵入に対抗して戦います。

このことは、このような本能的行動パターンをくつがえすことができることを示唆しています。この観点から見る者は、この文化の威圧するような、支配的な特質に衝撃を受けることでしょう。それは孤独からくるものです。あなたがたは、私たちの知る中で最も孤独な人々です。これはあなたがたがより原始的な自己のなごりとして深くとどめている本能を、くつがえすための試みを一切していないこととも関係しています。魂が投げ込まれる前、あなたがたの祖先にあたる分別の無い生物たちは、恐れによって大きく支配されており、彼らの生活は生き残りのための、絶え間ない数多くの戦いに費やされていました。この世界において、このような争いはもはや必要ありませんが、それにも関わらず、戦いは絶え間なく続けられています。

大きな肉食動物が、街の大通りを歩くなどということはほとんどないにも関わらず、あなたがたの多くはまるでそんなことがあるかのように行動しています。

生き残りのための戦いは、延々と繰り返し再生される録音テープのようなものであり、それは一部の者たちが浪費し、貯蔵している中で、文化の大部分を飢えさせるような事態に及んでも繰り返されています。これはドラマに現実主義をもたらすだけです。もうこのようなことは必要ありません。無情に略奪されてきたにも関わらず、この地球には豊かな資源があります。まだ分け合うのに十分なほどあります。孤独は胸の張り裂けるような思いをさせるものですが、まったく不必要なものでもあります。そして孤独とは、戦いを続けるための方法として、人間が生み出しているものです。もし人間が恐怖や疎外感を感じなくなれば、本能のドラマを演じ続ける動機がなくなります。

「それで私は、最下層を離れて孤独と向き合うことを決意しました」とルーシーが宣言します。

それは簡単でしたか？

「まさか、簡単なはずはありません。まだ取り組んでいる最中です。すてきな同情や弁明無しにやっていくのは、難しいことです」

やるだけの価値はありますか？

「自分の人生の責任を、自分で負うことがですか？　もちろんです。取り組む価値は十分にあります」

しかし彼女はそれをどうやってやり抜くのでしょうか。マイケルは今でも彼女に良い助言をしているのですか？

「ええ、私が好むと好まざるとに関わらず」とルーシーはジェシカを見つめながら言います。

「ええ、そうね。彼は私にもいくつか教えてくれました……」

それは誰か他の人がウィージャ盤を担当していた時のことですか？

「そうです。彼はこの人生で私自身が設定した仕事について少し話しましたが、それは恐ろしいことでした」

この人生での彼女の仕事とはどういう意味ですか？

「私たちはそれぞれの人生で、ひとつの大きな仕事を選択し、それをやり遂げるために働くのだと、マイケルは言いました。魂が古ければ古いほど、より「厳しい仕事」というのは適切な言葉ではありません。そうですね、より抵抗しがたくなると言えるかもしれません。ただ、どうしてもやらなければならないことが出てくるのです」

それはなぜですか？

「これは魂の性質に関係があります。魂が年をとる方法とその経験、カルマ的負債、モナド、合意された結果など……」と言ってジェシカは確信の無いような身振りをします。「このようなことを、マイケルは私たちに教えようとしています。それが魂の性質のようです」

【3章：追加の情報】

社会的・宗教的視点以外で「厳密な」正しさを求める人々は、そのような努力が報われることはなく、「不運」な人々です。なぜなら私たちがすでに述べたように、あなたがたは「間違った」選択などできないからです。あなたが何を選ぼうとも、それはやがて進化へとつながり、あなたがたが累積的にやり遂げてきた行為のすべては調和します。それは行為や信念の「必要条件」を満たしたからというのではなく、時間をかけ進化が、その存在の性質の一部としての調和をつくり出します。もちろん、多くの行為には、法的問題も含めた社会的重要性が伴います。社会的非難を受けることも、人生の中で有効な経験であると言えます。そして凶悪な行為がカルマの重荷に加えられることもあれば、加えられないこともあります。しかし社会的ルールを守って生活することは、自立して自由に動くことのできる物質界の魂をもった種にとって、多くの学びのうちの一つです。これにはもちろん、あなたがたの種も含まれます。〈学者〉の筆記録より）

4章　魂の性質

魂の性質。これは非常に大きなテーマです。そもそも、魂とは何ですか。医学の分野で潜在意識と呼ばれるものが、魂の基本的要素なのですか？

いいえ。精神科医が潜在意識と言う時、彼らのほとんどは脳の記録のうちで、あなたがたがすぐに呼び起こすことのできない部分のことを言っているにすぎません。このようなデータを呼び起こすことは、しばしば非常に有効な障壁によって妨げられます。精神科医の中には、ユングのようにより理解を深め始めた者もいましたが、実際に思いのままに使える無数のデータについて知った者はほとんどおらず、まして根源について知る者はわずかです。

魂とは、潜在意識ではありません。そしてあなたはすでに、それが本能でもないと言いました。では魂とは何ですか？

すべての魂、あるいは〈断片〉（ここでは〈断片〉と呼ぶことにしましょう）はもちろん宇宙の創造力の一部であり、私たちがタオと呼ぶものの一部です。しかし、分裂が起きて物質界のサイクルが始まる時、この〈断片〉はタオから遠く離れ、私たちが無限の魂と呼ぶものからも遠く離れます。私たちの言葉の使い方に問題があるかもしれません。

ここでたとえ話をしましょう。おそらくこれでよく理解してもらえると思います。大西洋が全体であると想像してください。十本の試験管に海水を入れて栓をし、水も空気も通らないようにします。次にその試験管を海の中に戻します。それらは全体の一部分ではありますが、何らかの力が外側から加えられて自由にならない限り、源から離れ監獄に閉じ込められたままです。これと同じように、魂は肉体の中に閉じ込められています。肉体にできることは、非常に限られています。【物質界は進化にとって必要不可欠であり、魂は進化しようとします。物質的な世界は、あなたがたが「霊性」と呼ぶものと同じく、進化の一部であり、どちらがより「進んでいる」ということも「賞賛に値する」ということもありません。(〈聖職者〉の筆記録より)】真の霊的状態にある魂には、限界も障害もありません。

あなたは個々の魂を、繰り返し〈断片〉と呼んでいます。魂とは、何の一部なのですか?

霊的な集合的存在が最初に地球へ向かう時、約千個の〈断片〉に分かれます。【最高で千四百の〈断片〉に分かれます。(〈学者〉の筆記録より)】集合的存在が進歩すると、数多くの〈断片〉がひとつになります。それぞれの学びが終えられると、モナド(本質的で完全な経験と関係)が形成されます。これは魂が完全に物質界に限られたものだという意味ではありません。実は、魂はあらゆる次元に存在することができるのです。旅には物理的空間と物理的速度が必ず伴います。しかしこの魂は、物理的な人間が自らに課す、三次元の限界を越えたところに存在しています。解放された〈本質〉にそのような限界は無く、多次元的宇宙を自由に旅し、自由に動き回り、自由に存在することができます。

それでは私の概念が台無しです。「一度限りの人生……」という、シュリッツ・ビールの広告は間違っていたということですか？　それに意識が続いていくという概念もくつがえされます。私はやがて集合的存在とひとつになって、私が知っている私自身の意識は無くなってしまいます。

それは根拠の無いことです。全体とは、部分の和です。私たちの中に、支配的な〈断片〉というものは存在しません。私たちは、全体に統合された集合的存在です。喪失感、切なさ、心の痛みなど、あなたがたのもっているような感覚はありません。喪失は、物質界においてのみ認められる感覚です。今、私たちは全体です。以前、私たちは分離しており、そのために完全ではありませんでした。私たちにはこれからも、進化が待ち受けています。私たちはこれを予期していますが、実際に進化が起こるまでは、私たちにも何が起こるのかはわかりません。今、あなたがたは個性を失うことには、痛みが伴うと思っています。それは真実ではありません。個性は痛みを伴うものですが、統合はそうではありません。

それでは〈人格〉についてはどうなりますか？　魂が不変で時間を超越した状態で存在し、独自の法則で機能する全体の一部であるとしたら、それは非常にかけ離れたもののように思えます。〈人格〉はどこに当てはまりますか？

魂の成長という概念を十分に理解するためには、「人間」の魂あるいは〈本質〉の中に存在する本当の性質に気づく必要があります。〈人格〉は集合的存在とは別のものであり、それは主に肉体の生き残りのための手段です。魂の目的は、〈人格〉の目的とはまったく違うため、〈断片〉は絶えず葛藤しています。これが物質界における学びです。「なぜ私はここにいるのか?」という疑問をもつことができるのは、魂だけです。〈人格〉はそのような情報を必要としません。

しかし、他のすべての〈断片〉についてはどうですか。集合的存在の残りがあちらで待っていて、〈断片〉が順々に肉体に入るのですか?

集合的存在の全体が、タオから投げ込まれます。そして肉体にとらわれた魂へと分裂し、サイクルを通してあらゆる人生経験を味わうまで、分裂した状態が続きます。これはデービッドの集合的存在が最初に分裂した時、他の集合的存在も一緒に分裂したことを意味します。デービッドを含む集合的存在が分裂したのと同じ時点で、ジェシカとレオナルド(ジェシカの直属の上司)を含む集合的存在も分裂しました。高次元においても、物質界と同じように成長が起こり、物質界で魂が成長すると、この高次元の進化をより感じやすくなります。高次元にはそれぞれ、進化の七つのレベルがあります。それは物質界に限られたことではありません。普遍的で絶え間のない創造力は、集合的存在たちを物質界での一生へと投げ込みます。集合的存在たちは分裂し、数多くの異なる〈人格〉になります。それらが統合することが、すべての魂にとっての進化のパターンです。あなたがたは、物質界での最後のサイクルに到達するまで、集合的存在の残りの〈断片〉を探し求めようとは思いません。しかしその時がくると、抑えきれない衝動のようなものを感じます。なぜそのように感じるのかわからない場合もありますが、とにかくあなたがたは探し求めるのです。

それは進化と成長の過程のひとつですか。目的は何ですか。それともそれは本来備わったものですか。もしそうだとしたらなぜですか？

絶え間のない創造力を保証するためというのが、私たちの知る唯一の目的です。地球を離れた集合的存在たちは、高次元で非常に長い期間を過ごし、最終的に創造という原始の力と再結合します。つまり、被創造者が創造者になり、サイクルが果てしなく繰り返されるのです。これが無限です。

では、人生と人生の間では何が起こりますか？　まるで魂が学校に通うかのようにきこえますが。

学校とは誤解を招く言葉です。熟慮するための時間が十分にあり、案内も十分にあります。数多くの魂が、あなたがたの時間で言うと長い年月、自らの物質化の中間地点にとどまり続けます。老年期の魂は、このような人生の合間を喜んで受け入れます。通常は、肉体から低位アストラル界への、非常に短い変転期があります。

もう少し詳しく教えてもらえますか？　死後、人々はどこへ行くのですか？

これは魂のレベルと、変転期における信念体系によって大きく異なります。例えば、天国と地獄を信じてこの変わり目を迎える者は、他の何を経験するよりも先にその天国と地獄を経験することになります。そして彼らは不幸なことに、変転期についての彼ら自身の考えを、アストラル界の素材からつくり出すのです。

そしてジャン・ポール・サルトルのような魂たちは、前進する前に無駄な時間を長期間過ごさなければならなくなります。そのような魂は、低位アストラル界の常連になってしまいます。別の道を求めることは可能であり、別の進路が描かれ選択がなされます。

すべての魂が、転生間でそれほど多くを学んでいるとしたら、なぜ世界は今のような状態にあるのでしょうか?

ここは青年期の魂がほとんどを占める惑星です。青年期の魂の性質上、そのような解決策は求めません。この惑星は、安定した経済を維持し、気まぐれなどによらない、有効な世界政府をもつのに十分な段階まで進化しています。しかし、このようなことについて議論するだけで深い恐怖が生まれるために、実現が妨げられています。対立を続けるためには、まだまだ部族が必要なのです。もし部族がなくなったら、領土争いが無くなってしまい、あなたがたの「大好き」な否定的エネルギーがどこかへ消えてしまいますよね。〈人格〉にとって、地上の平和を切望するなどということは思いもよりません。しかし〈人格〉はスピーチや説教の中で、これを訳もわからずに、頻繁に繰り返し述べます。実際には地上の平和など、最も望まないことなのです。〈人格〉は今、核兵器を発明したことによって、死ぬほど恐れています。このことが大規模な戦争を効果的に一時停止させています。このことがまさに、この小休止の間にあなたがたのようなグループを集めようという、コーザル界の教師たちの努力が復活しつつある理由です。十分なグループが集められれば、流れを変えることが可能ですが、それは生徒たちがその教えを生きた場合に限ります。

あなたが述べているのは、かなり陰鬱な事態ですね。この先の展開について、私たちに選択肢はありますか？　それとも私たちは否定的なエネルギーにしばられているのでしょうか？

現時点で、この世界には約十の選択可能な道があり、そのうちの八つはまったく魅力的でないと私たちは思います。あとの二つは、私たちが霊的革命と呼ぶことに関係しています。これはもちろん、現在この世界の支配力を統制している、世間一般の信念体系を転覆させることであり、直観的知識、そして私たちが真実と呼ぶことに基づいて導くのに最適な者たちに指導力を返すことです（この章の最後の追加の情報①を参照）。あなたがたが好むと好まざるとに関わらず、これが今起きていることであり、このグループが参加を求められていることです。この革命は、他のすべての革命と同じように、不安を広め、敵対関係すらつくり出すでしょう。そのようなことが起こらないという保証は私たちにもできません。しかし、他の八つの選択肢のほうが、はるかにひどいものです。過去のすべての時代においてそうであったように、また魔女狩りが行われるでしょう。まるで「花園」のようにすべてがうまくいくなどと、私たちはあなたがたに言った覚えはありません。重要な人生の仕事が簡単に達成されることはめったにありません。かなり珍しい状況下で、あなたがた全員が集まった理由は、私たちがすでに伝えた通り、老年期の魂が他の〈断片〉と再結合しようとする、強い衝動のためです。もちろん、〈偽の人格〉はこの衝動に気づいておらず、時々このような不適当に思える関係を拒絶します。それは知識が無いためです。このグループが属する二つの集合的存在は、最初に同時に生まれました。そこに存在する衝動は、より強いものです。

あなたはここが青年期の魂の惑星だと言いました。それはどういう意味ですか。どのような影響があるのですか？

それぞれのサイクルの中には、知覚に大きな違いがあります。それぞれが魂の年齢によって課される限界の中で知覚します。成熟期の魂はしばしば、ひとつの視点から間違った見方で他者を見ます。その人の周囲の者たちも、別の魂をかなり違った方法で知覚します。もちろん究極の知覚というものは存在し、それは統合です。これこそがまさに「真理」です。魂が古くなればなるほど知覚に厳しさがなくなっていき、魂の成長が起こるとともに優しさも増していくようです。これは知覚の問題なのです。魂のおよその年齢は、その魂が自分自身と周囲の世界を知覚する方法によって決定づけられます。

では、希望があるということですか？

この惑星の魂の年齢とともに文明も年を重ねるため、平均的な魂の年齢レベルが上がれば人類の状況に対する解決策も生まれます。文明は、第一に理性的になります。現在は、肉体の偽装である〈人格〉が優位に立っています。

この過程を早めるために、何かできることはありますか？

あなたがたは、すでに成長の痛みで苦しんでいるのに、なぜそんなことをきくのですか？　魂は肉体と同じように、決められた特定の範囲内で発達しなければなりません。人間理解への近道はありません。困難で、ほとんどが痛みを伴う成長があるだけです。なぜならあなたがたのほとんどが、喜びを通して学ぶことを、望んではいないからです。

魂の進化には七つのレベルがあり、そのうちの五つは物質界においてあらわれます。

乳児期あるいは初めて肉体をもった魂

乳児期の魂のモットーは「やらないことにしよう」です。このようなサイクルは、肉体の乳幼児期と同様、知覚と行動の範囲が非常に限られています。そのため、乳児期の魂の多くは非常に低い身分に生まれ、あらゆる要求や複雑な物事に恐怖を覚えます。新しい経験は、乳幼児の魂を興奮させるというより、ぞっとさせがちです。

乳児期あるいは初めて肉体をもった魂は、自分自身と自分の周囲の世界を単純に、「私」と「私でないもの」として知覚します。このサイクルの中には、人種の記憶がありません。もし人生の初期に、「私でないもの」が不親切な敵として知覚された場合、引きこもりが起こり、自閉症として知られる症状が起こります。これがもし人生の初期ではなく、もっと後に起こった場合、乳児期の魂は抑制のきかない暴力で反応することがあります。サディズム、明らかな理由のない殺人、信じがたいほど残酷な行為などがこれに当てはまります。乳児期の魂は、正しい行為と間違った行為の違いをまったく知りませんが、常識的ルールと礼儀を教えることは可能です。

知性とは文化の産物であり、乳児期の魂や初めて肉体をもった魂でさえ、読み書きや算数の計算を学ぶことができます。乳児期の魂は強制されない限り、高度な教育を求めることはありません。彼らは変わった環境で当惑し、敵対心をもちます。

一般的に、乳児期の魂は雇用のようなものを求めません。これは老年期のかなり古い魂と共通の特徴です。乳児期の魂の多くは、技術の進歩した複雑な文化において精神障害と見なされることがあり、誤って精神薄弱者と診断される場合もあります。

乳児期の魂は、両親の信仰をそのままに受け入れますが、あまり興味をもたず理解も乏しいものです。乳児期の魂は、性欲という形でのみ愛を知覚します。乳児期の魂は野生動物のように狂乱して性行為をします。それは男性と女性の両方に本来備わっている発情期のようなもののためですが、これより上のサイクルではそれは失われています。これを変えることは不可能です。

乳児期の魂は生き残りのために料理をし食べますが、通常その食べ物は味が無く調理しすぎています。この魂はほとんどすべてのことを恐れているので、彼らの台所はたいてい無菌状態のように清潔です。

乳児期の魂は、これまでに人を噛んだことなど一度も無いような犬に噛まれます。それは単に、彼らの極端な恐れのためです。乳児期の魂のほとんどは、馬の背で死ぬことはありません。動物に対するアレルギーは、拒絶のために起こります。【乳児期の魂にとっては。〈学者〉の筆記録より】

幼児期の魂

幼児期の魂のモットーは、「正しくやろう、さもなければ何もしない」です。

このようなサイクルは、より複雑です。魂はいわゆるよちよち歩きができるようになった状態で、このサイクルの中で走ったり、木登りをしたりすることを学びます。

幼児期の魂は、自分自身と自分の周囲の世界を「私」と「他のたくさんの私」として知覚します。幼児期の魂は幼年時代の初期に、周囲の者たちからかりてきた考えで強い信念を形成します。そしてこの信念は、文字通り揺るぎ無いものです。幼児期の魂は普段、愛想がよく社会の柱石のような存在ですが、正反対の見解が述べられると変わります。幼児期の魂はそのような違いによって、内面から当惑し、くじけます。表面的には、怒り、敵対心、否定的感情のエネルギー、闘争的態度をあらわします。

幼児期の魂はより高度な教育を求めることがあり、保守的で小さな教養課程の大学や、職業訓練校などで成功します。「まともな」科目を学び「良い生徒」であることが多いです。

幼児期の魂は、全国的な賞賛を求めるよりも、小さな水たまりの中の大きな魚、有力者になることを求めることがあります。どのような分野で努力することになっても、幼児期の魂は変わった感覚で自分の役割を果たそうとします。現状維持こそが、このサイクルの目標だからです。

幼児期の魂は、その宗教的信念において根本主義的になりがちです。神の擬人化は、このサイクルにおいて最も強いです。幼児期の魂は、邪悪な力の存在を信じています。

幼児期の魂は、自分自身の性をなんとなく不快なものに思っています。そして文化が性を助長すると、これを恥ずべきことだと思います。幼児期の魂は、率直な性的興味のあからさまな表現を恥ずかしがり、自分自身のふらちな道徳規準によって、周囲の者たちを縛り付けようと努力します。閉ざされた扉の向こうでも、たいてい幼児期の魂は、公共の場と同じようにかなり上品ぶっており、官能的快楽に屈することはめったにありません。そのようなことを経験したことが無いために、幼児期の魂はそのような経験が存在することすら信じていません。

幼児期の魂の台所も無菌状態のように清潔で、彼らの料理する食べ物は、味も面白みも無いものになりがちです。幼児期の魂はどんな食べ物が体に「良い」のかを知っています。最も質素な食事以外に、思い切って手を出すなどということはめったにありません。

ほとんどの幼児期の魂は身体過敏です。ある特定の内蔵器官に執着している医療患者は、ただちに幼児期の魂に分類されます。例えば、腸の固着状態がある年配の女性すべては、幼児期の魂です。【そのような傾向があります。〈学者〉の筆記録より】幼児期の魂は、同性愛であっても異性愛であっても自らの性を恥じます。幼児期の魂は、自らの正義感がひどく侮辱された時に極端に裁判を起こす傾向があります。

青年期の魂

青年期の魂のモットーは、「自分のやり方でやる」です。

これは魂が新たな領域へと進む冒険的な時期です。ここで有力者が見出されます。青年期の魂は物質界での仕事をすることを切望し、人生の中でしばしば不可能な目標を自らに課すことがあります。彼らは文明の建設者です。

青年期の魂は、自分自身と周囲の世界をこれ以前のサイクルとはかなり違った方法で知覚します。青年期の魂は、自らを「私」として知覚し、あなたを「あなた」として知覚しますが、「私」と「あなた」との違いを知覚して、「あなた」を変える必要性を感じます。「あなた」を自分の観点の中に連れ込もうとするのです。青年期の魂は、自分の動機に疑問をもつことがありません。彼らは、彼ら自身の知覚によって制限されているからです。成熟期の魂はそうではありません。

青年期の魂のほとんどが高度な教育を求め、たいてい学位を取得します。青年期の魂は、目的のためには疲れを知らずに働き、その目的を達成するために信じがたいほどの困難をもくぐり抜けます。教育がその例のひとつです。

このサイクルの合い言葉は達成です。青年期の魂は彼らの活動範囲として、より広い海を探し求めます。青年期の魂は、もし信仰心をもつことがあれば、極端に正統主義に向かう傾向があります。彼らはあらゆる宗教改革に反対して、根気よく運動を起こすでしょう。もし青年期の魂が無神論者である場合、他の正統主義者たちを消し去るために、同じように根気よく努力するでしょう。

もし青年期の魂のセックスに関する個人的意見がかなり低いものであれば、そのような魂はセックスとは不道徳で控えるべき行為だと、周囲の者たちを説得することに最善を尽くします。性欲を放棄する修道士や修道女は、青年期の魂である場合が非常に多いです。彼らはこれ見よがしにセックスを断ち、あらゆる機会に、自分が性欲を放棄したことを周囲の世界に知らせようとします。一方で青年期の魂は、性の完全な自由化への熱烈な支持者になることもあります。青年期の魂は愛をエロスとして知覚し、それはもっぱら周囲の者たちに対する、彼らの期待に基づくものです。もし他者がそのような期待に応えることに失敗した場合、青年期の魂は愛するのと同等の熱心さでその人を憎みます。性的葛藤は、このサイクルの中で大きな苦痛となり得ます。初期の訓練と内なる衝動との対立です。

初期サイクルにある青年期の魂は、幼年時代に身につけた食習慣に固執する傾向があります。このサイクルの中期には盛んに実験が行われますが、たいてい食欲は乏しいです。後期サイクルにある青年期の魂は、食べ物の実験を続け、しばしば外国産の食べ物への執着が起こります。人種の記憶がより鮮明になり、そのような記憶による錯覚が特定の種類の食べ物に彼らを引きつけます。

青年期の魂はしばしば、オセロットやラサアプソ（犬）などのような、身分の高さを示すようなペットを飼います。青年期の魂は、荒馬を乗りこなします。

すでに述べた通り、動物へのアレルギーは拒絶からくるものです。

青年期の魂は肉体としっかり結びついていて、物質界での学びがなされることはほとんどありません。アストラル界での休憩の間でさえも学びません。青年期の魂はできるだけ早く、物質界に戻ることを求めます。肉体を離れることは、青年期の魂にとって不快なことだからです。それは幼児期の魂にとっては非常に恐ろしいことであり、成熟期の魂にとっては興味深いこと、老年期の魂にとっては喜んで受け入れられることです。

成熟期の魂

成熟期の魂のモットーは、「ここではないどこかでやろう」です。このサイクルは、かなりの内省が必要とされるにも関わらず、その報いとしての平安がほとんど与えられない困難なサイクルです。青年期のサイクルでやっと手に入れた学びが、成熟期の魂によって利用されます。

これはすべてのサイクルの中で、最も難しいサイクルです。なぜなら成熟期の魂は、自分自身を知覚するのと同じように、他者を知覚するからです。このような知覚のために、成熟期の魂はしばしば理由もなく人間関係を断とうと、あるいは同様に表面的に不似合いな関係を永続させようとします。もしあなたと私が両方とも成熟期の魂だったとしたら、この枠組みの中では、あなたが経験する私というものが存在することになります。言い換えると、私があなたを経験している間、あなたは私を経験します。そして同時に、あなたは私が経験していることにも気づいていて、このより深い認識に基づいて、あなたと私は今後のすべての社会的交流を行うのです。あなたがたも想像できると思いますが、これは生きることをかなり難しくします。成熟期の魂は、老年期の魂ほどにオカルトに開放的ではありません。成熟期の魂は、これ以前のサイクルには見られない明瞭さで美を知覚します。

サイクルの最後に、成熟期の魂は真実を知覚し始めます。これによって魂は、探究のための覚悟をします。これは成熟期の魂が、仲間たちから孤立すると言っているのではありません。その逆です。成熟期の魂が不幸な者に気づくと、彼らは不快な振動からそのような者を保護しようとします。あなたがたはすでに、このような行為から生じる反発を経験したことがあります。しかしよく覚えておいてください。どんなに相手を愛していたとしても、あなたがたは彼ら自身の態度を変えることはできません。人生のすべての行為について、その動機を探し、疑問を投げかけることが、成熟期の魂の性質なのです。

このようなことが起こる時、魂は少しずつ開いていきます。そしてこのような時に、私たちは限られた接触をとることができます。このサイクルの中では、脳の使われていない部分の多くが使われるようになり、霊的現象が頻繁に起こるようになります。そのような現象は、彼らが最終的に認められ、真剣に仕事を始めるまで続きます。これはマーヤー（偽物の行動）に完全にとらわれているこのサイクルにとって、他のどんなサイクルよりも困難になります。老年期の魂の知覚があらわれ始めますが、理解力は伴いません。成熟期の魂は、周囲から敵意をもったさまざまな振動を感じます。彼らはそこから離れる必要性を感じますが、完全に離れるには、彼らはこれまでの習慣にとらわれすぎています。彼らはある種の責任感を感じており、それは移行がなされるまで、消えることはありません。このため、このサイクルには腕のいいセラピストが良い助けになります。セラピストと言う時、私たちは青年期の魂の精神科医のことを言っているのではありません。

成熟期のサイクルの中には、本物と偽物の空間との間にかかる幕を鋭く知覚する力があり、これまでに無いほど、五感を超えてこの幕を見通し、すべての次元を垣間見たいと思うようになります。あなたがたが虚空の中でひとりぼっちではないことを知るためには、薄氷の上を歩き、物理的宇宙を試し、あなたがたの申し立てに対する宇宙の反応を考査しなければなりません。成熟期の魂の多くはこれを感じ、それを驚くほどの強さと不思議な美しさをもつ夢へと変換します。残念ながら、このような夢の記憶を覚えていられる者も、その意味を問う者も、多くはありません。教えを受けていない魂が、本質的な〈真の人格〉に初めて出会う時、それはもちろん衝撃的な経験となります。このようなことは通常、極度のストレスや深い苦悩を感じる瞬間や、トラウマを経験している瞬間などに起こることがあります。しかし〈真の人格〉は、魂がこれまでのテープ（これまでの人生経験の記憶）では対応できないほどの、非常に珍しい状況に突然投げ出された時に生じることがあります。これは夢の場合にも、あらゆる珍しい状況にも当てはまります。もちろん、あなたがたの誰一人として、あらゆる未知の状況に対してどのように反応すべきかを永久に教え続けてくれるテープなど持っていないということは、紛れもない事実であり、自分の〈真の人格〉に出会うということは、あなたがた全員にとってプロペラの小型飛行機の飛行訓練を数回受けただけで、特に事前の訓練も指導も無しに、大型ジェット機の操縦席に座らされたようなものになるということは想像できます。

成熟期の魂は人生の中で、ほとんど未知に近い質を求めます。つまり、彼らは探し求めてはいますが、自分が探し求めているのが何であるかは、あまりよくわかっていません。この理由から、至福を感じている魂に取り囲まれているのでもない限り、成熟期の魂が人生を楽しむことはあまりありません。これは難しいサイクルです。私たちはこの難しさを強調しておかなければなりません。成熟期の魂には数多くの困難がつきものです。それらはすべて、成熟期の魂に本来備わっているものです。助けになる唯一の方法は、ストレスの無い環境をつくり、そこに安らぎの場所を設けることです。成熟期の魂はしばしば、自ら専門的な助けを求めます。

成熟期の魂は、常に高度の教育を求めますが、画一的な学習環境で学ぶことはほとんどありません。学校のような環境では、居心地が悪すぎるのです。成熟期の魂は、哲学と科学の分野の両方で、学問に多大な貢献をします。カール・マルクス、アルフレッド・アドラー、フリッツ・パールス、ジークムント・フロイト、イマヌエル・カント、アリストテレス、アルベルト・アインシュタインなどは全員、成熟期の魂でした。

成熟期の魂の社会生活と仕事に対する重点は、まったく異例です。成熟期の魂は、社会生活を非常に異なる理由から追求します。結局のところ彼らは探究者であり、彼らの仕事は彼らの探究の性質と符号します。

成熟期の魂のサイクルにとって、信仰は自発的なものになります。成熟期の魂は、クエーカー教、ユニテリアン派、仏教などのような、控え目な信仰を求めます。

適切なパートナー（中心の定まった別の成熟期の魂、またはそれよりも古い魂）に恵まれれば、成熟期の魂は熱烈に愛する者になり得ます。その愛は深く、永続的です。内なる葛藤が解消されていれば、このサイクル内でアガペーが可能になるからです。不適切なパートナーをもった場合、無関心、性的不能、不感症、不貞などが起こります。他のどのサイクルよりも、この魂は心安まる関係を築き、生涯のパートナーと連れ添う傾向があります。

成熟期の魂は、すぐれた料理人になります。彼らは几帳面な料理と、グルメの食事を楽しみます。彼らのつくるオランディーズ・ソースは、ダマになるようなことは決してありません。ワイン通が最も多いのが、このサイクルです。成熟期の魂は、ロブスターと一緒にジンファンデルを出すなどということは決してしません。これが老年期の魂になると、お気に入りのワインがジンファンデルであれば、ためらうことなくジンファンデルを出します。

成熟期の魂が飼うペットは、飼い主の〈人格〉をよくあらわしています。服従訓練で優秀な成績をおさめるペットの飼い主の多くが成熟期の魂です。成熟期の魂は、猟犬を連れて馬に乗って狩りに出かけます。

さらに、まるでこれでもかと言うように、成熟期の魂にはしばしば、乳児期の魂が成長のために預けられることがあります。

老年期の魂

老年期の魂のモットーは、「あなたはあなたのやりたいことをやりなさい、私は私のやりたいことをやりますから」です。

ここで速度が変わります。老年期のサイクルに入ると、これ以前のサイクルでは無かった激しさで、魂は探究に引きつけられます。そこにはより新しく、より深い創造力があり、それは探究の一部です。

老年期の魂は、自らを含めた、より偉大なる何かの一部として、他者を知覚します。そしてこの知覚とともに、〈偽の人格〉が防御のためにつくり出すことの他には、問題など何一つ無いということに気づきます。しかし、老年期の魂にとってこれまでのパターンを壊すのは難しいことです。なぜなら老年期の魂は、抵抗の最も少ない道を選ぼうとすることが多いからです。

老年期の魂は通常、きびしい肉体労働を好みますが、職人として働くことはめったにありません。老年期の魂は、より高度の教育を求めることもあれば、求めないこともあります。グルからの圧力が及んだ場合や、自分の仕事には妥当な資格を取得する必要があると感じた場合に、老年期の魂は学びます。この理由から、老年期の魂の多くは庭師です。素晴らしい屋敷をもつ青年期の魂たちが、十分な代金を支払ってこの天性の才能を用います。このようにして稼いだお金は、物質界での影響を永続させるために、中位コーザル体によって使われます。これにはもうひとつの局面があります。老年期の魂はより深いレベルで、物質的業績が無益で一時的であることに気づいており、このような業績を達成しようという意欲に欠けています。〈本質〉とは関係のない役割においても、彼らはきわめて有能です。すべての老年期の魂の意欲は、霊的進化に向けられます。【広範囲にわたる背景の、さまざまな形式で。〈学者〉の筆記録より）】このため、彼らは他のことをなおざりにする傾向があります。老年期の魂は誰もが、自分が望むことは何でも成し遂げることができます。しかし多くの場合、老年期の魂は普通の労働社会に身を置き、生存競争に関わらずにすむような人生を選びます。仕事について、彼らは楽しくてあまりきつくない仕事を選び、その仕事が探究の助けになるのでない限り、苦労せずに自由に本当の目標を追求できるようにします。【人生の仕事に献身や自己修養が「要求」される場合、老年期の魂は「哲学的」知識と意図をもって、越えられそうもない障害に立ち向かうことがあります。（〈聖職者〉の筆記録より）】このような理由から、最終段階にある老年期の魂は、どんな時にも報酬のある職を求めることがほとんどありません。

老年期の魂の信仰は自由で、これには異端の儀式なども含みます。老年期の魂にとっては木立ちが大聖堂になり、悟りに達した精通者の存在をしばしば感じるようになります。サイクルの終わりに統合が知覚され、老年期の魂が教義に固執することはめったにありません。

老年期の魂の初期の段階では、セックスについて無頓着です。なぜなら性欲をかきたてる愛に、魅力を失い始めるからです。最終段階で老年期の魂は、目的が無いためにセックスをしなくなることが多いです(セックスは彼らの人生にとって、何の足しにもなりません)。しかし老年期の魂は非常に官能的でもあり、親密な肉体的触れ合いを楽しむこともあります。老年期の魂は通常、これ以前のサイクルの魂にとって、経験豊富で刺激的なパートナーとなりますが、その無関心さのために、かなり期待はずれの恋人となる場合もあります。

老年期の魂はくだけた料理人で、料理本は絶対的なものというより指針として使います。彼らはスパイスやハーブを自由に使い、チーズのカビや果物の腐った部分などは取り除いて食べ、食べ物を捨てるということをしません。老年期の魂は、生き物とともにいると安心します。ワイン作りは、古くからの技術ですが、ワイン作りに携わる人たちのほとんどが老年期の魂で、前世でもワイン作りをしており、喜んで再び同じ仕事に戻った人たちもいます。彼らは大好きな庭仕事に従事しながら生計を立てると同時に、激しい生存競争を避けることができます。

ほとんどの老年期の魂が別の生物に親近感をもち、安らぎを感じるということを、私たちはかつてこのグループに伝えました。老年期の魂の多くが、動物に信頼感を与え、動物が自然にこれに応えます。老年期の魂の中には、野生の恐ろしい動物にまで、このような親近感をもつ者もいます。このグループの中の数人も、このことを証明しています。幼少の頃に動物との嫌な経験があると、ある種の嫌悪が生まれます。老年期の魂は一般的に、生物種を傷つけるようなことはありませんし、前世に原因となる経験がある場合以外では、恐怖症になるようなこともありません。

むく毛の犬のほとんどは、老年期の魂に飼われています。老年期の魂は野生動物に共感し始め、しばしばすべての生き物に親近感をもちます。老年期の魂は、馬に乗って道を進みます。

老年期の魂がまだ理解していないことは、彼らのうちの誰もが、最後にひとつに集められる計画に巻き込まれているということです。老年期の魂はそのためにあります。すべての老年期の魂は、最終的に哲学と芸術に到達します。ある者は嫌々ながらそこにたどりつきますが、それでもやはり彼らは到達します。世界中で彼らの集合的存在の〈断片〉は、故郷の感覚を探し求めています。中には何を探し求めているのかわからずに探している者もいますが、彼らは空虚を経験しています。

無限期の魂と、超越期の魂

物質化する時以外に肉体をもたない、これらの高次の魂は、モットーを必要としません。

超越期の魂は、他者を自分自身として経験します。テレパシー的関係と霊的団結が生まれます。これらの高尚な魂が、肉体への生まれ変わりを求めることはめったにありません。もし生まれ変わりを求めることがあるとしたら、それは惑星上に存在する霊的あるいは哲学的倦怠感のためであり、悟りに達した精通者が地上に降りる百年以内前に、彼らは先立って生まれ変わります。超越期の魂は、人生のサイクル内でいつでも、老年期の魂の肉体に取って代わることができます。そのようなことが起こる時、超越した魂が存在しているというだけで、必要な霊的、哲学的、文化的革命を十分に引き起こします。

無限期の魂は、タオを知覚します。

超越期の魂は、どのような正式な教育もめったに求めることがありませんが、教育が彼らの目的を大きく妨げるのでない限り、気持ちよくそれに従います。やがて超越期の魂は、穏やかながらもしっかりと、そこから離れていきます。

無限期の魂は、あらゆる知識を直接手に入れることができるため、どんな教育も必要としません。

超越期の魂は統合を知覚し、それを教えます。超越期の魂が一般的な教義を支持することは無く、組織的な宗教に加わることもありません。

無限期の魂の信仰は、ロゴスです。

超越期の魂も無限期の魂も、肉体的結合を求めることはありません。高位コーザル体または高位メンタル体が老年期の魂と入れ替わることがしばしばありますが、そのようなことが起こる時、性的活動は中止されます。これらの魂は、マーヤーの影響を受けません。【マイケルはこの後のセッションで、超越期の魂は第六、第七レベルの老年期の〈聖職者〉の性質をあらわし、無限期の魂は第七レベルの老年期の〈王〉の性質をあらわすと説明しました。】

物質界に超越期の魂または無限期の魂を顕現させるために、私たちにできることは何かありますか？ 中位コーザル界の集合的存在として、あなたがたにできることは何かありますか？

私たちにできることは、何もありません。宇宙をひとつに保っている他のさまざまな力無しには、そうとしか言いようがありません。それらの力すべての組み合わせが、サイクルを永続させるためには必要なのです。それがどのように起こるかを知ったからといって、あなたがたが自由裁量権を与えられたことにはなりません。多くの人々は、イエスに失望しました。なぜなら彼は、人々の苦悩について、目に見えることを何もしなかったからです。これと同じようなことです。無限期の魂は、大衆を導くために来るのではありません。無限期の魂は、ロゴスを伝えるためにやって来るのです。それに耳を傾け、自ら行動するかどうかは、あなたがた次第です。

では、そのようなことすべてを今、物質界に存在している私たちはどのように活用すればよいのですか？

魂の成長のさまざまな段階の性質を、調査してください。ひとつのサイクル内での知覚のレベルと、魂の理解の性質が、ここでは非常に重要になります。現在、この地球上に存在する魂たちの大部分が、青年期と成熟期の魂です。これまでもずっとそうだったというわけではありませんが、この惑星上の生命は進化し、乳児期の魂の集合的存在が新たに投げ込まれない環境になりつつあります。そうなると大部分が、成熟期あるいは老年期の魂になります。【一九八一年にマイケルは、「人類の中にもクジラ目の中にも、地球上に新たに集合的存在が投げ込まれることはなくなりましたが、もちろん別の惑星や他の種に投げ込まれるということは続いています」と言いました。】あらゆる世界には、もちろん終わりがあります。それは星そのものが疲れきった時です。与えられた太陽系の中での生命の進化は、星の生命力の限界を超えようとするものではありません。すなわち、この惑星上のすべての生命は、この惑星が拡大して赤色巨星になり、やがて縮んで星屑のような矮星になるずっと以前に、進化し、完了するということです。

【この章の終わりの追加情報②を参照】

【4章：追加情報】

① 一九七八年にこのような意見を述べて以来、マイケルたちには定期的な最新情報の更新が求められ続けてきました。二〇〇二年一一月に伝えられた最新情報では、次のように述べています。

現在でも、約十通りの未来の可能性がありますが、特に「好ましい」ものはひとつもなく、ほとんどがたった五年前の選択肢よりもかなり「困難」なものになっています。これは地方と世界の両方の政治的理由だけでなく、増加し続ける世界人口と、それに伴う環境破壊のためでもあります。この問題は今後五〇年で悪化し、より深刻になるでしょう。このような問題について、選択の結果としてもたらされる反響の厳しさを、軽減させるための選択をすることは、もちろんできます。そして現在あなたがたの惑星に存在し、今後何度も転生してそこに戻ってくる数多くの〈断片〉のために、別の未来の可能性をつくりだすこともできます。今、あなたがたが選択し、つくり出す世界は、「別の人生」であなたがた自身が生きなければならない世界だということを、私たちはここであなたがたに言っておきたいと思います。私たちは予言をしませんし、未来の可能性について私たちが語ることは予言の性質に基づくものではありませんが、有能な物理学者なら誰もが同意するように、人類の活動の特定の動向はあなたがたの種を特定の「状態」へと向かわせ、あなたがたはそれに対処しなければならなくなります。例えば、防衛も含めたどのような理由からでも、核兵器を使用することは、放射能汚染を引き起こします。原子力発電所の事故でも、同じことが起こります。惑星自体も、すべての物質界と同様に、危険要素をもっていて、火山、ハリケーン、干ばつ、洪水、伝染病、竜巻、地震、「宇宙塵」などは、惑星に下された「判決」でもありませんし、戦争などのように「意図的」な活動でもありませんが、それらがあなたがたの生きるための環境を破壊する度合いは、部分的にはあなたがたの種によってなされた選択の結果でもあります。すべての決定は等しく有効ですが、あなたがたの種は、他のどんな種よりも、活動について思い切った解決策が必要になるかもしれません。時間の経過とともに、「生活の質」とあなたがたが呼ぶことに関係して、人口と環境の状態が「政治的必要性」に影響を及ぼすようになるでしょう。今回の人生と、今後の地球上での人生で、あなたがたがどれだけ未来を選択できるかは、多かれ少なかれ、今から数年の間にあなたがたが選択することによって決まります。これまでもずっとそうでした。

② 目標への道は数多くありますが、あなたが選んだ道について、あなたが「判断」されることはありません。すべての〈断片〉には、自らの〈本質〉について、他の誰でもなく、自分自身に責任があります。他の誰かは必要ありません。すべての選択は等しく有効です。本来の意志と反対に働くような選択も、カルマのリボンをつくり出すような選択でさえも、すべて有効です。進化が一方向にしか進まないのと同じように、人生もひとつの方向に向けて生きられます。進化の中で小さな一歩を踏み出すために、何度もの人生を費やす場合もありますが、後退することは決してありません。唯一の選択と、その選択の結果に、間違いなどひとつもないのです。進化とは競争ではありません。素早く移行したからといって、「得点」があるわけで

はありませんし、ゆっくり移行したからといって、「罰点」を付けられるわけでもありません。あなたがたは進化し、個々の進化は選択によって決まる道筋に沿って進んでいきます。恐竜が鳥より優れても劣ってもいないように、古い魂がより若い魂と比べて優れているということでも劣っているということでもありません。進化の段階はすべて適切です。あなたがたは独自の速度で進化し、その進化に対して賞賛を受けることも非難されることもありません。そしてあなたがた自身の人生に植え付けられた不可欠な過程を超えて、「判断」されるということもありません。すでに述べたように、進化は「絶対的」理解力とともに、十分な受容と愛をもって行われます。

5章　魂のサイクル内のレベル

「このような情報を得た後で、私たちのグループがどうなったか、だいたい想像がつくでしょう。私たちはこの後、二ヶ月間九回のセッションを行ってあらゆる質問をしました」とジェシカが熱心に言います。

「もちろん全員が自分自身について知りたがりました。マイケルは少し教えてくれましたが、詳しく話す前に、私たちに伝えなければならない情報がまだあると言いました」ルーシーはきちんとした青いブラウスの袖口を整えます。「それから怖がる人たちも大勢出てきました。彼らは、自分が過去に何かひどいことをしてきたのではないかと、心配し始めたのです」

ジェシカが冷静に肩をすくめます。「何度も生きていれば、きっと間違いを犯しているはずです。それはどうすることもできません。真の理解に達するために、私たちは人生のあらゆる側面を自ら経験しなければならないと、マイケルは繰り返し強調しています。それは私たちが魂のサイクルを終えるまでに、かなりひどいことをすることになるという意味です」

最初の質問はコリーン・ロートンからのものでした。彼女は輪廻のテーマで、東洋文学を学んだ経験があります。

「あなたは七つの魂の年代について話しました。もう少し詳しく教えてもらえますか」

ひとつの魂の年代には、七つのレベルがあります。それは七回の転生で終わるという意味ではありません。ひとつのレベルを完了するには、数回の転生を必要とする場合が多くあります。レベルとは、知覚と作用の問題です。

第一レベルでは、成長の最も基本的側面だけが明らかになり、〈断片〉は自らの活動の性質について本物の展望を一切もたずに行動し、反応します。

第二レベルでは、〈断片〉は反応について学び始め、少しですが比較の余地ができてきます。第二レベルで魂は、特に「感情」をセンターにして生きる傾向にあります。

第三レベルでは、識別と評価が始まり、〈断片〉はサイクル内での自らの活動について、その活動が引き起こす結果を意識しながら考慮するようになります。青年期の魂では、このサイクルがより大きな活動へと拍車をかけます。成熟期の魂では、より熱心な内省が起こります。

第四レベルでは、〈断片〉は自らの知識を集め、よりどころとなる土台を築きます。すなわち、このレベルで魂は、脚をもつようになります。

第五レベルでは、統合が始まり、サイクルの性質という背景の中で過去のすべてが理解されます。

第六レベルでは、統合が意識的な気づきになります。すべてのレベルのすべての魂にとって、これは最も難しい段階であり、最も長い期間を要します。知覚と気づきはありますが、最終段階の危険要素もまた、存在しているからです。サイクルの義務のほとんどが、第六レベルで果たされる必要があり、第七レベルではサイクルの全体様式が教え込まれ、次のサイクルへの準備がなされる必要があります。

「しかし、あなたは動物としての転生について、まだ何も話していません。そのことについて教えてもらえますか？」とコリーンが言いました。

人間の魂は、例外なく人間に生まれ変わります。カルマが招いた重要性だけが、他者と結びつけます。【そしてクジラ目と。これは「生物」に対する虐待が、〈断片〉の進化の途中で清算されないという意味でも、〈断片〉が「生物」の魂集団に対する虐待を改めることが無いという意味でもありません。すべては調和するようになっているからです。（〈学者〉の筆記録より）】しかし、集合的存在の中には、未解決の感情的葛藤がある場合があります。私たちはすでに、アストラル界の物質を使って、自己や他の物体を物質化することができるということをお話ししました。そのようにして集合的存在は獲物をつくりだし、狩りを経験することを選択します。その次元からすると、ある場面を演じる必要があるという意味で、このような経験は本物です。

「しかしそれは東洋の聖典のほとんどに反します！」とコリーンがショックを受けて叫びました。

あなたを悩ませて申し訳ありませんが、聖典が間違っているということはこれまでにもありました。

「私は動物だった時のことを、確かに覚えています！」

それは説明できます。地球に根ざしていない集合的存在が〈断片〉を投げ込み、地球に根ざした原始的な形態をつくり出すことは可能です。このようなことは実際に起こりますが、これは本当の進化ではありません。もはや地球に根ざしていない集合的存在にのみ、このようなことが可能です。地球に根ざしている集合的存在たちは、その〈断片〉につながり続けることができません。地球に根ざしていると言うのは、焼き尽くされていないカルマのリボンをもっていて、地球に戻らなければならないという意味です。コーザル界の集合的存在には、地球に根ざした初歩的な種をつくり出し、地球に根ざした経験をするために〈断片〉のひとつをその種の中に投げ込むことが可能です。このようなことが行われるのは、ごくまれです。地球の初歩的な種の中には、強い繋がりがあります。狩りをして動物の肉を食べる者たちの間で、しばしば問題が起きています。そのような〈断片〉は時おり、「安息できない霊」になることがあります。【老年期の魂としての最終段階を完了する以前に。〈学者〉の筆記録より)】

デービッドがより実用的な質問をしました。「そのようにさまざまな魂の年代は、どのようにして割り当てられるのですか。マイケルはここが青年期の魂の世界だと言いました。それは鐘形曲線のことを言っているのか、放射線状の曲線のことを言っているのか、どうなのでしょうか」

鐘形曲線というのが正解です。現在、分別のあるすべての生物の大部分が、青年期の魂か成熟期の魂です。それは高位メンタル体の顕現が近いためです。

「ちょっと待ってください」とクレッグが言いました。「もしサイクル内には知覚の制限があり、転生の合間にはアストラル界での復習のようなものが行われるのだとしたら、何が起こるのでしょうか。魂は年代とレベルによって制限されているのですよね?」

転生の合間には、制限されません。魂のレベルは、物質界における機能です。

「教師が死んだら、その教師の教えは文学になると、マイケルは私たちに言いました。そのことは、このような顕現とどのように関係していますか。そして教えについてはどうなりますか」

ウォルターの建築家の友人、アレックスが言いました。「最近私は、もう何年も会っていなかったある友人に会いました。彼は超心理学者であり、神秘家ですが、これまでにないほど独断的になっていました。彼は、人々が生まれ変わると性別が変わることがあると言っている教えは、すべてまったくのでたらめだと言いました。なぜなら、もし私たちが創造の起源と『ツイン・ソウル』の本当の性質について少しでも知っていたなら、そのようなひどい考えはもたないはずだと言うのです」

私たちが何度も繰り返し言ってきたように、信じる必要はありません。これはひとつの教義が別の教義よりも好ましいために、受け入れやすいという一つの例です。彼は自分自身が女性の肉体に入っていることを想像できません。パウロは救世主が苦労するなど、想像すらできませんでしたが、イエスは苦労しました。

ウォルターがここで確かめました。「それは魂自体が、性別をもっていないという意味ですか？」

魂は物質界に属するものではありません。性別をもつなどということがあり得るでしょうか？　何か良いことでもあるでしょうか？　集合的存在には性別がありませんし、集合的存在の〈断片〉にも性別はありません。男性と女性というのは、物質界における要素です。【地球上において。別の惑星には違った性別の様

式があり、そこに存在する種にとってはそれが「標準」です。〈聖職者〉の筆記録より】

エミリーが魂のレベルを識別する方法について、説明を求めました。「マイケルのこれまでの説明では、かなり漠然としているように思えます」

他者の知覚に注意してください。関わっている者たちの中で、大きく知覚が異なる者がいれば、その人はおそらく成熟期の魂です。あなたは恐れ、不安、そして狂気を識別しなければなりません。

「これを見分けるための、比較的簡単な方法はありませんか？」とコリーンがたずねました。「一日に出会うすべての人と、彼らが世界を知覚する方法について詳しく話し合うことは、不可能です」

これは最も表面的なことであり、他の要素によって簡単に特徴づけられるということを念頭においてみると、例えば乳児期の魂は恐れをあらわします。これは彼らの目に見られます。この恐れは、状況に相応してあらわれます。彼らにとっては、生きること自体が恐ろしいのです。幼児期の魂は正直で、これも彼らの目にあらわれます。青年期の魂は不安な状態にあります。これはしばしば、不安定な目の動きとしてあらわれ、他者とあまり長く目を合わせていることができません。しかし成熟期の魂もまた、不快さのために、他者と目を合わせることを難しく感じます。老年期の魂は、これ以前のサイクルでは見られないような、まっすぐな鋭い眼差しをもっています。そこには賢明さが反映されています。

「たぶん、私の相棒は幼児期の魂だと思います」とアレックスが言いました。「彼が無能だという意味ではありません」と彼は素早く付け加えます。「彼はいつも、私よりかなり几帳面です。しかし彼はとても頑固でもあり、付き合うのが難しい時があります。そしてあらゆることについて、周囲の誰もが彼の感情に共感すると思っています」

それは正当な見解です。幼児期の魂の社会的行動は通常、火を見るより明らかです。これより古い魂がもっているような落ち着きが、彼らにはまったくありません。新しい状況は、彼らを怖がらせます。あらゆる変化に脅威を感じます。青年期の魂は、たいてい社会的に洗練され落ち着いています。成熟期の魂は、その場の感じが悪い場合に、人々の前で緊張することがありますが、社会的関係について厳格です。老年期の魂は、すべてのことに対して無頓着です。幼児期の魂は、人や家について潔癖になる傾向があり、清潔さにこだわります。彼らは「清潔さは神聖さに最も近い」という決まり文句に沿って生活します。青年期の魂はしばしば、外見を保ちます。彼らは客が来る前に、すべてを押し入れに押し込みます。成熟期の魂は間欠的です。ある日は清潔で、またある日にはあまり清潔でないというような具合です。老年期の魂は、散らかったものを押し入れに押し込むということすらしません。そんなことはまったく気にしません。幼児期の魂は、引き出しや食器棚の中、冷蔵庫の上などを定期的に掃除します。

「彼は非常に頭がいいです」とアレックスが相棒をかばうように言いました。「優等で卒業し、大きな賞を三つも持っています」

知的能力は、どのサイクルの要素でもないということを、言っておきましょう。

コリーンは魂の年代について、マイケルが少し話していたことに戻りたがっていました。「物質界でのサイクルが終わると、その上に二つの年代、あるいはレベルか何かがあるということでしたね。しかしちょっときいた感じでは、そのような魂も時おり物質界にあらわれるそうですね」

無限期の魂は、老子、クリシュナ、ゴータマ・シッダールタ、イエスの肉体を通してあらわれました。この他にはいません。【あなたがたの種の上には。〈学者〉の筆記録より)】超越期の魂は、ソクラテス、ツァラトゥストラ（訳注：ゾロアスター教の開祖）、モハメッド、そしてガンジーを通してあらわれました。

「私たちは彼らの教えのいくつかを読みました」とウォルターが言いました。「しかしマイケルは教師が死ぬと、その教えは文学になると言いました。このような魂の顕現についてはどうですか」

高位メンタル体の降下は、それ以前のあらゆることに取って代わります。高位メンタル体は、あなたがたが知っている人生とは違った意味の生き方をします。体現者の物理的顕現が起こる時、ロゴスが広められます。これは教えではありません。体現者が再度降りてくる時、ロゴスも再び広められますが、それはその時代の言葉で広められます。教えは、ロゴスの解釈です。そのような解釈は、常に最新のものにしなければなりません。ロゴスが変わるからではなく、言葉が変わるためです。

「マイケルの言う『ロゴス』とはいったいどういう意味でしょうか？」とクレッグがたずねました。

物質的進化は、全世界で整然とした原理に基づき始まりました。この概念は、その残存物を調べれば自ずと明らかになるでしょう。霊的進化は、同時に起こります。タオを除いた、すべての次元には進化があります。それが私たちの誰もが認識している、唯一の完全性です。ギリシア人にとって、ロゴスは宇宙を制御する力です。あらゆる教えを都合良く歪めるのが得意なキリスト教の神学者たちにとって、ロゴスとは神の言葉です。ロゴスは表面的、あるいは物質界においてのタオの顕現と呼ぶこともできるでしょう。「始めに言葉があった、言葉は神であった」と言われています。「始め」を「存在」に、「言葉」を「ロゴス」に、「神」を「タオ」に置き換えてみると、なんとなくわかるのではないでしょうか。存在の中にロゴスがあり、ロゴスとはタオなのです。

「マイケルには時々悩まされます」とルーシーがつぶやきました。

そして七年ほど経った現在、彼女はこの自分の発言を笑いながら言います。「マイケルにはいまだに悩みの種を与えられます」

「エミリーは、マイケルの宗教と哲学の教えに関する解説をきいて、もう少しでグループを離れるところでした。彼女は本当に信仰心の厚い女性です。私は彼女がグループに残ってくれたことを嬉しく思います。彼女は、私たちのうちの誰一人として思いつかないような質問をしてくれるからです」とジェシカが言います。

エミリーが最初にした質問のひとつは、次のような内容です。「私は宗教的信念のために、瞑想的生活を送る人々について知りたいことがあります。あなたの言うことによれば、彼らはそのような生活のために、かなり多くの経験を逃していることになります。本当にそうでしょうか」

はい、そうです。次の人生では、あわただしく活動して過ごすようになります。

「そのような魂は次の人生で、重要な仕事を自らに課しますか？　活動する必要性は常にあるのですか？」

それはその活動によります。魂は、時には何の成長にも繋がらないような、目的の無い、つまらない任務を選ぶことがあります。それは休息の人生です。ひとつのサイクルで、かなりの長期間を過ごす魂があるのは、このためです。七という数字は平均値であって、絶対ではありません。一般的にひとつのレベルには、物質界での生活にして二百年間かかります。もちろん続けて二百年間ではありません。

この後、集合的存在に関する質問が再びあがりました。

「ちょっと確認したいのですが」とデービッド・スワンが力強く言いました。「何千もの魂が集まった集合的存在がいくつか存在し、その魂たちは物質界で数多くの人生を経験します。物質界には、常にひとつの〈断片〉だけが存在しているのですか、それとも数多くいるのですか」

かなりの数が存在しています。あなたの集合的存在では、現在二百八十七の〈断片〉が物質界に存在しています。アメリカ東部に少しと、西海岸にも少し、そして大部分が中東にいます。

「もし同じ集合的存在から二つの〈断片〉が来ていたとしたら、再統合された集合的存在は、どちらの知覚をもつことになるのですか」

全体は、部分の和になります。

「では、私たちは個々の知覚を失うのですか」

あなたがたは中位コーザル界の教師になるずっと以前に、個々の知覚を失います。

「ということは、私の集合的存在のうち約七百の〈断片〉は、物質界に現在存在していないということですか？　彼らが私の人生に働きかけることはありますか？」とデービッドが続けて質問しました。

あなたがた全員は、ひとつの同じ全体の一部です。デービッド、あなたは第二レベルの老年期の魂です。あなたの集合的存在の〈断片〉たちの多くは、物質界での彼らのサイクルを終えて再統合しています。すでに統合した〈断片〉たちからは強さが生まれ、もはやカルマの対象ではありません。あなたはこの集合的存在の一部であり、そこから分離してはいませんが、現在あなたと統合した〈断片〉たちとの間には、いわゆる仕切りのようなものがあります。その集合的知識を引き出せるかどうかは、あなた次第です。まず、あなたはそれに気づかなければなりません。現在あなたは大部分の時間を、物質界から離れたところで過ごしています。そしてこのような時間は、あなたの集合的存在の統合が進めば進むほど、延びていきます。この引きつける力に、もはや抵抗することはできません。現在あなたは睡眠に充てている時間の半分以上を、あなたが探し求めている〈断片〉たちに近づくために、アストラル界で過ごしています。

「そういえば、夢で見たことがあります。私が夢で出会う存在は、女性のこともあれば男性のこともあります」デービッドは考え込みながら言いました。

それは都合良くあなた自身がつくり出していることです。それらすべての〈断片〉は、男性と女性、両方としての人生を経験しています。統合した〈断片〉たちに性別はありません。性別をもつ魂はありません。

「もし私の集合的存在の〈断片〉たちが物質界に存在しているとしたら、彼らを見分ける方法はありますか」とルーシーが質問しました。

これは〈感情センター〉から行われます。そこには特別な親近感や安らぎを伴う、強い友情や兄弟愛のような感覚があり、その感覚は文化的、人種的障壁を超越するほどのものです。

「私の学校の校長に対して、私には何か義理のようなものがありますか？　彼が私に何を求めているのか、わかりません。彼はとても堅苦しく、男性教師に対しては非常に無愛想で、女性教師に対してはおびえているようにも思えます。彼はいったいどうなっているのでしょうか」エミリーは第二言語としての英語を教えていて、最近学校をかえたばかりでした。新しい職場で落ち着くまでによくある問題について、意見を述べました。

この男性は月の影響下にあり、自分でも気づいていない同性愛の衝動をもっています。幼児期の魂は、同性愛でも異性愛でも、自分自身の性衝動を恥じています。

「私の前任者についてはどうですか？　彼女は神経衰弱になり、今は非常勤で少し仕事をしているだけです。彼女もまた、幼児期の魂ですか？　私は一度だけ彼女に会ったことがありますが、彼女はとても怖がっているように見えました。でも、彼女は幼児期の魂ではないかもしれません」

その通りです。その女性は成熟期の魂で、そのために彼女は苦労しています。彼女の周囲の者たちが、彼女の状態を楽にしてあげられる場合にのみ、彼女は良くなります。彼女の反応は、あなたの知覚であり、彼女の知覚ではありません。彼女は、彼女よりも古い魂よりもはるかに、マーヤーの束縛にとらわれています。彼女の次元には、問題が存在します。それらは彼女にとって、非常に現実的です。より古い魂は、〈偽の人格〉が防御のためにつくり出すこと以外に、問題などひとつも存在しないということに気づき始めます。

「マイケルは何度もマーヤーについて話していますが、私にはそれが何なのかわかりません」とアレックスが言いました。

「彼女は幻想をあらわす、ヒンズー教の女神です」とコリーンが言いました。

それもちろん、ひとつの定義です。それはマーヤーのひとつの側面です。私たちはそれを〈偽の人格〉、あるいは仲間集団の圧力や教化の結果としてあらわされる態度とも呼びます。【この章の終わりの追加情報参照】〈偽の人格〉とは、あなたがたが生きる社会によって、人為的につくり出された〈人格〉です。それがマーヤーの支配です。

「マイケルはマーヤーに自我も含みますか？」

グレッグ、あなたがたが理解しているほど、言葉は重要ではありません。しかし、「自我」とは普通、精神科医にとって自己を意味する言葉ですので、あなたがたの認識がお互いに一致していることを確認してください。伝達しやすくするために、私たちは大多数になじみのある用語を、変化をつけながら使ってきました。例えば、私たちは自己、魂、そして〈本質〉との間に、一切隔たりを知覚しません。すべては霊的です。〈偽の人格〉が、有機体に付属しています。

「しかし離脱する方法はあるのでしょうか？　全体の体系から、どのようにして抜けられるのでしょうか？」とエミリーが口を挟みました。

あなたの言いたいことはわかります。〈偽の人格〉の構造は手ごわいものです。凝り固まった頑固な〈人格〉は、非常に堅い花崗岩の山のようなものです。容赦なく削っていくことが、唯一の解決策です。憂うつは、内面の苦闘が外にあらわれたものです。ところで憂うつとは、老年期の魂に残された唯一の神経症の徴候です。イエスでさえ、憂うつを経験しました。あなたがたの誰もが長い年月をかけて、この偽りの外見を築き上げてきました。そのような〈偽の人格〉を、泣きをみることもなく、さらりと放棄することができると、あなたがたは本当に思いますか？　私たちはそううまくいくとは思いません。進歩とは、現実に即した方法で達成されるものです。

クレッグとともに数回のセッションに参加していた、社会福祉指導員のサム・チェーセンが異議を唱えました。「マイケルは私が、第七レベルの青年期の魂だと言いました。それはいいでしょう。しかし、ここにいる老年期の魂たちが、彼らの高尚な知覚力について語り始める時、私はとても不愉快に思います。そのような高尚な洞察について、彼らのほとんどは何もしません。彼らはただぼんやりと自分たちの知恵を比べているだけで、そのような態度が私には腹立たしく思えます。彼らは、自分たちより若い魂をけなすべきではないと思います」

彼らはあなたが言うように、けなしているのではありません。あなたは仲間はずれにされているのではありません。あなたはその知識をきくことができます。青年期の魂の多くは、瞑想の生活に専念することを望みませんが、それは言葉を実現させるためには必要なことなのです。これは活動的なサイクルであり、最も価値のある学びが得られ、最も多くの間違いを犯すサイクルです。それは学習体系と同じようなものです。乳児期の魂は幼稚園、幼児期の魂は人生の小学校、青年期の魂は中学校または高校、成熟期の魂は大学に通っていて、老年期の魂は社会に出ていると言えるでしょう。

そこでウォルターがひとつ質問をしました。「マイケルはここが、青年期の魂の世界だと言いました。それはすべての国が青年期の魂の国だという意味ですか、それとも国によって違いがありますか？　町や都市によっても違いますか？」

はい、かなりの違いがあります。幼児期の魂は、アメリカ中部の町に集まる傾向があります。これが彼らにとっての「良い人生」を象徴しています。青年期の魂は、都会生活または都市化した国を好みます。成熟期の魂は静けさを求め、たとえ孤独になっても、そのようにします。老年期の魂は、どこにでもいます。国についても同じです。乳児期の魂の国はありません。インドは大部分が幼児期の魂の国です。そこに最終レベルの成熟期の魂や老年期の魂たちが、より若い魂たちの面倒をみるために存在し、彼らの成長を助けています。アイルランドは後期レベルの幼児期と初期の青年期の魂の国です。日本は初期の青年期の魂の国ですが、都会には後期の幼児期の魂たちが数多くいます。アルゼンチンとブラジルは後期の幼児期と初期の青年期の国です。シリアは初期の青年期です。アメリカとカナダの両国は、青年期の魂の国です。これらの国は典型的に、発展的で科学技術が発達した、資本主義の国々です。イスラエルは中期サイクルの青年期の魂の国です。イエメンは後期の青年期です。サウジアラビアは後期の青年期と初期の成熟期の魂の国で、困難な段階にあります。青年期の部分が外側に押し寄せ、成熟期の部分が内側に押し寄せるからです。メキシコは後期の青年期と初期の成熟期の魂の国で、所々により古い魂の集団が存在しています。南アフリカでは最も興味深い問題が起こっています。政府指導者【一九七八年当時】が、「力」のモードにある青年期の〈戦士〉であり、黒人人口のほとんどが、成熟期の魂であるため、このことがこの国の発展を妨げる大きな要因となっています。支配的立場の多くが、後期レベルの幼児期の魂や初期の青年期の魂たちです。東西ドイツは後期レベルの青年期の魂と初期の成熟期の魂の国です。【マイケルは一九七八年当時の地政学上の境界線のことを言っています。】フランスもそうです。デンマークはより大きな開きがあり、中期サイクルの青年期の魂から中期サイクルの成熟期の魂までが存在しています。中国の人々は後期の青年期の魂で、初期の成熟期の魂もいくらかいます。ギリシアは初期の成熟期です。エジプトは初期の成熟期の魂と、老年期の魂の小集団が存在する国です。ユーゴスラビアは中期サイクルの成熟期の魂の国ですが、「力」のモードや「情熱」のモードにある非常に熱心な青年期の魂たちもいくらか存在しています。イギリスは成熟期の魂の国で、幼児期の魂と老年期の魂の両方の小集団が存在します。スウェーデンは中期サイクルの成熟期の国です。レバノンは大部分が成熟期ですが、ここにも注意をひこうとする非常に熱心な青年期の魂が存在します。ペルーは中期サイクルの成熟期の魂の国です。イタリアは後期の成熟期の魂の国で、そのセンターは「感情」にあります。ポーランドも後期の成熟期の国です。フィンランドは後期の成熟期の魂の中に、かなり多くの初期の老年期の魂が存在している国です。キューバは後期の成熟期の魂の国で、老年期の魂もいくらかいます。ベルギーは後期の成熟期と初期の老年期の魂の国です。ソ連は指導者が青年期の魂であるにも関わらず、特に田舎には後期の成熟期の魂や初期の老年期の魂が多い国です。この広い国の都市の中には、かなりの数の初期の老年期の魂が存在しています。ノルウェーは後期の青年期と初期の老年期の魂の国です。チェコスロバキアは初期の老年期の魂の国です。アイスランドは初期から中期のサイクルの老年期の魂の国です。スイスとオランダの両国は、老年期の魂の国です。

「ユーモアはサイクルによって変わりますか」とデービッドが質問しました。

ユーモアとは知覚の働きですから、変化しないほうがおかしいでしょう。ユーモアと言う時、私たちは笑いでごまかした敵意の表現のことを言っているのではありません。これは幼児期の魂と青年期の魂が得意とすることです。ほとんどの場合、幼児期の魂はあまりにも自己抑制的で、本物のユーモアのセンスをもち合わせていません。青年期の魂はユーモアの素質をもってはいますが、常に忙しすぎてそれを発揮することはほとんどありません。成熟期の魂は皮肉っぽい機知に富み、老年期の魂はかなり下品になりえます。本物の下品なユーモアと性的敵意を区別するのは不可能であり、これはまったく別の問題です。

「ちょっと前の話に戻りますが、マイケルは南アフリカに、『力』のモードにある青年期の〈戦士〉の指導者がいると言いました。それはどういう意味ですか」とエミリーが言いました。

それはこの教えの次の段階です。

「サイクルとレベルがすべてではないということですか」とウォルターが質問しました。

それらは基礎にすぎません。

【5章：追加情報】

後のセッションでマイケルは家族像について、新たに誕生した子供が家族のために果たすことを期待される役割について話しました。

家族像とは、〈偽の人格〉の基礎であり、第四の内なるモナドの認識です。家族像が両親によって明確に決められることは、ほとんどありません。彼らが実際に、「私たちの赤ちゃんは『調停者』の役割を果たすだろう」などと言うことはありません。それにも関わらず、子供が産声を上げた時から人生の終わりまで、そのような像はその子供に大いに影響します。第二の内なるモナド以前の〈断片〉の、若い心や若い脳には、とりわけ順応性があり、あらゆることの初体験が、その後の似たような経験すべての査定に影響します。幼い子供の頃に虐待を受けた経験が、後の人生でひどく有害な結果を生み出すのはこのためです。これに加えて、乳児期の魂と幼児期の魂は、虐待によって最も傷つきやすいです。青年期の魂は損害を与えた原因に気づくと、副次的方法あるいは象徴的方法を見つけて反撃しようとします。そしてもちろん、精神的外傷そのものが、感情的あるいは肉体的、またはその両方であっても、すべての幼い子供たちに生理的影響を与えます。それは魂の年代に関係なく起こります。なぜなら、もし〈断片〉の構造が壊され、機能不全になると、肉体に入っている〈断片〉は、オーバーリーフや人生計画とぶつかり合う方法で、発育過程が傷つけられると思うからです。そのような状況下でのカルマをつくり出す活動は、知覚や経験によって選択が歪められていない状況下での活動よりも厄介ではありません。しかし彼らは「脱落する」のではなく、「目には目をもって報いる」ことを選択する者たちは、関係者全員のために調和を取り戻す方法が、数多くあることに気づくでしょう。酒や麻薬などさまざまなものに酔った状態でとった行動に対して、数多くの〈断片〉が法的責任をとらされるのと同じように、幼い頃の精神的外傷によって機能を害された〈断片〉も、後の転生での彼らの行動の責任をとることを、免れることはありません。

6章〈本質〉の役割

ひとつの集合的存在がタオから投げ出されて、再統合するまで、個々の魂の〈本質〉または役割は変わりません。もしあなたが初めに〈賢者〉だったとしたら、最初の人生から最後の人生まで、あなたは〈賢者〉であり続け、あなた自身の〈賢者〉らしさに影響され続けます。他の六つの〈本質〉の役割についても同じことが言えます。

〈本質〉には、主要な七つの役割があります。これらの役割は、集合的存在が生まれたばかりの頃、あるいは最初にタオから投げ出される時に選ばれ、最後まで変わりません。これらの役割の範囲内で、あらゆる人生を経験することが可能です。その役割とは、〈奴隷〉、〈職人〉、〈戦士〉、〈学者〉、〈賢者〉、〈聖職者〉、そして〈王〉です。魂のレベルが、知覚として内面にあらわれるように、〈本質〉の主要な役割は態度や行動として外面にあらわれます。

これらの称号は、どれひとつとして社会的、政治的、経済的その他の世俗的意味をもたないということを、あなたがたは理解することが重要です。これら〈本質〉の役割と同じ名前をもつ、どのような政治的、社会的職務とも、比較できるようなものではありません。

〈本質〉の役割には、対になった役割が三組と、中立の役割が一つあります。対になっているのは、〈奴隷〉と〈聖職者〉、〈職人〉と〈賢者〉、〈戦士〉と〈王〉です。中立の役割は〈学者〉です。

役割

【表現】

賢者
+表現（普及）　－演説（饒舌）

職人
+創造　－ 巧妙さ（自己欺瞞）

【霊感】

聖職者
+慈悲　－熱狂

奴隷（奉仕者）
+奉仕　－束縛

【行動】

王
+支配　－独裁

戦士
+説得　－威圧

【吸収】

学者
+知識　－理論

訳注：(　) 内は『魂のチャート』(ナチュラルスピリット刊) で使われている単語

〈聖職者〉は〈奴隷〉によって高められます。これらの役割は人類への奉仕の中で、自己表現をします。人道主義者の模範のような人たちです。〈聖職者〉の中には、神意識、超世俗的感覚があります。医師は本質的に〈奴隷〉でも〈聖職者〉でもあります。社会福祉相談員、看護師、牧師などもそうです。〈聖職者〉は仕えるためのより高い理想や存在を常に求め、〈奴隷〉は仕えるための人物や機関を探し求めます。〈聖職者〉は世界を自らの信徒団として認識し、〈奴隷〉は世界を自らの主賓たちとしてとらえます。

〈賢者〉は〈職人〉によって高められます。これらの役割は自己表現を通してあらわれます。〈職人〉は人生に新鮮さと独創性をもたらします。〈賢者〉は生まれもった知恵と聡明さをもたらします。〈賢者〉は常に類の無いことを探し求めます。〈職人〉は常にそのようなものをつくり出そうとします。〈賢者〉は世界を自らの観客としてとらえ、〈職人〉はモデルとしてとらえます。〈賢者〉は海綿のように知識をため込みます。〈賢者〉は普通、優秀な即興演説者で、自分が身につけた知識を声の届く範囲のすべての人と共有したがります。【早期のサイクルにある〈賢者〉は、無意味な言葉を伝えようとすることがありますが、彼らはどんなことをしてでも伝えようとします。（〈学者〉の筆記録より）】

〈王〉は〈戦士〉によって高められます。これらの役割は指導力と、積極性に働きかける能力を通して、自己表現をします。〈王〉は知識と本来備わっている力を使って管理し、〈戦士〉は本能的衝動に従います。〈王〉は常に導き、支配することを求め、〈戦士〉は命令し、探検することを求めます。〈王〉は世界を自らの王国として認識し、〈戦士〉は征服されていない領土としてとらえます。

〈学者〉は中間にある役割です。彼は参加者というより観察者です。サイクルや魂によって【社会的、文化的訓練の範囲内で〈学者〉の筆記録より）】選ばれた性別に関係なく、人生のあらゆることが経験に基づくものではなく、身代わりの経験のようなものです。魂がどんなに若くても、大げさな物言いをする〈学者〉

は一人もいません。熱狂するようなこともありますが、抑制されます。悲しみ、喜び、痛み、楽しさなど、あらゆる反応が控え目です。老年期の〈学者〉は超然としていて、よそよそしく、傲慢に知力を働かせることが多いです。〈学者〉は常に新しい知識を求め、世界を自らの研究対象としてとらえます。

あらゆる人種の中に〈学者〉がいます。知的探究にかなりの重点をおく文化もあります。このような文化を調べれば、知的関心をもった若者が優勢であることがわかるでしょう。敵対する世界の中での生き残りを、主に心配している文化もあります。

〈本質〉の役割の中で最も多いのが、〈奴隷〉です。次に〈職人〉、〈戦士〉、〈学者〉、〈賢者〉、〈聖職者〉、最も少ないのが〈王〉です。【世界に現存する魅力ある王（極めて重要な第六レベルの老年期の種類）は五十九人だけです。（その後マイケルはこの数が約一〇％増えたと言いました。）】これは論理的な数字です。宇宙的にも物質的な意味においても、〈奴隷〉や〈職人〉は、〈聖職者〉や〈王〉よりも多く必要です。この世界には、かつて〈王〉であった〈奴隷〉よりも、かつて〈奴隷〉であった〈王〉のほうが、数多くいます。これは王冠よりも首輪の数のほうが多いためでもあります。

エリザベス一世は〈王〉で、全世界の指導者たちの中で最も偉大でした。ユリウス・カエサルは〈戦士〉でしたが、成熟期の魂でした。アウグストゥス・カエサルは〈賢者〉で、ティベリウスは〈学者〉でした。アレクサンダー大王は青年期の〈王〉でした。マルクス・アウレリウスは老年期の〈学者〉でした。彼は偉大な哲学者でしたが、お粗末な指導者でした。ジョン・ケネディーは青年期の〈王〉でした。フランクリン・ルーズベルトは成熟期の〈賢者〉でした。セオドア・ルーズベルトと毛沢東は青年期の〈戦士〉で、ウッドロー・ウィルソンは成熟期の〈学者〉でした。アウグストゥス・カエサルだった〈賢者〉の魂は、後にダグ・ハマーショルド（訳注：スウェーデンの政治家）になりました。

これらの役割は何を根拠に割り当てられるのですか？

割り当てられるのではありません。何ひとつとして、割り当てられることなどありません。すべては選ばれるのです。〈奴隷〉は【その最も初歩的な形態において〈聖職者〉の筆記録より）】召使いのように奉仕する役割です。しかし、この枠組みの中で、あらゆる人生経験をすることが可能です。〈奴隷〉は人生の段階に関係無く、常に憂いに満ちているように見え、物質的富に関係無く貧しく見えます。明らかな〈奴隷〉は、周囲の者たちの快適さを心配するため、おせっかいながらも良い接待役になります。本質的な〈奴隷〉は人類の過ちに共感し、物質的な意味でのやすらぎを多くの者にもたらそうと努力します。〈聖職者〉は〈奴隷〉によって高められます。〈聖職者〉は生まれながらにして、神意識あるいは超世俗的感覚をもっています。本質的な〈聖職者〉は、霊的意味での安らぎを多くの者にもたらすことのできる、この世の役割を選びます。〈本質〉の役割は、この世の役割とは違います。すなわち、〈聖職者〉の魂が宗教を信奉しなければならないということではありません。あなたがたの〈本質〉とは魂であり、あなたがたの不死で永遠な部分です。あなたがたが選ぶ役割は、あなたがたが物質界で過ごす短期間の幕間に関係しているだけのことです。

役割はどのように選ばれるのですか？

分裂していない集合的存在は、すべての本質的役割に関する知識を入手することができます。これは時おり、早まった選択につながることがあります。しかし早まったかどうかに関係無く、ひとつひとつの役割の中であらゆる人生を経験することは、常に可能です。〈戦士〉は指導する役割です。〈戦士〉は本能的に導きます。〈戦士〉は声も行動も断固としていて、背が低くても強靭な肉体をもっている場合が多いです。〈王〉は〈戦士〉によって高められます。〈王〉の魂たちは、導くべく生まれたという、内なる知識を通して導きます。彼らは〈戦士〉のように、背丈に関係無く〈王〉のように堂々とした外見をしています。〈王〉は部屋に入ったとたん、人々の関心を集めます。明らかな〈王〉は、性的関係や仕事の関係など、どのような人間関係においても、常に優位に立ちます。〈戦士〉も同じです。このため、これらの役割をもつ魂は、中年になる頃までに何度も離婚や契約破棄を経験します。

体が小さくて、生まれながらの指導者というと、ナポレオンが思い浮かびます。

ナポレオン・ボナパルトは青年期の〈聖職者〉でした。ネロもそうでした。多くの軍事指導者もそうです。〈聖職者〉と〈王〉は戦争を指揮し、〈戦士〉と〈学者〉が戦います。

それでは、〈奴隷〉は労働者のようですね。

確かに彼らは働きたがります。しかし、今度あなたが活力の無い目をした、髪がボサボサの、穏やかな声をした、ずんぐりとした服装の暴君のような夫をもった虐げられた中年女性を見かけたら、〈奴隷〉だと思ってください【すべての否定的な極において（〈聖職者〉の筆記録より）】。しかし誤解を招く場合もあります。英国のビクトリア王女は、成熟期の〈奴隷〉でしたし、エリザベス二世もそうです。

人々が自分の人生で何をするかを選ぶ上で、〈本質〉の役割の影響がありますね。

それは部分的には正しいです。考慮すべき他の側面もあります。しかし、〈断片〉が〈偽の人格〉からではなく、〈本質〉から行動している時、彼らの生き方には確かなしるしが見られます。これはある特定の生き方をしている人が、必ずしも〈本質〉から行動しているという意味ではありませんので、注意しておいてください。

魂のレベルも、生き方に影響しますね。

もちろんです。魂は自らの成長の限界を超えることはできません。

幼児期の〈奴隷〉は、世界中の虐げられた主婦や労働者の大部分を占めています。幼児期の〈奴隷〉にとって、「主婦」は完璧な役割です。これほど得られる報酬が少なくて、同時に〈本質〉の役割を繰り返し強化する仕事が他にあるでしょうか?

幼児期の〈職人〉はしばしば、手を使う仕事を選びますが、芸術ではありません。彼らは工芸家、印刷屋、金属細工師、大工、鍛冶屋などになることがあります。彼らは決まりきった書類整理や、組み立てる仕事などに適しています。

幼児期の〈戦士〉は世界中の小さな都市の法的機関に見られます。最も露出が大きいからです。

幼児期の〈学者〉はしばしば、地方の演劇公演の舞台にあがります。伝道活動も人気があります。彼らの下手な演技を披露するためのもっともらしい立場が与えられるからです。子供向けの道徳的な本の著者は、たいてい幼児期の〈賢者〉か〈学者〉です。幼児期の〈賢者〉の中にはより高い期待をもつ者もいて、根本主義の宗教の伝道者になったり、政界で政党の路線に忠実な党員になったりします。

幼児期の〈聖職者〉はしばしば、根本主義者の司祭や相談役になります。しかし向上心あるいは罪の意識のためではなく、賞賛を得るために活動している幼児期の〈賢者〉ほどは公に活動はしません。

幼児期の〈王〉は地方の政界に入ることを求めます。保安官は人気のある選択肢のひとつです。法と秩序の守護者という魅力的外見と名声の両方を与えてくれる仕事だからです。市長や町長なども、数多くの幼児期の〈王〉が就く仕事です。

幼児期の魂がより広い活動範囲を求める時、時に悲惨な結果を引き起こします。無策王エセルレッドも、アメリカ大統領リチャード・ニクソンも、幼児期の〈学者〉でした。幼児期の魂のほとんどがそうであるように、エセルレッドも乗馬がひどく下手で、よく落馬していました。

青年期の〈奴隷〉は、自ら召使いの仕事を選ぶことが多くあります。このサイクルでは〈本質〉の役割が、彼らの生活様式によって強められます。彼らは無意識に探し求めています。

青年期の〈職人〉は素早く出世できる機会がありそうな大きくて一流の工房で、傑作の制作にせっせと励みます。青年期の〈職人〉が前衛的であることはまれで、売れるものなら何でも喜んでつくります。

青年期の〈戦士〉は外国政府に雇われるなど、実際に武装する仕事を求めるか、あるいは運動選手になります。青年期の女性〈戦士〉は活動的な仕事として教師を選びますが、同じように彼女たちの多くが体育を教えることを好みます。

青年期の〈学者〉は大きな大学の教授になることが多いです。露出が大きく、彼らの博識ぶりを広められる環境だからです。

青年期の〈賢者〉は文字通りの意味で、俳優業を求めます。熱心な販売員や教師にもなります。「力」と「情熱」のモードにある青年期の〈聖職者〉は軍事指導者にもなります。特にテンプル騎士団やグリーン・ベレーなどのような伝統的な軍隊や特殊部隊の指導者になります。青年期の魂のサイクルにある〈聖職者〉は、本物の聖職者の身なりをしているか、あるいは少なくとも社会奉仕や改善運動などのような「善良な仕事」をしています。

青年期の〈王〉は政治家としてその偉大さを発揮したり、軍の将校になったりすることも多いです。どちらも最大限に露出できるからです。後期の青年期のサイクルと成熟期のサイクルは、〈賢者〉と〈職人〉にとって、創造的なサイクルです。

成熟期の〈奴隷〉は、奉仕のより哲学的側面に意識を向けます。医師、療法士、心理学者などのように、個人的な仕事が高く評価されるような職業を選びます。

成熟期の〈職人〉はたいてい、前衛的です。彼らがつくり出すものは、様式的ではなく非現実的です。標準への反抗が、このサイクルの特徴です。すばらしい最高傑作や、重要な工学的発見の大部分は、ほぼ例外なく成熟期の〈職人〉の仕事です。しかしその非凡な才能は、〈職人〉が生きている間に認められることがあまりありません。

〈戦士〉は感情的にも肉体的にも魅力的な目的を目指します。あるいはシステム分析者、交渉人、地図製作者などのような戦略家になります。

成熟期の〈学者〉は孤独な調査、研究、哲学に打ち込みます。

成熟期の〈賢者〉はしばしば、自らを主役として描いた、心に染みる英雄物語や脚本を書きます。しかし実際に自ら舞台に上がることはまれです。成熟期の〈賢者〉が演劇をする時は、敵意を抱くことの無いような友人たちを観客に選び、小さな舞台で演じます。ここには成功した劇作家や優れた脚本家、傑出した著者も少なくありません。成熟期の〈賢者〉と成熟期の〈戦士〉は、舞台監督や映画監督にも適していて、卓越した弁護士として法廷で輝く場合もあります。

成熟期の〈聖職者〉はカウンセリング、夢療法、精神医学、そしてクエーカー教や仏教の信仰など、威厳があって物静かなことに向かいます。自分自身の霊的道筋を他者に教えることができるのであれば、どんなことでも良いのです。

成熟期の〈王〉はしばしば政治的権力から離れ、より抽象的な方法で働くことを求めます。彼らは教師や芸術家、音楽家や科学者にもなります。政治あるいは企業の中で権力を握る者は、注意深い判断力と深い責任感をもってその力を利用します。〈奴隷〉と〈王〉は共通して、奉仕する必要性をもっています。一方がもち上げ、もう一方が上向きに引き上げます。両方が必要なのです。

老年期の〈奴隷〉は周囲の者に安らぎをもたらそうと努力しますが、より若いサイクルでとるような徹底的な方法はとりません。老年期の〈奴隷〉は素晴らしいおばあさんになります。

老年期の〈職人〉は散発的に創造します。これは未完成の最高傑作のサイクルです。彼らは燃えるような情熱で課題に取り組みますが、完成までにどれだけの仕事量と練習と研究が必要かに気づいたとたん興味を失い、その課題が完成することはありません。老年期の〈職人〉の家は、過去の情熱の残骸で散らかっています。

老年期の〈戦士〉は、活力を完全に失うことは決してありません。彼らの仕事は孤独で、創造的なものが多いです。オーケストラの音楽家や指揮者の多くや、歴史小説の作者、優れた工芸家、馬の飼育家などは、老年期の〈戦士〉です。彼らはそれぞれ独自の方法で、老年期の魂の郷愁に浸っています。

老年期の〈学者〉は教師として質素な生活を送りますが、学校で教えることはまれです。彼らはどこにいようとも、ただロゴスについての自身の認識を教えます。

現存する最も巧妙な詐欺師の多くが、老年期の〈賢者〉です。彼らはかなり器用です。彼らはどんな暴力も使いませんが、老年期の初期のサイクルにおいて魅力を発揮し、快楽主義で窃盗などをして生きることがしばしばあります。後期のサイクルでは、老年期の〈賢者〉は、以前のサイクルで自らが参加していた娯楽の類いの大ファンになり、自分が受けとりたいと思うような賞賛を与えます。

老年期の〈聖職者〉は自分自身の内なる光で輝きます。彼らは〈聖職者〉らしい輝きを見せ、その知恵を分かち合うことを願うすべての聴衆に、自らの知恵を授けます。

後期サイクルの老年期の〈王〉の多くは、カルト教団の指導者やグルなどのようなものになります。こうすることで彼らは、これ以前のサイクルにつきものの苦労なしに、魂の〈本質〉をあらわす手助けをするための対象者を周囲に得ます。優秀なバーテンダーは、老年期の〈王〉です。最終サイクルの老年期の〈王〉は、放浪者や浮浪者です。〈王〉は老年期の魂のサイクルの間、常に忠実な対象者を求め続けます。大部分がそのような対象者を見つけ出します。〈戦士〉はかつての指揮官を求め、〈学者〉は彼らの〈王〉を求めます。世俗的あるいは軍事的環境で彼らが互いを見つけることは非常にまれです。有名な二人のオーケストラの指揮者は、一人はオーストリア人でもう一人はイギリス人ですが、第六レベルの老年期の魅力ある〈王〉です。【このうちのオーストリア人指揮者は、この情報が伝えられたあとに亡くなりましたが、イギリス人指揮者はいまだに精力的に活動しています。】

老年期の〈王〉の役目のひとつは、他の老年期の魂をひとつに集めることです。私たちが魅力ある王と呼ぶ王たちは、必ずしも自分自身の集合的存在のメンバーたちを引きつけるわけではありません。すべての集合的存在の中に、〈王〉の〈断片〉がいるわけではありません。魅力ある〈王〉は人生の仕事を完了するために、対象者を引きつけます。

マイケルは魅力ある〈王〉だったのですか？

参考までに、この集合的存在は二百人の〈王〉と八百五十人の〈戦士〉からなっていました。

7章　オーバーリーフ

「それから約一ヶ月の間、グループの誰もが老年期の〈王〉または〈聖職者〉になりたがりました」とジェシカが振り返ります。「グループの全員です。〈本質〉の役割に関するマイケルの話について数多くの質問が生じ、すべて質問をするのに何ヶ月もかかりました。これに関しては、いまだに疑問があがります」彼女はウィージャ盤を軽く叩いて言います。「もしこのウィージャ盤が加熱するようなものだったら、間違いなく火事になっていたと思います」

「最初はとても受け入れがたいと思いました」とルーシーが言います。「永遠にひとつのものであり続けるなんて」

彼女は〈本質〉の役割について、マイケルが最初に話をした時に、このことについて質問しました。「ひとつの魂が二重の役割を担うことはできますか」

〈本質〉の役割については、できません。しかし、人生における役割は〈本質〉の役割とはほとんど関係無い場合が多く、もし〈偽の人格〉が断固として指揮をとっているとしたら、〈本質〉の役割を見抜くことはほぼ不可能です。個人的レベルにおいて、本人よりも先に他者が偽りの外見を見抜き、潜在的な〈本質〉の役割を見出す場合が多いです。

クレッグには他に気になることがありました。「魂に性別が無いことはわかりましたが、それは彼らが性別にまったくとらわれないということではないと思います。〈本質〉に性別はありますか」

はい、ありますが競争はありません。計画とは空想あるいは想像です。もし性的行為が空想に包まれたものであれば、それは競争的であると同時に非現実的です。それは良くもなければ、悪くもありません。それはタオの連続性を保証するものです。この宇宙には素晴らしい秩序があります。

「では、私たちは他のどんな魂よりも〈奴隷〉の魂が多い、この青年期の魂の世界に生きているということですね。ここは〈奴隷〉の国なのですか？　つまり、すべての役割の中で、優位を占めるひとつの役割があるということですか？」とエミリーが質問しました。

この社会において、優位を占めている役割は〈職人〉と〈戦士〉たちです。

「もしここが、〈聖職者〉や〈賢者〉の魂が大半を占める成熟期の国だったとしたら、物事はより良くなっているのでしょうか」とコリーンが質問しました。

それは場合によります。哲学者フロイト、殺人鬼の切り裂きジャック、作曲家のワグナーとムソルグスキーは全員、成熟期の〈聖職者〉でした。

「まさかそんな！　彼らはあまりにも違いすぎます！」とウォルターが反論しました。「年代のレベルの差が、それほどまでに影響するとは思えません」

私たちはまだ、すべてのオーバーリーフについて話してはいません。

「マイケルはどういう意味で、オーバーリーフと言っているのですか」とアレックスが質問しました。

私たちが魂の性質についてあなたがたにお話していることすべてを、私たちはオーバーリーフと呼んでいます。

「では、魂の年代、レベル、そして種類の他にも、まだ何かあるのですか」とエミリーが言いました。

他にもまだ、モード、目標、センター、主特性、そして態度があります。これらすべてはあなたが〈偽の人格〉に対して、本当の自分自身だと思うような部分です。つまりオーバーリーフは肉体であり、〈本質〉は骨、〈偽の人格〉は洋服です。オーバーリーフだけが、本当のあなた自身の一部です。言い換えると、〈真の人格〉あるいはオーバーリーフとは、あなたが物質界で完全な進化を遂げるために必要なことすべてを、経験することを可能にするための道具です。オーバーリーフは転生するごとに変わり、人間生活のすべての範囲を経験するために、新たな視点と反応の幅をあなたがたに与えます。そうすることで、真の理解が生じます。サイクルを通して変わらないのは、〈本質〉の役割だけです。その他はすべて、物質界での人生の合間に選ばれます。

マイケルから第五レベルの成熟期の〈学者〉だと言われていたアレックスは、感情的な関係に向き合うことが難しいと言って、不平をこぼしました。「これは私が〈学者〉だからですか？　私の魂は世俗から隔絶しているのでしょうか？」

もしこのアレックスという男性が、第五レベルの成熟期の魂、そして本質的〈学者〉の性質について私たちが述べたことを復習すれば、彼は孤独とプライバシーを求める自分自身の衝動がかなり強いということを理解するでしょう。そのような状況下で、彼が簡単に愛情関係を築くことはできません。

「どうしたら私はこれを打ち破ることができるのでしょうか」とアレックスが質問しました。「あなたの言うことは、かなり絶望的にきこえます」

まず、あなたはこれを願わなければなりません。〈感情センター〉にあるのでない限り、ほとんどの〈学者〉は感情的恋愛関係にあまり興味をもちません。このような関係につきものの責任をとることを、ほとんどの〈学者〉が嫌がります。あなたにとっての対処法は、バランスをとって〈感情センター〉とつながり、出力を制御する方法を学ぶことです。現在は突発性の大きな出力があるだけで、洞察はあまりありません。それはまるで火山の噴火のようです。

「それは私もやってみましたが、私がうまくいっていると思った時にはいつも、関係が壊れてしまいます。精神科医にも診てもらいましたが、さまざまな烙印を押されただけのように思います」十六人もの人々の前でこのようにあからさまに話しをすることは、アレックスにとって恥ずかしいことであるのは明らかでした。

アレックス、あなたはあなたの〈本質〉の役割の陰極から行動しています。〈学者〉の陰極とは理論です。あなたにはたくさんの考えがあります。しかしそれらは理論であって、あなたが得る知識は何ひとつとしてありません。知識は陽極です。もしあなたに自分の知覚を変えようとする意志があるなら、あなたは陽極から行動することを学ぶかもしれません。

「マイケル、極についてもう少し詳しく話してもらえませんか？　すべての〈本質〉の役割には、極があるのですか？」とウォルターが素早く質問しました。

オーバーリーフのあらゆる面には極があります。〈奴隷〉の役割の陽極は奉仕で、陰極は束縛です。〈職人〉の陽極は創造で、陰極は巧妙さです。〈戦士〉の陽極は説得で、陰極は威圧です。〈賢者〉の陽極は表現で、陰極は演説です。

「演説は否定的であるように思えませんが？」とルーシーが言いました。

自分の話を得意がるために話すことは否定的であり、陰極です。そこには意思の疎通もありませんし、成長もありません。〈聖職者〉の陽極は慈悲で、陰極は熱狂です。〈王〉の陽極は支配で、陰極は独裁です。私たちはこの他のオーバーリーフを明かすにしたがって、極性についてもお伝えします。

目標もやはり七つあって、対になったものが三組と中立のものが一つあります。【158ページの目標の図を参照】高位の目標が三つあり、それらは「支配」、「受容」、「成長」です。中間にひとつ、中立の目標があり、それを私たちはここで「停滞」と呼んでおきましょう。そして高位の目標と正反対の三つの目標もあります。それらは「服従」、「拒絶」、「妨害」です。弁護士や政治家の多くは、中立の目標を選んだ者たちです。立法者は「停滞」を目標にもっています。その歴史上の良い例のひとつがアレキサンダー大王です。彼は「支配」を目標にもっていましたので、失敗することができませんでした。

それはかなり適切に思えます。目標はどのように割り当てられるのですか？

割り当てられることなど、何ひとつないということを、私たちはあなたがたに言っておかなければなりません。すべては選ばれます。目標の中には原型と似ているものがあるために、おそらくひとつの役割に対してひとつの目標という論争が生まれたのだと、私たちは思います。例えば、誰かが〈王〉について考える時、その人は権力や支配を思い浮かべます。〈聖職者〉について考える時には受容を思い浮かべ、〈賢者〉についてはその大げさな見解や生まれもった情熱から、成長を思い浮かべます。内省的な〈学者〉は停滞していると思われがちです。拒絶され、落胆した〈奴隷〉は、絵を見るようにわかりやすい例です。

目標の極性についてはどうですか？

「成長」の陽極は理解で、陰極は混乱です。「成長」はかなり厳しい目標でもあります。「妨害」の陽極は先祖返りで、完全に素朴な状態へと戻ることです。陰極は隠遁です。「受容」の陽極はアガペーで、これは偉大な目標です。陰極は機嫌取りです。「拒絶」の陽極は識別です。これは他のどの目標よりも、批評の感覚を磨くことができます。陰極は偏見です。「支配」の陽極は指導力で、陰極は専制です。「服従」の陽極は献身で、陰極は追従です。「停滞」の陽極は停止で、陰極はものぐさです。

これらの目標はカルマ的理由から選ばれるのですか?

たいていはそうです。人生計画、進化、そして人生の仕事と一緒に選ばれます。

それらは転生するたびに変わりますか?

はい、変わります

〈偽の人格〉は狂っていて、その〈人格〉はまるでオオカミのように、〈本質〉を蝕み、打ちのめそうとしているかのように思えます。

〈偽の人格〉は、ただ生き残ろうとしているだけです。生物にとっての目標は、生き残りです。〈本質〉の目標はエクスタシーです。ジャンヌ・ダルクにとって、火あぶりの刑に処せられることは、エクスタシーの経験でした。火あぶりによる死であっても、他のどんな方法であっても、解放されることが目標です。肉体はとにかく生き残ろうとします。

現実世界についてはどうでしょうか？　もし人間が自分の体を管理すべきだとしたら、このような本質的に選ばれた目標のほかに、もっと現実的で世俗的な目標ももつべきなのではないでしょうか？

あなたがたが物質界で生きるためには、少なくともいくつかの生き残りのための目標をもたなければなりませんが、それ以上にあなたがたの人生を計画する必要はありません。あなたの代わりにカルマがやってくれます。

人はどのようにして、これらの〈本質〉の目標に取り組むのでしょうか？

それはモードを通して行われます。モードもまた選ばれます。

モードにも七つあり、他と同じ様式で、対になったものが三組と中立のものがひとつあります。対になっているのが、「力」と「注意」、「攻撃」と「忍耐」、「情熱」と「抑圧」です。転生する魂のうちの八五パーセントが、「注意」または「観察」のモードにあります。【159ページのモードの図を参照】

「注意」の陽極は熟考、陰極は恐怖症です。「力」の陽極は権威、陰極は圧制です。「忍耐」の陽極は持続性、陰極は不変です。「攻撃」の陽極は活力、陰極は好戦性です。「抑圧」の陽極は自制、陰極は禁止です。「情熱」の陽極は自己実現、陰極は同一化です。「観察」の陽極は明晰、陰極は監視です。

モードは、目標にどのように影響しますか?

モードは目標が達成されることがあるとすれば、その達成方法を定めます。目標とモードは対立することがあります。例えば、もし青年期の〈学者〉が「成長」を目標とし、「抑圧」のモードにあるとしたら、その〈学者〉は何ひとつとして達成することが不可能に思うでしょう。青年期にあるため、知覚は内省を促しません。目標は〈学者〉を外へ向かわせ、新しい経験をさせようとしますが、モードは外へ向かうために選んだ方法すべてに、ぴしゃりとフタをしてしまいます。そのような魂は狂気へと逃れるか、あるいは「成長」の陰極である混乱から行動します。「拒絶」を目標とし、「情熱」のモードにある青年期の〈賢者〉は、信じられないほどに人をイライラさせる〈人格〉です。〈賢者〉の魂が観客を求め、注目を集めることを求めますが、目標は「拒絶」が起こらなければならないと言います。

〈賢者〉が「拒絶」されるのですか、それとも〈賢者〉が「拒絶」するのですか?

そのどちらか、あるいは両方です。そして青年期の〈賢者〉が「情熱」のモードにあるため、やることなすことすべてが情熱的です。「受容」を目標とし、「力」のモードにある老年期の〈王〉は、力強く受容し、起こることすべてを熱情的に受け入れます。「支配」を目標とし、「忍耐」のモードにある成熟期の〈奴隷〉は、どんなことにもほとんど対処できますが、より高い権威だけは苦手です。「停滞」を目標とし、「観察」のモードにある幼児期の〈職人〉は、物質界に存在することが難しく、かなり世間離れしています。「支配」を目標とし、「力」のモードにある青年期の〈戦士〉は、男性の肉体をもった場合には堂々とした軍事指導者になり得ますが、女性の肉体をもった場合はおそらくひどくみじめな思いをするでしょう。

このようなことすべてを緩和する要因はないのでしょうか？

あります。それらは態度、センター、主特性です。

態度はあなたがたが世界を見つめる方法、すなわち、あなたがたが物事を見つめる姿勢です。もちろん態度も、あなたがたの他のオーバーリーフすべてと同様、選ばれます。態度にも七つあり、対になったものが三組と中立のものが一つあります。対になったものは「懐疑主義者」と「理想主義者」、「皮肉主義者」と「現実主義者」、「禁欲主義者」と「精神主義者」で、中立のものが「実用主義者」です。「懐疑主義者」の陰極は疑念です。【160ページの態度の図を参照】

何を疑うのですか？

すべてです。陽極は調査で、これももちろんすべてを調査します。「理想主義者」の陰極は抽象化で、陽極は融合です。「皮肉主義者」の陰極は中傷で、陽極は反論です。「現実主義者」の陰極は推測で、それはある人があらゆる疑問について、すべての側面を推測することで、行動することも真の理解を得ることもできないということです。陽極は知覚です。「禁欲主義者」の陰極は諦めで、陽極は平静です。「精神主義者」の陰極は信仰です。

信仰ですか？　なぜ信仰が陰極なのでしょうか？

信仰は、ばかげたことです。それはまさに、マーヤーによる支配の一部です。決して疑っても疑問をもってもならないという前提で、誰かが何かを受け入れる必要など、どうしてあるでしょうか？　二歳児が両親からのそのような圧制を受け入れることはありませんが、両親はそのような無知を、自らに強要しようとします。「精神主義者」の陽極は証明で、それは肯定的な疑いから生じる疑問に対する答えを求めることです。これはマーヤーの一部ではありませんが、〈偽の人格〉によって導かれ、答えを探し求めることが制限されることもあります。「実用主義者」の陰極は教義で、信仰とは異なるものであり、陽極は実用性です。

態度は人にどのように影響しますか？

「注意」のモードにある成熟期の〈奴隷〉について考えてみましょう。そのような〈断片〉は、この世界であまり多くを達成することがないかもしれません。成熟期の魂の内省が、本質的な〈奴隷〉の知覚と組み合わさって、「注意」を制限のように感じます。その成熟期の〈奴隷〉が、「成長」を目標としていると仮定しましょう。かなりの混乱が起こることでしょう。しかしこの〈断片〉は「実用主義者」でもあるとします。この〈断片〉が陰極から行動しているのでもない限り、オーバーリーフの効力のほとんどは賢明な目的のために使われ、そのような人物はかなりの利益をもたらすでしょう。もちろんこの〈断片〉にとっては、陰極である教義的な行動をするという大きな苦悩もあり、その場合の結果は異なります。心がひとつの規則によって縛られ、何があってもその規則から離れることはありません。しかし、もし態度が「現実主義者」であった場合、〈断片〉の〈人格〉は異なり、すべての疑問のあらゆる側面を推測することを避け、成熟期の魂の洞察と〈奴隷〉の献身をもって、偉大な貢献ができるかもしれません。もしこの〈断片〉が「皮肉主義者」ならば、達成できることはほとんどありません。皮肉な態度は、〈断片〉が洞察を効果的に利用するのを阻止する力になります。

態度はカルマに影響しますか？

すべてはカルマに影響し、カルマの影響を受けます。態度よりも目標のほうがカルマに関係する場合が多いですが、これは絶対的法則ではありません。

「センター」というのはどういう意味ですか？

すべての〈断片〉の内面ではすべてのセンターが作用していますが、〈人格〉がひとつのセンターに凝り固まるという、強い傾向があります。そのようなセンターは、反応に大いに影響します。それはあなたがたが、自分自身のどの部分から行動しているかを示します。【161ページのセンターの図を参照】

そしてもちろんセンターも七つあるのですか？

もちろんです。それらは「感情」と「高次の感情」、「知性」と「高次の知性」、「性」と「運動」、そして「本能」です。「感情」の陰極は感傷、陽極は感受性です。「高次の感情」の陰極は直観、陽極は感情移入です。「知性」の陰極は理屈、陽極は思考です。「高次の知性」の陰極はテレパシー、陽極は統合です。「性」の陰極は色情的、陽極は超道徳的です。「運動」の陰極は精力的で、陽極は永続的です。「本能」は、一般的に正気とみなされるような人には見られません。「本能」の陰極は解剖、陽極は原子です。あなたがたの多くは、二つのセンターを組み合わせています。〈知性センター〉にあって「運動」の要素をもっているというような具合です。これはその人の状況に対する反応が知的で、その反応した物事について何か行動したいという衝動にかられるという意味です。〈運動センター〉と〈性センター〉は動的で、二つの〈感情センター〉は無言で、言葉よりも感覚に関係しています。二つの〈知性センター〉は言葉のセンターです。これは〈感情センター〉にある人がしゃべれないという意味ではありませんが、そのような人が言葉で自己表現をすることはかなり難しいです。例えば、〈感情センター〉にあって「運動」の要素をもっている人は、大げさな感情表現をもって反応しなければなりません。それは途方もなく大きな芸術的ほとばしりや、かんしゃくなどです。

あるいはその両方ですか？

両方である可能性は確かにあります。どちらが勝るかは、他のオーバーリーフ、特に主特性によって決まります。

主特性とは？

「良い」主特性というものはありません。文学には、不滅の人間を滅ぼす、致命的欠陥という概念があります。オイディプスの中での致命的欠陥は傲慢でした。それを私たちは「傲慢」さと呼びます。主特性はあなたがたを支配します。悟りは、成人してからの人生で主特性を無効にすることによって得られます。これは頻繁に起こることではありません。一般的には、主特性が変わります。例えば、ある〈断片〉が「せっかち」を「殉教」に変えることがあります。

ということは、主特性は一生の間に変えられるということですか?

はい、変えることができます。これはオーバーリーフの中で唯一、変えることのできる部分です。主特性は通常、〈断片〉が二〇歳になる頃、あるいは親元から独立する頃までは、明らかになりません。【このような分離は普通、私たちが第三の内なるモナドと呼んでいるものと関係しており、私たちが以前にも述べたように、あなたがたの社会では通常、一七歳から二二歳までの間に起こります。〈学者〉の筆記録より】

そしてその主特性とは何ですか?【162ページの主特性の図を参照】

あなたがたにも予想がつくと思いますが、主特性も七つあり、対になったものが三組と中立のものがひとつあります。対になっているのは「貪欲」と「自己破壊」、「せっかち」と「殉教」、「傲慢」と「卑下」、そして中立なのが「頑固」です。「貪欲」の陰極は強欲、陽極は自己中心癖です。「自己破壊」の陰極は生贄、陽極は自己犠牲です。「せっかち」の陰極は不寛容、陽極は大胆さです。「殉教」の陰極は頑固、陽極は無私です。「傲慢」の陰極は虚栄、陽極は誇りです。「卑下」の陰極は自己軽視、陽極は謙遜です。「頑固」の陰極は頑迷、陽極は決断です。

中には悪いものとは思えないものもありますね。

「貪欲」、「傲慢」、そして「せっかち」はすべて生き残りに属します。「貪欲」は決して満たされることがありません。「傲慢」とは常に本来の内気さへの反応です。多くの者たちが「卑下」を内気さと勘違いしますが、それは違います。傲慢な者こそが、本当に内気なのです。「殉教」を表現する時、それを控えめな態度であらわす者もいますが、これも内気さとは違います。「頑固」は人々をひとつの状況に押しとどめ、人間関係において不適切な方法で行動させることがあります。それは単にその人が、何があってもひとつの道筋をたどることを決心しているためです。これはまったく役に立ちませんし、賢くもありません。自分自身に対する期待を与えられた「頑固」の主特性は、知覚の欠如と、破壊的性質の意固地さにつながることがあります。主特性は、〈偽の人格〉の核心である場合が多くあります。

では、〈本質〉の役割、年代、レベル、モード、目標、態度、センター、そして主特性、これで全部ですか？

これらはあなたがたが協定を満たし、結果とモナドを完了し、カルマを焼き払うことを可能にするための、あなたがたの選択肢です。

それらも七つずつあるのですか?

モナド、協定、結果、そしてカルマには、決まった数はありません。その数はあなたがた次第で決まります。

目標

【表現】

受容
- ＋アガペー
- －機嫌取り

拒絶（識別）
- ＋識別（洗練）
- － 偏見（拒絶）

【霊感】

成長
- ＋理解（進化）
- －混乱

妨害（再評価）
- ＋先祖返り（単純）
- －隠遁

【行動】

支配
- ＋指導力
- －専制

服従
- ＋献身
- －追従（盲従）

【吸収】

停滞
- ＋停止（流動的）
- －ものぐさ

モード

【表現】

- 力
  - ＋権威
  - －圧制
- 注意
  - ＋熟考
  - －恐怖症

【霊感】

- 情熱
  - ＋自己実現
  - －同一化
- 抑圧（自制）
  - ＋自制（抑圧）
  - －禁止

【行動】

- 攻撃
  - ＋活力
  - －好戦性
- 忍耐
  - ＋持続性
  - －不変

【吸収】

- 観察
  - ＋明晰
  - －監視

態度

【表現】

- 理想主義者
  - ＋融合
  - －抽象化（幼稚）
- 懐疑主義者
  - ＋調査
  - －疑念

【霊感】

- 精神主義者
  - ＋証明
  - －信仰
- 禁欲主義者
  - ＋平静
  - －諦め

【行動】

- 現実主義者
  - ＋知覚（客観的）
  - －推測（主観的）
- 皮肉主義者
  - ＋反論
  - －中傷

【吸収】

- 実用主義者
  - ＋実用性（実際的）
  - －教義（独断的）

センター

【表現】

- 高次の知性
  - ＋統合（真理）
  - －テレパシー
- 知性
  - ＋思考（洞察）
  - － 理屈（推論）

【霊感】

- 高次の感情
  - ＋感情移入（愛）
  - －直観
- 感情
  - ＋感受性
  - －感傷

【行動】

- 運動
  - ＋永続的（総合）
  - －精力的（欲望）
- 性（高次の運動）
  - ＋超道徳的（生産的）
  - －色情的（熱狂的）

【吸収】

- 本能
  - ＋原子（意識的）
  - －解剖（自動的）

主特性

【表現】

貪欲
- ＋自己中心癖（嗜欲）
- －強欲

自己破壊
- ＋自己犠牲
- －生贄（自殺的）

【霊感】

傲慢
- ＋誇り
- －虚栄

卑下
- ＋謙遜
- －自己軽視

【行動】

せっかち
- ＋大胆さ（大胆）
- －不寛容

殉教
- ＋無私
- －頑固（被害者意識）

【吸収】

頑固
- ＋決断
- －頑迷

8章　オーバーリーフの実例

あなたがたがオーバーリーフの機能をより明確に理解するために、私たちは一連の実例を紹介します。すべてが本物の例で、最近のものと歴史上のものとの両方があります。これらの実例はあなたがたがオーバーリーフの働きを理解するのに役立つでしょう。私たちは政治よりも芸術の例を扱いたいと思います。なぜなら芸術は、政治のように歴史的解釈が歪められることが少ないからです。なにより、芸術はあなたがたがそれを経験するためにそこに存在していますが、政治は気まぐれや野心、そして他の政治家が必要だと考えることによって、変えられてしまうからです。あなたがたの周囲を見渡せば、このことが真実であることを理解できるでしょう。

乳児期の魂が公に注目を浴びることはほとんどありませんが、それでもすべての転生する魂はここからスタートしますので、私たちもここから始めることにします。

【マイケルからのメッセージが最初に出版された当時、グループはオーバーリーフとともに第二の主特性についての情報を得ていませんでしたが、マイケルは一九八二年に次のように言っています。‥第一の主特性は、主に〈断片〉の目標に影響し、第二の主特性は〈断片〉の態度に影響します。】

乳児期の魂

〈奴隷〉

最初の例は「拒絶」を目標とし、「注意」のモードにある第四レベルの乳児期の〈奴隷〉で、「卑下」を主特性とし、〈感情センター〉にあって「運動」の要素をもっている「禁欲主義者」です。

この最初の乳児期の〈奴隷〉を、あなたがたは知能の遅れた者だと思うでしょう。なぜならこの〈断片〉は、絶えずおびえているからです。乳児期の魂が世界を私と私でないものとして知覚すること、そして〈奴隷〉の〈本質〉が世俗的な意味で仕えることを求めるということを思い出してください。「注意」のモードは〈断片〉が探究するのを引き止め、「拒絶」の目標が制限を加えます。この〈断片〉は、刑務所に送られる判決を喜んで受け入れました。この〈断片〉は恐怖心から、殺人の罪を犯しました。

乳児期の〈奴隷〉の二人目の例は最初に生まれたばかりの魂で、「受容」を目標とし、「観察」のモードにある、〈知性センター〉にあって「感情」の要素をもった、「貧欲」を主特性とする「禁欲主義者」です。

この乳児期の〈奴隷〉はかなり昔に生きていて、最初の人生を中国で拘束された使用人として過ごし、国の中央部に軍隊のための道路を建設しました。生まれたばかりの魂だったこの〈断片〉は、今では成熟期の魂になり、ヨーロッパ人の外科医として、手術などで手足を失った人々のリハビリの研究で、世界的な評判を集めています。

乳児期の〈奴隷〉の三人目の例は「支配」を目標とし、「力」のモードにある第六レベルの魂で「頑固」を主特性とし、〈運動センター〉にあって「知性」の要素をもつ「現実主義者」です。

この乳児期の〈奴隷〉は困難な第六レベルにありましたが、オーバーリーフの性質のために、彼女は六百年前の中央アメリカで農業の技術改革に貢献することができました。

〈職人〉

ここでもまた、私たちは三つの実例をあげて、彼らの人生を示そうと思います。

最初の例は「停滞」を目標とし、「情熱」のモードにある第四レベルの乳児期の〈職人〉で、〈本能センター〉にあって主特性はあらわれていない「現実主義者」です。

この乳児期の〈職人〉は、そのセンターとモードの影響で本当に狂っていると思われています。目標がこの〈断片〉を一ヶ所にとどめる傾向にありますが、乳児期のサイクルの性質からすると、このような〈断片〉が生き抜く方法はほとんど無いと言えるでしょう。

二人目の例は、「成長」を目標とし、「観察」のモードにある第五レベルの乳児期の〈職人〉で、「殉教」を主特性とし、〈性センター〉にあって「感情」の要素をもっている「理想主義者」です。

この〈断片〉は幼い頃に、地元の有力者の妾になるために訓練されました。彼女はこの仕事に秀でていたために、他の妾の嫉妬によって殺害されました。

三人目の例は、「妨害」を目標とし、「注意」のモードにある第二レベルの乳児期の〈職人〉で、「自己破壊」を主特性とし、〈感情センター〉にある「禁欲主義者」です。

この乳児期の〈職人〉は、あなたがたが村のまぬけと呼ぶような人物でした。彼は六世紀に現在のドイツに生きていましたが、一七歳の時に餓死しました。

〈戦士〉

最初の例は「服従」を目標とし、「観察」のモードにある第三レベルの乳児期の〈戦士〉で、「せっかち」を主特性とし、〈知性センター〉にあって「感情」の要素をもつ「実用主義者」です。

この〈断片〉は二百年前のインドに生きていて、野生児や野蛮人などと呼ばれる人物でした。彼女は怖がった村人たちに、石で打ち殺されました。

二人目の例は「支配」を目標とし、「抑圧」のモードにある第七レベルの乳児期の〈戦士〉で、「貪欲」を主特性とし、〈運動センター〉にある「皮肉主義者」です。この〈断片〉はスペインの異端審問で拷問にかける人でした。

三人目の例は、「受容」を目標とし、「観察」モードにある 第四レベルの乳児期の〈戦士〉で、「頑固」を主特性とし、〈感情センター〉にあって「知性」の要素をもった「禁欲主義者」です。この〈断片〉はリチャード二世の統治下のイギリスで、住み込みのメイドをしていました。

〈学者〉

最初の例は「拒絶」を目標とし、「観察」のモードにある第六レベルの乳児期の〈学者〉で、「卑下」を主特性とし、〈知性センター〉にあって「運動」の要素をもつ「皮肉主義者」です。この〈断片〉はお祭り騒ぎ好きでした。

二人目の例は「受容」を目標とし、「忍耐」のモードにある第四レベルの乳児期の〈学者〉で、「せっかち」を主特性とする「理想主義者」です

この乳児期の〈学者〉は、アマゾン川流域の非常に原始的な村に生まれ、幼い頃にあなたがたが外の世界と呼ぶような世界に触れましたが、オーバーリーフのために、あなたがたが思うほどには逃げ出しませんでした。彼女はやがて読み書きを学び、現在ではブラジルのサンパウロ近郊の修道院で生活しています。

三人目の例は「成長」を目標とし、「注意」のモードにある生まれたばかりの乳児期の〈学者〉で、主特

性をもたず〈本能センター〉にある「現実主義者」です。

この〈断片〉は万里の長城の建設当時、警備員として働いていた農民兵士でした。この〈断片〉は、現在この本の中でジェシカ・ランシングとして知られている霊媒で、第三レベルの老年期の魂になっています。


〈賢者〉


最初の例は「支配」を目標とし、「注意」のモードにある第二レベルの乳児期の〈賢者〉で、主特性をもたず〈運動センター〉にあって「感情」の要素をもった「実用主義者」です。

この〈断片〉はかなり気難しい〈人格〉です。魂のレベルが、このような潜在的複雑さを扱いきれないからです。彼はあなたがたがニュージーランドと呼ぶ島に住んでいて、一二歳の時に窃盗の罪のために溺死させられました。

二人目の例は「妨害」を目標とし、「力」のモードにある第七レベルの乳児期の〈賢者〉で、「傲慢」を主特性とし、〈感情センター〉にあって「性」の要素をもつ「現実主義者」です。

この〈断片〉は中世のエチオピアで隠遁生活を送っていたシャーマンで、迷信的な畏敬の念を大いに集めていました。この〈断片〉は現在、再び生まれ変わって、テレビ番組の司会者として有名になっています。

三人目の例は「服従」を目標とし、「観察」のモードにある第五レベルの乳児期の〈賢者〉で、「自己破壊」を主特性とし、〈感情センター〉にあって「知性」の要素をもつ「懐疑主義者」です。

この〈断片〉は、彼の住んでいた村が襲撃された時、敵の騎兵隊によって殺されました。彼は、騎兵隊の襲撃が村に迫っているにもかかわらず、村の長老たちの命令を無視して村にとどまりました。彼は主特性に忠実だったので、自分の身にそのようなことが起こるはずは無いと信じていたのです。しかし実際には起こりました。

〈聖職者〉

最初の例は「拒絶」を目標とし、「忍耐」のモードにある第三レベルの乳児期の〈聖職者〉で、「殉教」を主特性とし、〈知性センター〉にあって「運動」の要素をもつ「精神主義者」です。

この乳児期の〈聖職者〉は、現在ならキリスト教殉教者と呼ばれるような人物のうちの一人でしたが、どんな理由でもよかったのでしょう。このようなオーバーリーフをもっていたこの〈断片〉は、何らかの方法で犠牲を捧げることを避けられませんでした。三〇年戦争と呼ばれる闘争の間、この〈断片〉は第七レベルの青年期の〈聖職者〉として生まれ変わって、威厳があって向こう見ずなプロテスタントのドイツ人将軍として活躍しました。

二人目の例は「支配」を目標とし、「注意」のモードにある第六レベルの乳児期の〈聖職者〉で、「貪欲」を主特性とし、〈性センター〉にあって「知性」の要素をもつ「実用主義者」です。

この乳児期の〈聖職者〉は、ローマ皇帝クラウディウスの相手をするための奴隷でした。彼は口をきけないようにされて、皇帝のギリシャ人秘書に売られました。この秘書は彼を、気難しい皇帝クラウディウスの機嫌をとる目的で、皇帝に贈りました。この〈断片〉が長生きすることはなく、肛門に毒を隠し入れて自分を暗殺するために雇われた奴隷だと思い込んだクラウディウスの命令によって、殺されました。

三人目の例は「受容」を目標とし、「観察」のモードにある第五レベルの乳児期の〈聖職者〉で、「卑下」を主特性とし、〈感情センター〉にあって「知性」の要素をもつ「現実主義者」です。

この〈断片〉はオーバーリーフが活発な行動を妨げるために、この人生でほとんど何も達成することはありませんでした。しかし、彼女は自分の息子のために喜んで尽くし、その息子は一九世紀半ばのロシア正教会で、大司教の地位に就きました。

〈王〉

最初の例は「成長」を目標とし、「力」のモードにある第五レベルの乳児期の〈王〉で、「卑下」を主特性とし、〈知性センター〉にあって「感情」の要素をもつ「理想主義者」です。

この〈王〉は、魂のレベルによる制限をよそに前進する、わずかな可能性をもっていました。しかしよくある通り、主特性が彼を支配し、彼の周囲の青年期の魂たちから少し気がふれているが無害な存在と見なされながら、ケンタッキー州の小さな町で死んでいきました。酔っぱらった時、彼は急にかっとなることがありました。

二人目の例は「停滞」を目標とし、「抑圧」のモードにある第三レベルの乳児期の〈王〉で、「頑固」を主特性とし、〈運動センター〉にあって「知性」の要素をもつ「実用主義者」です。

この〈王〉の〈断片〉は子供の頃に去勢され、非常に簡単な軍事演習を受けました。彼はエジプトのルクソールで王家の財宝を守る仕事に就いていました。彼は若くして疫病で死にました。

三人目の例は「受容」を目標とし、「観察」のモードにある生まれたばかりの乳児期の〈王〉で、主特性をもたず、〈本能センター〉にある「禁欲主義者」です。

この乳児期の〈王〉は九年しか生きず、その短い人生のほとんどの期間を、修道女たちの非常に厳しい規則によって運営されている、フランスの孤児院で過ごしました。彼女はラテン語の祈りが覚えられなかったために、むち打ちの刑にあって死にました。

幼児期の魂

幼児期の魂のモットーは、「正しくやろう、さもなければ何もしない」であることを思い出してください。このサイクルにある魂が有名になることはごくまれですが、時おり有名になることもあります。しかし、乳児期の魂たちがより小規模な環境で重要な地位に就いて働いていることや、さまざまな組織の中で専心して誠実に働いていることは、珍しいことではありません。

ここでも私たちはそれぞれの種類について、三つの実例をあげます。あなたがたはオーバーリーフがサイクルや役割の中でどのように機能して、〈本質〉の仕事を助けるか、あるは妨げるかを理解することができるでしょう。

〈奴隷〉

最初の例は「支配」を目標とし、「観察」のモードにある第四レベルの幼児期の〈奴隷〉で、「卑下」を主特性とし、〈知性センター〉にあって「感情」の要素をもつ「理想主義者」です。

この最初の〈断片〉は、スペインの田舎の子供たちのための学校の、少々独断的な教師です。彼女は誠実に仕事に取り組んではいますが、予想できる通り彼女の態度はかなり厳しいために、冒険心の強い生徒たち、あるいは本当に優秀で才能のある生徒たちと、うまく付き合うことができません。生徒たちの大部分にとって、彼女は素晴らしい教師ですが、少数の生徒たちにとってはひどい教師です。

二人目の例は「受容」を目標とし、「忍耐」のモードにある第一レベルの幼児期の〈奴隷〉で、「殉教」を主特性とし、〈感情センター〉にあって「運動」の要素をもつ「実用主義者」です。

この二番目の〈断片〉は、テキサス州で素人の伝道者をしています。彼は宣教師になることを志願しました。これは彼の主特性である「殉教」の影響によるものだと、私たちは思います。彼は誠実で、法律に従う善良な市民であり、非常に信心深い人物であると思われており、実際にそのとおりです。そして本人のためを思えば、彼はあまりにも正直すぎるところがあります。

三人目の例は「拒絶」を目標とし、「攻撃」のモードにある第七レベルの幼児期の〈奴隷〉で、「傲慢」を主特性とし、〈運動センター〉にあって「知性」の要素をもつ「皮肉主義者」です。

この〈断片〉は、チリ政府の次官として権力を握っています。彼は抑圧的で無慈悲であるため、この人生でかなりのカルマを背負い込みました。幼児期の魂のサイクルの厳密な知覚と、彼の主特性とモードが合わされば、この〈断片〉が「いい人」になれるはずがありません。しかし、彼はいくつかの「悪い」オーバーリーフを選び、それを「より悪く」しました。

〈職人〉

最初の例は「停滞」を目標とし、「観察」のモードにある第二レベルの幼児期の〈職人〉で、「貪欲」を主特性とし、〈感情センター〉にあって「知性」の要素をもつ「実用主義者」です。

この最初の〈断片〉は、主特性以外はかなり中立のオーバーリーフをもっています。この女性は手先が器用です。彼女は生け花や刺繍が得意ですが、多くの人々は彼女を怠け者だと思っています。このようなオーバーリーフをもっていれば、そう思われるのも無理はありません。彼女の結婚生活はとてもうまくいっており、彼女はかなり穏やかで超然とした母親です。彼女は、第一次世界大戦中のドイツ軍の蹄鉄工だった前回の人生からのお休みをとっています。その人生で彼女は男性で非常にたくましく、この戦争に正義があることを確信していました。次の人生では、より活動的な生活を望むだろうと私たちは思います。次の人生でも、彼女はまだ第二レベルにあるでしょう。なぜならこのようなオーバーリーフをもっている場合、彼女が前進するために経験しなければならないモナドを完了することは、不可能だからです。

二人目の例は「成長」を目標とし、「力」のモードにある第五レベルの幼児期の〈職人〉で、「せっかち」を主特性とし、〈知性センター〉にあって「運動」の要素をもつ「懐疑主義者」です。

この〈断片〉の職業は電気技師で、教養があり、かなり聡明で、何人かの人々からは天才と見なされています。しかし彼は天才ではありません。彼の感情的な生活は、彼のモードと主特性のために、かなり混乱しています。

三人目の例は、「支配」を目標とし、「情熱」のモードにある第六レベルの幼児期の〈職人〉で、「傲慢」を主特性とし、〈感情センター〉にあって「運動」の要素をもつ「理想主義者」です。

この三番目の幼児期の〈職人〉は、危機的な第六レベルにあります。経験という意味において、ここが最も難しいレベルであることはすでに述べました。すべてのモナドとこのサイクルのすべての知覚が、第七レベルの理解と統合が起こる以前に、第六レベルで完了されなければなりません。この〈断片〉は、一六世紀のイタリアに楽器職人の家族の一員として生まれ、彼のいとこほど有名にはなりませんでしたが、素晴らしい楽器をつくり、そのうちの四つはいまだに使用されています。

〈戦士〉

最初の例は「支配」を目標とし、「観察」のモードにある第五レベルの幼児期の〈戦士〉で、「頑固」を主特性とし、〈知性センター〉にあって「感情」の要素をもつ「現実主義者」です。

この〈断片〉は大手百貨店の法律部門の責任者です。彼女はかなり有能ですが、非常に頑固です。彼女は会社の政略に深く関わっていますが、幼児期のサイクルに典型的なように洞察に欠けていて、このために彼女の行動がもたらす潜在的な危害に気づかないことがしばしばあります。驚くことに、この女性には〈偽の人格〉の働きがほとんどありません。彼女は若い頃から独立し、一人の理想的な教師によって法律の勉強へと導かれました。この教師の存在がなければ、彼女が法律を学ぶことは決してなかったでしょう。彼女はあまりにも多くの、あまりにも制限的な期待のために、ひどく苦しんでいます。

二人目の例は「服従」を目標とし、「注意」のモードにある第三レベルの幼児期の〈戦士〉で、「卑下」を主特性とする、「懐疑主義者」です。

この〈断片〉はアメンホテップの時代の奴隷で、カルナックの神殿で働いている時にチフスで死にました。この〈断片〉は現在、老年期の〈戦士〉になっていて、マイケル・グループのメンバーの一人です。

三人目の例は「成長」を目標とし、「抑圧」のモードにある第一レベルの幼児期の〈戦士〉で、「自己破壊」を主特性とする、「皮肉主義者」です。

この〈断片〉は第二次十字軍の時の騎士でした。彼は虐殺を大いに楽しみ、イスラム教徒の贅沢な社会をひどく恐れていましたが、イスラム教徒とユダヤ教徒の女性たちの小さなハーレムを維持していました。彼は少年奴隷の一人を相手に肛門性交をしているところを、彼の聴罪司祭に見つかった後に、自殺しました。

〈学者〉

最初の例は「受容」を目的とし、「注意」のモードにある、第六レベルの幼児期の〈学者〉で、「せっかち」を主特性とし、〈感情センター〉にあって「知性」の要素をもつ「現実主義者」です。

この〈断片〉はかなり有名な病理学者で、熱帯地方の病気を専門としています。彼は周到で、想像力が乏しく、非常に勤勉です。集団の人々を相手にすることが非常に苦手で、そのために研究室に引きこもっています。主特性のせいで、良い教師ではありません。

二人目の例は「支配」を目標とし、「情熱」のモードにある第七レベルの幼児期の〈学者〉で、極度の「頑固」を主特性とし、〈運動センター〉にあって「知性」の要素をもつ「精神主義者」です。

この〈断片〉は現在、ヨーロッパの著名な政治家で、問題を引き起こす才能をもった人物です。彼は自らの政治観念について独断的です。一方で、集中さえすれば物事をすばやく能率的に片付けることができます。ほとんどの〈学者〉は、〈本質〉の性質と異なるために「情熱」のモードを嫌いますが、この〈断片〉もそうです。彼が自分自身について心地よく感じることはまれで、幼児期の魂の知覚の限界のために、彼はこのような葛藤に効果的に対処するための洞察力に欠けています。

三人目の例は「妨害」を目標とし、「観察」のモードにある第四レベルの幼児期の〈学者〉で、「卑下」を主特性とし、〈運動センター〉にあって「感情」の要素をもつ「実用主義者」です。

この三番目の〈断片〉は、ローマカトリック教会の聖人です。彼女は非常に瞑想的で模範的な人生を、中世アイルランドで修道女たちのグループとともに過ごしました。彼女は読み書きができ、カトリックの教えにつくり変える意図をもって、アイルランドのさまざまな伝説を記録した、最初の人物のうちの一人でした。彼女の努力のおかげで、これらの伝説が彼女の宗教の教えに吸収されるのではなく、伝説として保存されたということを知ったら、彼女はきっと衝撃を受けることでしょう。

〈賢者〉

最初の例は「成長」を目標とし、「力」のモードにある第四レベルの幼児期の〈賢者〉で、野心的な「傲慢」

を主特性とし、〈知性センター〉にあって「運動」の要素をもつ、野心的な「理想主義者」です。

この〈断片〉は一九世紀の福音主義の伝道者で、彼の目的に従うかなり大勢の信奉者を集めました。彼はキリスト教の聖書を自分の都合のいいように解釈し、「真理」を見出したとして、それを群衆に伝えました。彼はかなりの富を得て、それを浪費し、八一歳の時にシカゴで肺炎の合併症のために死にました。

二人目の例は「服従」を目的とし、「観察」のモードにある第三レベルの幼児期の〈賢者〉で、「自己破壊」を主特性とし、〈運動センター〉にあって「知性」の要素をもち、陰極から行動する「禁欲主義者」です。

この〈断片〉は中国皇帝の息子の一人で、一九歳の時に彼の兄の代理人によって絞殺されました。彼は自殺癖とうつ病に苦しみました。もし彼が殺されなかったとしても、別の方法を見つけて長生きせずに死んだことでしょう。

三人目の例は「支配」を目標とし、「注意」のモードにある第六レベルの幼児期の〈賢者〉で、「貧欲」を主特性とし、〈知性センター〉にあって「感情」の要素をもつ「現実主義者」です。

このかなりの才能に恵まれた〈断片〉は、ロシアのピョートル大帝の宮廷で、重要な役職に就いていました。彼は皇帝の気まぐれにおもね、彼の旅行に同行しました。彼は非常に魅力のある男性で、表面的には愛嬌がありますが、非常に操作的でした。すなわち、彼はおべっかを使って力を獲得しました。彼は性病で死にました。


〈聖職者〉

最初の例は「拒絶」を目標とし、「観察」のモードにある第二レベルの幼児期の〈聖職者〉で、「卑下」を主特性とし〈知性センター〉にあって「感情」の要素をもった「現実主義者」でしたが、人生の後期に主特性を「傲慢」に変えました。

この〈断片〉は、宗教的ではなく学理的に「聖人ぶった」態度をあらわしていましたが、そのような態度が不利を招きました。この〈断片〉が貢献することを選んだ高い理想は数学でした。しかし、彼にはその備えがありませんでした。数学は普通、〈戦士〉、〈学者〉、そして〈王〉の職務だからです。彼は痛烈に批判し、教訓を与えようとし、社会的に厳格でした。この〈断片〉は現在、第三レベルの青年期の〈聖職者〉で、自ら革命的政治と呼んでいる活動を、彼女は非常に精力的に行っています。

二人目の例は「受容」を目標とし、「忍耐」のモードにある第七レベルの幼児期の〈聖職者〉で、「頑固」を主特性とし、〈運動センター〉にあって「感情」の要素をもつ「実用主義者」です。

この〈断片〉は、実際にアルメニアの正教会で聖職者をしています。彼は揺るぎない信仰心をもち、儀式に夢中になり、彼の教会にとって非常に重要な存在になっています。あなたがたにも予想できるように、彼の美徳の定義は偏狭なものです。彼の憧れは有益な活動に向けられ、もちろん彼自身は気づいていませんが、青年期のより活動的で世俗的なサイクルに向けた準備をしています。

三人目の例は「停滞」を目標とし、「注意」のモードにある第四レベルの幼児期の〈聖職者〉で、「せっかち」を主特性とし、〈知性センター〉にあって「運動」の要素をもつ「懐疑主義者」です。

この〈断片〉はかなり不幸です。彼は失敗するように条件づけられているからです。この様式を打ち破るために、彼にできることはほとんどありません。幼児期の魂の性質がそれを妨げるからです。彼は日本の小さな村で生活していますが、漁業と大工仕事の両方で失敗しました。どちらも彼には向いていませんでした。この人生で彼が前進することはないだろうと、私たちは思います。

〈王〉

最初の例は「受容」を目標とし、「観察」のモードにある、第五レベルの幼児期の〈王〉で、「貪欲」を主特性とする、〈感情センター〉にあって「運動」の要素をもった「理想主義者」です。

この〈断片〉は一九世紀の終わりから二〇世紀の初めにかけて、イギリスの大きな美術館の学芸員でした。保守的ながらも優れた眼識をもった気品のある男性として、この美術館のために数点の重要な作品を獲得し、そのことを独占的に誇りに思っていました。裕福な両親のもとに生まれ、幼い頃からお高くとまった態度を身につけ、死ぬまでそのままであり続けました。

二人目の例は「支配」を目標とし、「力」のモードにある第三レベルの幼児期の〈王〉で、「傲慢」を主特性とし、〈感情センター〉にあって「知性」の要素をもつ「現実主義者」です。

この〈断片〉は粘り強さと決断力で際立ち、成功している弁護士です。幼児期のサイクルの厳格さが、法律の細目を好むこの〈断片〉にとって役立っています。主特性のために、彼は法律と彼自身の地位のほうが、彼の依頼人の幸福よりも重要だと思っています。

三人目の例は「成長」を目標とし、「注意」のモードにある第六レベルの幼児期の〈王〉で、「頑固」を主特性とし、〈知性センター〉にあって「感情」の要素をもつ「懐疑主義者」です。この〈断片〉は映画会社の広告部門を運営しています。彼女はこの仕事に非常に優れていて、広告キャンペーンで二度表彰されました。説得力のある女性で、かなり厳しい規則で彼女の部門を運営しています。彼女はこの前の人生で、ドイツの鉱山労働者が自分たちを守るための組合をつくる手助けをしようとして、有罪判決を受けて絞首刑に処せられました。今回の人生で彼女は、彼女に借りがある男性がカルマを焼き払うことを拒んだので、その縁は彼女の次の人生へともち越されることになります。

青年期の魂

これは最も活動的で、世俗的で、外交的なサイクルであり、物質界に関する最も大きな進展がなされる時期です。このレベルで達成されるモナドは行いに関するものであり、かなり時間がかかる場合が多いです。自らの観点がどのようなものであっても、周囲の者たちを自分の観点に近づけようとするのが、青年期の魂の性質だからです。

〈奴隷〉

最初の例は「成長」を目標とし、「力」のモードにある第四レベルの青年期の〈奴隷〉で、「せっかち」を主特性とし、〈知性センター〉にあって「運動」の要素をもつ「現実主義者」です。

この〈断片〉は国連の代表で、東洋のある国の出身です。彼は粘り強さと、故郷の人々への気遣いと、人類全般に対する関心で名高い人物です。彼は知的に優れ、たゆみなく勤勉で同僚たちから尊敬されています。

二人目の例は「支配」を目標とし、「観察」のモードにある第六レベルの青年期の〈奴隷〉で、「貪欲」を主特性とし、〈知性センター〉にあって「性」の要素をもつ「理想主義者」です。

この〈断片〉はフランス国王の愛人で、相当な政治的権力を集め、彼女はその力を自分の家族と、彼女の他の愛人たちに利益をもたらすために使いました。彼女は美しく、道徳観念の無い女性で、国王がさまざまな貴族たちの愚かな道具にすぎないことに気づきました。彼女は国王に、王国の支配力を握らせることに成功しました。これは「観察」のモードにある成熟期の〈職人〉であった国王に求めるには、かなり厳しい要求でした。彼女はロレーヌ公爵の命令によって、毒殺されました。

三人目の例は「受容」を目標とし、「情熱」のモードにある第二レベルの青年期の〈奴隷〉で、「殉教」を主特性とし、〈運動センター〉にあって「感情」の要素をもつ「精神主義者」です。

この〈断片〉は第一七王朝のファラオ、ウアジケペルラー・カーメスで、約一〇年間統治しました。

〈職人〉

最初の例は「受容」を目標とし、「力」のモードにある第四レベルの青年期の〈職人〉で、「貪欲」を主特性とし、〈感情センター〉にあって「知性」の要素をもつ「懐疑主義者」です。

この〈断片〉はかなりの成功を収めているファッション写真家で、世界中を旅しています。彼は洋服を引き立たせ、モデルを衣類の背景のように使うことで有名です。彼は多くの人々が悪趣味、あるいは異常と見なすような、性的欲望をもっています。彼はいくつかの賞を受賞しています。これより三回前の人生で、彼は中国の地方の軍司令官の肖像画を実物通りに描いたために、処刑されました。

二人目の例は、「服従」を目標とし、「観察」のモードにある第七レベルの青年期の〈職人〉で、「卑下」を主特性とし、〈知性センター〉にあって「運動」の要素をもつ「禁欲主義者」です。

この二人目の〈断片〉は、彼の周囲の多くの人々にとって謎の人物です。このようなオーバーリーフをもっていれば、それは驚くことではありません。彼は技師としての訓練を受けましたが、やがて建築に興味をもつようになり、建築で成功するかのように思われた頃に彫刻に転向しました。私たちは彼が一生、この非生産的な道を歩み続けるだろうと思います。

三人目の例は「成長」を目標とし、「抑圧」のモードにある第三レベルの青年期の〈職人〉で、「殉教」を主特性とし、〈知性センター〉にあって「感情」の要素をもつ「皮肉主義者」です。

この〈断片〉は非常に苦しい人生を送りました。これほど難しいオーバーリーフをもっていれば、無理もありません。彼は一七世紀に鋳物工場を経営しており、大砲などのような戦争用の武器と、芸術作品の両方をつくっていました。彼は政権転覆の罪で告発され、実際に有罪であったために、三二歳の時に刑車で車裂きにされて死にました。彼が残した妻と六人の子供たちは、物乞いになりました。

〈戦士〉

最初の例は「成長」を目標とし、「力」のモードにある第三レベルの青年期の〈戦士〉で、「傲慢」を主特性とし、〈運動センター〉にあって「知性」の要素をもつ「皮肉主義者」です。

この〈断片〉は、ロシア皇帝イワン四世でした。彼のオーバーリーフはそう悪くはありませんでしたが、非常に際立った主特性と、〈偽の人格〉による圧力のために、彼はどんな間違いも認めることができなくなり、それがやがて狂気と思われるような事態につながりました。彼はこの人生で、数多くのカルマを背負い込みました。

二人目の例は、「支配」を目標とし、「観察」のモードにある、第五レベルの青年期の〈戦士〉で、「卑下」を主特性とし、〈感情センター〉にあって「運動」の要素をもつ「懐疑主義者」です。

この〈断片〉はある有名大学で古生物学の教授をしていますが、本当は外に出て化石を掘っているほうが性に合っています。彼はあなたがたが「運動選手」と呼ぶような人物です。彼の主特性がオーバーリーフを和らげていますが、それがなければ彼のオーバーリーフはかなり強烈になっていたでしょう。彼はいつかこの力を経験しなければなりませんが、この人生で彼はカルマの負債を清算することを願っており、これが清算するための良い方法だと思っています。

三人目の例は、「服従」を目標とし、「情熱」のモードにある第七レベルの青年期の〈戦士〉で、「頑固」を主特性とし、〈知性センター〉にあって「感情」の要素をもつ「精神主義者」です。

この〈断片〉はイタリアで最初の女性医師の一人でした。彼女は本当に優秀な医師で、彼女の男性の同僚たちよりも、はるかにまさっていました。彼女は患者の実際の治療にかなりの重点をおき、彼女の患者のほとんどが彼女に専心していました。この〈断片〉は再び物質界に転生しており、今回は特に犯罪者や重大な人格障害を扱う、かなり信望の厚い精神科医になっています。彼女は〈戦士〉ですが、転生の三分の二を女性として生きています。


〈学者〉

最初の例は「拒絶」を目標とし、「観察」のモードにある第二レベルの青年期の〈学者〉で、「傲慢」を主特性とし、〈知性センター〉にあって「感情」の要素をもつ「実用主義者」です。

この〈断片〉はイギリスのジェームス一世の統治下で、王国の監察官をしていました。

二人目の例は、「妨害」を目標とし、「攻撃」のモードにある第六レベルの青年期の〈学者〉で、「自己破壊」を主特性とし、〈運動センター〉にあって「知性」の要素をもつ「皮肉主義者」でした。

この〈断片〉はローマ皇帝クラウディウスでした。彼の体の障害は主特性の延長でした。

三人目の例は「受容」を目標とし、「力」のモードにある第四レベルの青年期の〈学者〉で、「卑下」を主特性とし、〈知性センター〉にあって「運動」の要素をもつ「現実主義者」でした。

この〈断片〉はビザンティン帝国の将官で、皇帝ユスティニアヌスから報酬としてこの地位を与えられました。彼の最も有名な戦勝はガリヤの戦いで、この時彼の軍隊はほぼ壊滅しました。この戦勝の報酬として、彼は皇帝から総督の地位を授かり、六二歳の時に心不全で死にました。現在この〈断片〉は女性として転生し、マイケル・グループの一員になっています。

〈賢者〉

最初の例は「支配」を目標とし、「観察」のモードにある第四レベルの青年期の〈賢者〉で、「せっかち」を主特性とし、〈知性センター〉にあって「感情」の要素をもつ「現実主義者」です。

この最初の〈断片〉は、作曲家ゲオルグ・フレデリック・ヘンデルでした。

二人目の例は「成長」を目標とし、「情熱」のモードにある第四レベルの青年期の〈賢者〉で、あまり目立たない「傲慢」を主特性とし、〈感情センター〉にあって「知性」の要素をもつ「理想主義者」です。

この〈断片〉は三〇代後半の、有名なブロードウェイの役者です。背が高く、見事な肉体をもち、催眠作用があるかのような優雅さと、公の場における役者らしい堂々とした物腰をもったこの男性は、かなり〈本質〉から作用しており、青年期の〈賢者〉の性質をあらわした見事な例です。

三人目の例は「支配」を目標とし、「観察」のモードにある第六レベルの青年期の〈賢者〉で、「傲慢」を主特性とし、〈感情センター〉にあって「知性」の要素をもつ「理想主義者」です。

この〈断片〉は、イギリス国王チャールズ一世でした。

〈聖職者〉

最初の例は「拒絶」を目標とし、「注意」のモードにある第一レベルの青年期の〈聖職者〉で、「貪欲」を主特性とし、〈知性センター〉にあって「運動」の要素をもつ「精神主義者」です。

この〈断片〉はピサロに同行してペルーに赴いた修道士で、インカ文明の滅亡に大いに関係しました。

二人目の例は「受容」を目標とし、「情熱」のモードにある中期サイクルの青年期の〈聖職者〉で、「殉教」を主特性とし、〈運動センター〉にあって「感情」の要素をもつ「理想主義者」です。

この二番目の〈断片〉は、作曲家ショパンでした。

三人目の例は「成長」を目標とし、「攻撃」のモードにある第六レベルの青年期の〈聖職者〉で、「貪欲」を主特性とし、〈知性センター〉にあって「感情」の要素をもつ「現実主義者」です。

この三番目の〈断片〉は、オリバー・クロムウェルでした。

世界に名を残した青年期の〈聖職者〉は、他にもいます。

ジョン・カルビンは「成長」を目標とし、「情熱」のモードにある第三レベルの青年期の〈聖職者〉で、際立った「傲慢」さを主特性とし、〈感情センター〉にあって「運動」の要素をもつ「理想主義者」でした。

ジャンヌ・ダルクは「支配」を目標とし、「情熱」のモードにある第六レベルの青年期の〈聖職者〉で、「殉教」を圧倒的な主特性とし、〈感情センター〉にあって「運動」の要素をもつ途方もない「理想主義者」でした。

ドミニコ修道会の創立者、聖ドミニクは「支配」を目標とし、「情熱」のモードにある第四レベルの青年期の〈聖職者〉で、「卑下」を主特性とし、〈感情センター〉にあって「運動」の要素をもつ「理想主義者」でした。

もう一人の作曲家ベルリオーズは「受容」を目標とし、「情熱」のモードにある中期サイクルの青年期の〈聖職者〉で、「せっかち」を主特性とし、〈知性センター〉にあって「感情」の要素をもつ途方もない「理想主義者」でした。

〈王〉

最初の例は「支配」を目標とし、「情熱」のモードにある第四レベルの青年期の〈王〉で、「傲慢」を主特性とし、〈知性センター〉にあって「運動」の要素をもつ「皮肉主義者」です。

この〈断片〉は、ロシアのエカテリーナ二世でした。

二人目の例は「停滞」を目標とし、「観察」のモードにある第七レベルの青年期の〈王〉で、「卑下」を主特性とし、〈感情センター〉にあって「運動」の要素をもつ「精神主義者」です。

この〈断片〉は、イスラエルの神学者であり歴史学者です。青年期の魂の限界のために、彼は哲学に取り組もうとしませんが、本当はとても取り組みたがっています。過去生のひとつでは、フランスで魔女として火あぶりの刑にあいました。

三人目の例は「妨害」を目標とし、「攻撃」のモードにある第三レベルの青年期の〈王〉で、「殉教」を主特性とし、〈知性センター〉にあって「感情」の要素をもつ「禁欲主義者」です。

この非常に難しいオーバーリーフをもった〈断片〉は、インドのセポイの反乱の指導者の一人でした。彼はイギリス人の圧制者たちを、極度に残忍に扱ったため、無慈悲に捕らえられました。

成熟期の魂

成熟期のサイクルでは、注意が内側に向けられるということを、思い出してください。そしてそこには、ある新しい認識があります。このサイクルはたいてい、最も困難なサイクルです。次から次へと浮かび上がる他者の認識が、彼ら自身についての新たな洞察を必要とするからです。

〈奴隷〉

最初の例は「受容」を目標とし、「観察」のモードにある第三レベルの成熟期の〈奴隷〉で、「頑固」を主特性とし、〈知性センター〉にあって「運動」の要素をもつ「現実主義者」です。

この〈断片〉はローマカトリック教会の人気のある司教で、アフリカ人であり、その誠実さと仲裁の才能のために評判が良く、英雄的な存在です。彼は学識の深い言語学者で、八つの言語を流暢に使いこなし、他に三つの言語もかなり上手に話します。

二人目の例は「支配」を目標とし、「力」のモードにある第四レベルの成熟期の〈奴隷〉で、ある程度予測のつく「せっかち」さを主特性とし、〈知性センター〉にあって「感情」の要素をもつ「理想主義者」です。

この〈断片〉は現在のアメリカ合衆国で最も尊敬され、最も遠慮のない女性運動家の一人です。彼女は誠実で、良識があって、深く尊敬される女性であろうとするために、数多くの女性たちが受け入れているような、標準的で抑圧された仕事をしていましたが、男女同権主義に関して、素晴らしい方法で男性と女性の両方に向けて発言するという、真の能力をあらわしました。このため多くの人々が彼女の言うことに耳を傾け、その発言についてよく考えます。

三人目の例は「拒絶」を目標とし、「注意」のモードにある第六レベルの成熟期の〈奴隷〉で、「卑下」を主特性とし、〈感情センター〉にあって「知性」の要素をもつ「実用主義者」です。

この〈断片〉は、欲深い青年期の〈賢者〉を妻とし続けるために、大金を横領しました。彼は自分が彼女に屈従する者と感じ、もし彼女が欲しいと言うありとあらゆるものを買い与えなければ、彼女に捨てられると思い込んでいました。有罪判決を受ける以前は、商業用の不動産を専門とする仲介業者でした。

〈職人〉

最初の例は「成長」を目標とし、「情熱」のモードにある第四レベルの成熟期の〈職人〉で、「傲慢」を主特性とし、〈知性センター〉にあって「感情」の要素をもつ「理想主義者」です。

この〈断片〉は天才芸術家、ミケランジェロでした。

二人目の例は「成長」を目標とし、「観察」のモードにある第五レベルの成熟期の〈職人〉で、「せっかち」を主特性とし、〈感情センター〉にあって「知性」の要素をもつ「理想主義者」です。

この〈断片〉はアレッサンドロ・フィリペーピで、彼は同時代人や友人からボッティチェッリと呼ばれていました。

三人目の例は「受容」を目標とし、「注意」のモードにある第四レベルの成熟期の〈職人〉で、「傲慢」を主特性とし、〈知性センター〉にあって「感情」の要素をもつ「理想主義者」です。

この〈断片〉はフランス人画家、アングルでした。

もう一人有名な芸術家で成熟期の〈職人〉だったのがゴッホで、「成長」を目標とし、「情熱」のモードにある中期サイクルの成熟期の〈職人〉で、「卑下」を主特性とし、〈感情センター〉にあって「知性」の要素をもつ「理想主義者」でした。この〈断片〉はこの生涯で深く苦しみました。彼にとって、制限された幼年時代の影響と、決して打ち破ることのできなかった〈偽の人格〉の影響が主特性と結びつき、彼の〈本質〉に抵抗していました。

〈戦士〉

最初の例は「成長」を目標とし、「力」のモードにある第一レベルの成熟期の〈戦士〉で、「殉教」を主特性とし、〈知性センター〉にあって「運動」の要素をもつ「実用主義者」です。

この〈断片〉は初期の新世界探検家のうちの一人でしたが、中央アメリカのある部族の人々に捕らえられ、拷問にかけられて死にました。

二人目の例は「支配」を目標とし、「情熱」のモードにある第五レベルの成熟期の〈戦士〉で、「頑固」を主特性とし、〈運動センター〉にあって「知性」の要素をもつ「理想主義者」です。

この二番目の〈断片〉は、イギリス国王リチャード三世でした。歴史は全体的に彼に厳しいと、私たちは思います。

三人目の例は「支配」を目標とし、「情熱」のモードにある第六レベルの成熟期の〈戦士〉で、「傲慢」を主特性とし、〈知性センター〉にあって「感情」の要素をもつ「現実主義者」です。

この三番目の〈断片〉は、五〇代の人気のある映画俳優で、印象的で貴族的な存在感をもった男性です。本来のひどく神経質な性質のために、彼は舞台よりも映画を好みます。〈賢者〉と違って、〈戦士〉は熱心な反響を邪魔に思っています。また、彼の主特性である「傲慢」は、以前にも私たちが述べた通り、内気さからきています。芸術に落ち着く以前、この〈断片〉は戦場で戦う〈戦士〉として、二十九回も生まれ変わりました。

〈学者〉

最初の例は「成長」を目標とし、「情熱」のモードにある第七レベルの成熟期の〈学者〉で、「せっかち」

を主特性とし、〈感情センター〉にあって「知性」の要素をもつ「理想主義者」です。

この〈断片〉は一九世紀の作曲家、ロッシーニでした。

二人目の例は「成長」を目標とし、「力」のモードにある第五レベルの成熟期の〈学者〉で、「頑固」を主特性とし、〈知性センター〉にあって「感情」の要素をもつ「実用主義者」です。

この〈断片〉はイギリス国王チャールズ二世で、彼は非常に抜け目のない、複雑な男性でした。

三人目の例は「支配」を目標とし、「観察」のモードにある第五レベルの成熟期の〈学者〉で、「せっかち」を主特性とし、〈知性センター〉にあって「感情」の要素をもつ「懐疑主義者」です。

この〈断片〉はウィリアム・シェークスピアでした。

成熟期の〈学者〉の芸術家には、他にもシベリウスがいます。彼は「成長」を目標とし、「注意」のモードにある中期サイクルの成熟期の〈学者〉で、かなり抑えられた「せっかち」を主特性とし、〈知性センター〉にあって「感情」の要素をもつ「理想主義者」でした。「注意」のモードにあるもう一人の中期サイクルの成熟期の〈学者〉は、ロシア人作曲家チャイコフスキーで、彼は「成長」を目標とし、主特性は「殉教」で、〈知性センター〉にあって「感情」の要素をもつ「理想主義者」でした。彼はこの時、罪の意識に悩まされる人生を送りました。

もう一人作曲家で、中期サイクルの成熟期の〈学者〉だったのがヴェルディで、彼は「受容」を目標とし、「情熱」のモードにあり、ある程度予想できる通り〈知性センター〉にあって「感情」の要素をもち、「頑固」を主特性とする「理想主義者」でした。

セルゲイ・プロコフィエフは「受容」を目標とし、「情熱」のモードにある第五レベルの成熟期の〈学者〉でかなり目立った「せっかち」を主特性とし、〈知性センター〉にあって「感情」の要素をもつ「理想主義者」

でした。

作曲家以外の芸術家では、フランス人画家ジャック・ルイ・ダヴィッドがおり、彼は「成長」を目標とし、「観察」のモードにある第七レベルの成熟期の〈学者〉で「頑固」を主特性とし、〈知性センター〉にあって「感情」の要素をもつ「実用主義者」でした。レベル、〈本質〉、オーバーリーフが、知覚にどのような影響を与えるかを明確に理解するためには、アングルとダヴィッドが描いた二枚のナポレオンの肖像画を見比べてください。アングルの肖像画は実物よりもよく見せた、ほとんど図像に近いもので、人物の容貌のすべての部分を最高に描き出しています。一方でダヴィッドは、深夜に書斎で髪を乱し、靴下がずれ落ち、疲れた目をしているナポレオンを描きました。ナポレオンは後者の肖像画を好んだと言います。なぜならその肖像画は、彼が目標を達成するためにどれほど努力したかをあらわしているからです。

宗教の分野では、キリスト友会またはクエーカー教の創始者ジョージ・フォクスがおり、彼は「成長」を目標とし、「情熱」のモードにある第七レベルの成熟期の〈学者〉で「卑下」を主特性とし、〈知性センター〉にあって「運動」の要素をもつ「理想主義者」でした。

〈賢者〉

最初の例は「支配」を目標とし、「観察」のモードにある第三レベルの成熟期の〈賢者〉で、「せっかち」を主特性とし、〈知性センター〉にあって「感情」の要素をもつ「懐疑主義者」です。

この最初の〈断片〉は、ヴォルフガング・テオフィロス（後にアマデウス）・モーツアルトでした。

二人目の例は「支配」を目標とし、「情熱」のモードにある第五レベルの成熟期の〈賢者〉で、気高い「傲慢」さを主特性とし、〈感情センター〉にあって「知性」の要素をもつ「理想主義者」でした。

この〈断片〉はフランス国王ルイ一四世でした。このようなオーバーリーフをもっていたら、彼は何かを支配せずにはいられなかっただろうと思います。

三人目の例は「成長」を目標とし、「情熱」のモードにある中期サイクルの成熟期の〈賢者〉で、「傲慢」を主特性とし、〈知性センター〉にあって「感情」の要素をもつ「懐疑主義者」です。

この三番目の〈断片〉は、スペイン人作家ミゲル・デ・セルバンテスでした。

もう一人著名な成熟期の〈賢者〉に、ジャコモ・プッチーニがいます。彼は「成長」を目標とし、「情熱」のモードにある第五レベルの成熟期の〈賢者〉で、「頑固」を主特性とし、〈運動センター〉にあって「感情」の要素をもつ「懐疑主義者」でした。このようなオーバーリーフは作曲家というよりは作家に典型的なものですが、彼の音楽には文学的感覚があります。

〈聖職者〉

最初の例は「成長」を目標とし、「観察」のモードにある第三レベルの成熟期の〈聖職者〉で、「せっかち」を主特性とし、〈知性センター〉にあって「感情」の要素をもつ「懐疑主義者」です。

この〈断片〉はメソジスト教会の創始者のうちの一人でした。この教会はより善意のある典礼の形式を探し求めるためにつくられ、確実に成功しました。

二人目の例は「成長」を目標とし、「力」のモードにある第六レベルの成熟期の〈聖職者〉で、「傲慢」を主特性とし、〈知性センター〉にあって「運動」の要素をもつ「現実主義者」です。

この〈断片〉はファラオ、ラムセス二世でした。

三人目の例は「成長」を目標とし、「情熱」のモードにある第六レベルの成熟期の〈聖職者〉で、疑わしくはありますがおそらくは「卑下」を主特性とし、〈知性センター〉にあって「感情」の要素をもつ「懐疑主義者」です。

この〈断片〉は偉大なスペイン人画家、フランシスコ・デ・ゴヤ・イ・ルシエンテスでした。

私たちは中期サイクルの成熟期の〈聖職者〉であった二人の作曲家、リヒャルト・ワーグナーとモデスト・ムソルグスキーにも注目したいと思います。ワーグナーは「支配」を目標とし、「観察」のモードにあり、かなり際立った「傲慢」さを主特性とする「懐疑主義者」で、〈知性センター〉にあって「感情」の要素をもっていました。ムソルグスキーは「成長」を目標とし、「情熱」のモードにある「理想主義者」で、〈感情センター〉にあって「知性」の要素をもっていましたが、主特性が「殉教」でした。

成熟期の〈聖職者〉全員が社会によく順応できるのではないということを示すために、切り裂きジャックと呼ばれた殺人鬼の例をあげましょう。彼は非常に心の乱れた中期サイクルの成熟期の〈聖職者〉で、「支配」を目標とし、「攻撃」のモードにあり「貧欲」を主特性とし、〈運動センター〉にあって「知性」の要素をもつ「皮肉主義者」でした。このビクトリア朝の殺人鬼のせいにされているすべての罪は、実際には一人によって犯されたのではなく、その大半はあるイギリス貴族の一家の長男であり、嫡出の継承者であった人物による犯行でした。この一家がまだ現存しているため、私たちはプラバシーを尊重し、彼らの名前を明かすことはしません。しかし、当時少なくとも一人の警察官が、この殺人鬼の正体を知っていました。

成熟期の〈聖職者〉であった偉大な宗教家たちの中には、アッシジの聖フランシスコが含まれます。彼は「受容」を目標とし、「情熱」のモードにある第四レベルの成熟期の〈聖職者〉で、かなり進んだ「卑下」を主特性とし、〈知性センター〉にあって「感情」の要素をもつ「理想主義者」でした。この〈断片〉のように聖痕をもつ者は、ほとんどが成熟期の魂ですが、中にはヒステリックな青年期の魂や幼児期の魂もわずかに混じっていることがあります。

ローマ教皇だったパウルス六世は「成長」を目標とし、「注意」のモードにある第六レベルの成熟期の〈聖職者〉で、「傲慢」を主特性とし、〈知性センター〉にあって「感情」の要素をもつ「精神主義者」でしたが、目標は陰極で経験されました。


〈王〉


最初の例は「支配」を目標とし、「観察」のモードにある第五レベルの成熟期の〈王〉で、「頑固」を主特性とし、〈感情センター〉にあって「知性」の要素をもつ「懐疑主義者」です。

この成熟期の〈王〉の〈断片〉は、かなり尊敬されているテレビ記者で、聡明さと粘り強さで有名です。この男性の知覚はしばしば、彼自身にとって辛いものであり、彼はそのような知覚を心の中から締め出してしまいました。これは彼がこのレベルで完了しなければならないモナドが、まだあるという意味です。成熟期のレベルのほとんどのモナドは感覚に関するものですが、この男性は少なくとも今回の人生では、自分自身の感覚を信頼することができませんでした。

二人目の例は「成長」を目標とし、「注意」のモードにある第二レベルの成熟期の〈王〉で、「傲慢」を主特性とし、〈感情センター〉にあって「運動」の要素をもつ「精神主義者」です。

この〈断片〉は世界的に有名なバイオリン奏者です。彼は今回の人生で、初めてバイオリンを弾いたのではありません。すぐ前の人生と、それ以前にも二回の人生で、彼は音楽に深い興味をもっており、このうちの二回の人生で少なくとも人生の一時期を、音楽家として過ごしました。

三人目の例は「服従」を目標とし、「忍耐」のモードにある第四レベルの成熟期の〈王〉で、「卑下」を主特性とし、〈運動センター〉にあって「知性」の要素をもつ「実用主義者」です。

この〈断片〉はヨーロッパ人の舞台監督です。彼は媒体を嫌い、むしろ生きた観客を相手にしたいと言って、映画をほとんどつくりません。それはある程度真実ではありますが、彼の目標と主特性からすると、彼はカメラの影に隠れて、自分の作品を一人暗闇の中で観る必要がありそうです。

もう一人の興味深い成熟期の〈王〉は、一九世紀の非常に優れた作家です。彼女の作品が発表された時、その作品は熱狂的流行を巻き起こし、彼女の表現様式は現代の基準からすると一般的ではないにも関わらず、その作品はいまだに読まれ続けています。彼女は「受容」を目標とし、「情熱」のモードにある成熟期の〈王〉で、主特性である「せっかち」がかなり強く、〈知性センター〉にあって「感情」の要素をもった「懐疑主義者」でした。

老年期の魂

老年期の魂の知覚の性質は、より大いなる全体が見えることだということを、思い出してください。老年期の魂のモナドのほとんどは、存在することに関係します。〈本質〉の進化という意味において、老年期の魂のサイクルは、すべてのサイクルの中で最も要求の厳しいものだということを覚えておいてください。すべての過去の記憶、負債と支払い、そして数々の転生での経験が、このサイクルにあるすべての人々の手にできる範囲にあるからです。

〈奴隷〉

最初の例は「受容」を目標とし、「観察」のモードにある第二レベルの老年期の〈奴隷〉で、「頑固」を主特性とし、〈知性センター〉にあって「感情」の要素をもつ「実用主義者」です。

この〈断片〉は、成熟期の〈賢者〉である夫とともにアメリカ中の心を引きつける役者です。彼女は良識があり落ち着いた気性をした女性で、気持ちの良い笑いのセンスと徹底的な専門家としての態度をもっています。

二人目の例は「支配」を目標とし、「情熱」のモードにある第五レベルの老年期の〈奴隷〉で、「傲慢」を主特性とし、〈運動センター〉にあって「知性」の要素をもつ「精神主義者」です。

この〈断片〉は、微気候学を専門とする植物学者です。また、彼女はアメリカ、イギリス、フランスで、広大な庭の設計もしました。

三人目の例は「成長」を目標とし、「観察」のモードにある第五レベルの老年期の〈奴隷〉で、「卑下」を主特性とし、〈感情センター〉にあって「知性」の要素をもつ「実用主義者」です。

この〈断片〉はユカタン半島のメリダ近郊で、釣り船の操縦士をしています。

〈職人〉

最初の例は「成長」を目標とし、「観察」のモードにある第四レベルの老年期の〈職人〉で、「頑固」を主特性とし、〈感情センター〉にあって「知性」の要素をもつ「理想主義者」です。この〈断片〉は芸術家ポール・ゴーギャンでした。

二人目の例は「服従」を目標とし、「注意」のモードにある第三レベルの老年期の〈職人〉で、「せっかち」

を主特性とし、〈感情センター〉にあって「運動」の要素をもつ「現実主義者」です。

この〈断片〉は難しい主特性のために苦労することもありましたが、他の点ではかなり穏やかで、付き合いやすい人物です。彼はロンドン近郊に住み、クラシック・カーの修復をしています。

三人目の例は「支配」を目標とし、「力」のモードにある第六レベルの老年期の〈職人〉で、「傲慢」を主特性とし、〈運動センター〉にあって「知性」の要素をもつ「懐疑主義者」です。

この〈断片〉は、老年期の〈職人〉にしてはかなり活動的なオーバーリーフをもっています。彼女は非常に有名なダンサーで、若く洗練された自然なスタイルは、どこで演じても賞賛を集めます。これは彼女がダンサーとして転生した、九回目の人生です。

〈戦士〉

最初の例は「支配」を目標とし、「観察」のモードにある第一レベルの老年期の〈戦士〉で、「せっかち」を主特性とし、〈知性センター〉にあって「感情」の要素をもつ「理想主義者」です。

この〈断片〉は近世の超一流作曲家、ストラビンスキーでした。彼は一九世紀初頭にも作曲家として生き、それ以前にも数多くの音楽団に所属していました。

二人目の例は「支配」を目標とし、「情熱」のモードにある第二レベルの老年期の〈奴隷〉で、「頑固」を主特性とし、〈感情センター〉にあって「知性」の要素をもつ「現実主義者」です。

この〈断片〉はまだ四〇代にならない、ドイツ人とイタリア人のハーフのバリトンで、主にヨーロッパで歌っています。彼は、このように進化したレベルにあっても莫大な〈戦士〉の活力をもった、体の大きい力強い男性です。クラシック音楽にも大衆的な音楽にも、等しく精通しています。

三人目の例は「受容」を目標とし、「力」のモードにある第六レベルの老年期の〈戦士〉で、かなり抑えられた「傲慢」を主特性とし、〈知性センター〉にあって「運動」の要素をもつ「実用主義者」です。

この〈断片〉は馬の繁殖家で、競技会や賞よりも動物に興味をもっています。彼は楽しむために、頻繁に馬に乗ります。彼はエジプトに住んでいます。

〈学者〉

最初の例は「支配」を目標とし、「観察」のモードにある第三レベルの老年期の〈学者〉で、「せっかち」を主特性とし、〈知性センター〉にあって「感情」の要素をもつ「理想主義者」です。

この〈断片〉は作曲家ベートーベンでした。

二人目の例は「成長」を目標とし、「観察」のモードにある第五レベルの老年期の〈学者〉で、「頑固」を主特性とし、〈知性センター〉にあって「感情」の要素をもつ「懐疑主義者」です。

この〈断片〉は芸術家であり、技術者であったレオナルド・ダ・ヴィンチでした。彼は時代からかけ離れた人物でした。

三人目の例は「成長」を目標とし、「情熱」のモードにある第二レベルの老年期の〈学者〉で、和らいだ「傲慢」さを主特性とし、〈知性センター〉にあって「感情」の要素をもつ「理想主義者」です。

この〈断片〉は作曲家ヨハン・セバスティアン・バッハでした。これは本当に優しい魂でした。

〈賢者〉

最初の例は「成長」を目標とし、「情熱」のモードにある第四レベルの老年期の〈賢者〉で、「傲慢」を主特性とし、〈知性センター〉にあって「感情」の要素をもつ「実用主義者」でした。

この〈断片〉は世界的に有名なオペラ歌手で、見事な声をもち、完全主義者な部分があるわりに、付き合いやすいと評判の男性でした。彼は若く、〈賢者〉らしい立派な外見と、非の打ち所の無い音楽の才能をもっており、それを歌う時にも指揮する時にも利用しました。

二人目の例は「受容」を目標とし、「観察」のモードにある第五レベルの老年期の〈賢者〉で、「卑下」を主特性とし、〈感情センター〉にあって「知性」の要素をもつ「理想主義者」です。

この〈断片〉は七〇代で、世界中で最も崇敬されている俳優のうちの一人です。彼は間違いなくそれに値する人物です。彼は平凡で控え目な私生活でのふるまいで有名ですが、それは彼の主特性の影響によるものです。

三人目の例は「支配」を目標とし、「情熱」のモードにある第五レベルの老年期の〈賢者〉で、「せっかち」を主特性とし、〈知性センター〉にあって「感情」の要素をもつ「精神主義者」です。

この〈断片〉は人道主義的で人気があったローマ教皇（ヨハネス二三世）で、進歩的で愛嬌があって、機知に富んだ人物だったことで有名ですが、宗教に関係なく、全世界に対して深く誠実な関心をもっていた人物でもありました。


〈聖職者〉

最初の例は「受容」を目標とし、「情熱」のモードにある第二レベルの老年期の〈聖職者〉で、「頑固」を主特性とし、〈感情センター〉にあって「知性」の要素をもつ「理想主義者」です。

この〈断片〉は世界的に有名な空想科学小説家で、四〇年近くにわたってこの仕事をしています。彼の作品は詩的で、人道主義的なことで知られています。彼の書く量はあまり多くはありませんが、その作品の質は非常に高いものです。これは燃えるような情熱を経験したがっている、穏やかな魂です。

二人目の例は「妨害」を目標とし、「観察」のモードにある第五レベルの老年期の〈聖職者〉で、「卑下」を主特性とし、〈感情センター〉にあって「運動」の要素をもつ「現実主義者」です。

この〈断片〉はしばしばカウンセラーとして働いたことのある、非常に賢い女性です。彼女のオーバーリーフに本来備わっている葛藤のために、彼女はしばしば心理学者や精神科医の助けを求めることがありますが、この問題はそのような手段で解決につながるものではありません。そして皮肉なことに、彼女は自らの知恵と実例を通して、彼女がこれまでに他者から受け取った以上に、周囲の人々のために永続的に利益になるようなことをしています。

三人目の例は「成長」を目標とし、「注意」のモードにある最終レベルの老年期の〈聖職者〉で、「せっかち」を主特性とし、〈運動センター〉にあって「知性」の要素をもつ「実用主義者」です。

仕事で生計を立てていました。また、彼女はオレンジ公ウィリアムやテンプル騎士団とともに戦いました。彼女は芸術と詩に興味をもっていますが、彼女は過去の人生において、その両方のうなことをしています。

この〈断片〉はアラスカに住み、犬を育てています。彼女の過去生のうちで最も際立ったのが、青年期のサイクルにおける人生で、その時彼女は最も熱心でした。その人生で彼女は、ソクラテスの仲間であり記録係であったプラトンでした。

〈王〉

最初の例は「受容」を目標とし、「観察」のモードにある第四レベルの老年期の〈王〉で、「せっかち」を主特性とし、〈知性センター〉にあって「感情」の要素をもつ「懐疑主義者」です。

この〈断片〉は家具職人であり、バーテンダーで、鋭い洞察と優れた眼識をもつ男性です。後者であることを彼は慎重に隠しています。

二人目の例は「支配」を目標とし、「観察」のモードにある第六レベルの老年期の〈王〉で、「傲慢」を主特性とし、〈感情センター〉にあって「知性」の要素をもっています。

この〈断片〉は魅力ある老年期の〈王〉です。魅力ある老年期の〈王〉たちは常に第六レベルにあり、彼らが引きつける人々全員がその仕事と協定を完了するまで、第六レベルにとどまり続け、必要なだけこのレベルに生まれ変わります。この〈断片〉は第二レベルの老年期の〈王〉の時に、ロレンゾ・デ・メディチとしてフィレンツエを支配しました。

三人目の例は「受容」を目標とし、「観察」のモードにある第二レベルの老年期の〈王〉で、「頑固」を主特性とし、〈知性センター〉にある「実用主義者」です。

この〈断片〉は木こりであり、森の住人で、一九世紀の終わりにアメリカに移住し、孤立した山の生活共同体の中で、かなり貧しい生活を送りました。これ以前の人生でも、彼が王冠を被ることはありませんでしたが、二度の人生を探検家として生き、一度はエジプト、もう一度はポルトガルを探検しました。彼が馴染みのない場所への興味を失うことは、決してありませんでした。

【8章：追加情報】

ここで私たちは、これまでにあげた実例の中に、オーバーリーフの〝目録〟の中から「忍耐」のモード、「力」のモード、「情熱」のモード、そして「理想主義者」の態度が頻繁に登場する理由について述べたいと思います。これらの組み合わせは、非常に〝要求の厳しい〟人生の仕事に取り組んでいる〈断片〉に、広く行き渡っています。普通はほとんどの人生にとって、あまり厳しくないオーバーリーフが選ばれ、そうすることで〈断片〉にはより幅広いさまざまな〝好機〟が開かれ、人生の仕事を〝遂行する〟さまざまな方法が開かれます。オーバーリーフの性質が他のオーバーリーフよりも強い調子をもっている時、〈断片〉はそのようなオーバーリーフの影響力を、強力でないオーバーリーフよりも密接に感じます。そのようなオーバーリーフが、それを引き受けた〈断片〉の〝要求を厳しく〟するということではありませんが、そのような人生計画は、〈断片〉が定められた行動手段に集中し、それを守り続けるように維持する〝傾向がある〟モードと態度とともに、進んで取り組まれるようになっています。そして手近にあるすべての仕事を完了するための、十分な動機も提供します。私たちは以前にも述べましたが、ここで繰り返して言います。現存しているあなたがたの種（そして他の魂を持った種）のうち、約八五パーセントの〈断片〉は、「観察」あるいは「注意」のモードにあり、「受容」を目標とし、「実用主義者」の態度をもっています。（〈学者〉の筆記録より）

9章　理解とオーバーリーフ

「私は最初、主特性について、マイケルは間違っていると思いました」とジェシカがゆっくりと首を振りながら言います。「でもマイケルがこの情報を最初に伝えてから何年も経って、私にはこれがよく当たっていることがわかってきました」

ルーシーも同意します。「結婚に失敗した後、私はとても辛い時期を過ごしましたが、そこには価値のある学びもたくさんありました。私の元夫は、相互に対立するオーバーリーフをもっていて、今では私もそのことを理解しているので、彼と向き合う時に以前のような失敗をすることが無くなりました」

「あなたはもう、彼と一緒に生活しなくていいのだから、それは大きな違いでしょう」とジェシカが指摘しました。

「ええ、そうです。もちろんそれは否定しません……。でもそれだけでは無いのです。彼は〈知性センター〉にあって「感情」の要素をもっているのですが、一緒にいるのが困難な時ほど、彼はいつも自分が理性的であると主張していました。そして彼の主特性は『卑下』なので、最悪の状況に陥ると、謙遜し、謝罪する態度をとるのです。かつての私は、このために気が狂いそうになっていました。私が『情熱』のモードにあるせいだとは言わないでください。そんなことはわかっているのですから」と彼女は素早く付け加えます。

「そんなことを言おうとは、夢にも思わないよ」とウォルターが笑いました。そして彼は少しまじめになって言います。「オーバーリーフには、驚くほど首尾一貫した傾向があります。最近グループのメンバーの一人が、彼女の友人について知りたがっていました。その友人は知的に優秀な女性ですが、脳卒中で倒れてから、依存状態にある自分の健康状態に適応できずにいました。マイケルはこの女性のオーバーリーフを伝え、いくつか意見をしました。その結果、グループのメンバーの女性は、その友人と以前よりうまく付き合えるようになりました」

マイケルは何と言ったのですか？

この女性は「成長」を目標とし、「観察」のモードにある第四レベルの成熟期の〈学者〉ですが、主特性が「自己破壊」で、完了しなければならないいくつかの非常に困難な一連の出来事があり、そのうちのひとつに依存状態に関わるものが含まれています。自立も依存も、経験しなければならない人生の学びのひとつであるということを、忘れないでください。〈本質〉の役割の中には、〈戦士〉や〈学者〉、〈王〉などのように、他人の助けを受け入れる前に、自分自身をほぼ無能にしなければならないというものもあります。

「ケイトはこの情報をとても実用的方法で使っています」とジェシカが言います。「彼女の友人に対してだけでなく、彼女の人生の他のさまざまな側面に応用しています。彼女も成熟期の〈学者〉で、幅広い宗教的背景をもつ人類学の生徒です」

それはマイケルが言ったことのほとんどが、ためになっているということですか？

「もしあなたが好ましいかという意味できいているのなら、そうではありません。もし助けになって、役に立っているかという意味できいているのなら、確かにそうです。ひとつ素晴らしい例をご紹介しましょう。

私の職場では最近、新しい管理者を迎えましたが、彼はとても付き合いにくい男性です。頑固で、独裁的で、人と交わりたがりません。私たちは彼のオーバーリーフをマイケルからききました。この男性は『支配』を目標とし、『観察』のモードにある、第五レベルの成熟期の〈戦士〉で、『せっかち』を主特性とし、〈知性センター〉にあって『運動』の要素をもつ、『懐疑主義者』です。私は〈学者〉なので、職場の多くの人たちよりも、少しは彼と付き合いやすいのですが、私たちの職場ではこの成熟期の〈戦士〉の下で、四人の〈職人〉が働いているので、〈戦士〉が近づこうとすればするほど、〈職人〉はどんどん距離をとろうとするのです。そして主特性が『せっかち』であるために、彼は仕事を即座に終えたがります。オーバーリーフはそう悪くはなく、実際にはかなりいいのですが、彼は精力家で、ある意味においては素晴らしいビジネスマンですが、職場の他の人たちにとっては障害になっています。さらに本当に困ったことには、私たちの課の上司は青年期の〈賢者〉で、かなり名誉欲の強い人なのですが、彼が自己権力を拡大しようと行動する時には、いつでも成熟期の〈戦士〉であるこの管理者が彼を攻撃しようとします。〈職人〉は今でも〈戦士〉を恐れてはいますが、彼が側にいてくれることを喜び始めており、私は〈職人〉にもう少し余裕を与えるよう、〈戦士〉を説得しているところです」

「あなたにはそれができると思いますか?」

「『観察』のモードにある成熟期の〈戦士〉を相手にできないはずはないと思います」と言ってジェシカがにっこり笑います。

「それはあなたの『傲慢』さが言わせていることかもしれないわね」とルーシーがからかって言います。

「そんなことないわ」とジェシカが答えます。話をしている間にコーヒーが冷めてしまったので、ジェシカが新しくいれなおそうと言って席を立ちます。「時々夢中になって我を忘れてしまうことがあります。私はあまりにも長い間これに取り組んでいるので、誰もが同じように関わっているのではないのだということを、忘れてしまうことがあるのです。私は時々私の管理者に、『あなたは〈戦士〉なのだから、どうしようもありません』と言ってやりたくて仕方なくなることがあります。彼には私の言っている意味がわからないし、私が彼にそれを説明するなどということは、断じてできません」と、台所から戻りながらジェシカが打ち明けます。

ルーシーが強くうなずきながら言います。「あなたの言いたいことがすごくよくわかるわ。私がとにかく我慢ならない男性に出会った時のことを覚えているでしょう。私は彼と目が合った瞬間から、すでに彼に我慢がなりませんでした。そのまま方向転換をして、自分が働いている職場から立ち去りたいと思ったくらいです。そして最悪なことに、彼は私を素晴らしいと思うことにしたのです。三日後、私はこのことについてマイケルに質問しました。彼は私とこの男性のオーバーリーフが互いをすり減らすだけでなく、さらにひどいことにこの男性は以前の人生で、私に対するかなり大きな借りがあり、彼はその支払いをしたがっているのだと言いました。私の〈本質〉の部分は彼が自分に何をしたかを知っているので、彼を避けたがっているのだそうです。これはかなり奇妙な関係です」

その関係はどうなりましたか？　この男性はどうにかしてルーシーに借りを返しましたか？

「いいえ、まだです。私は彼が側にいることに耐えられないのですが、まだはっきりと彼を拒絶していませんし、そうしないように努力しています。本当に困ったことには、彼はいつも私のために何かしようとし続け、それはもはやあきれるほどです。彼は一度私に、なぜ自分がこのような行動をとるのかわからないと言いました。彼は私に性的興味をもっているのではありません。私は彼の好みのタイプとはまったく違います。そのことに私はとても感謝しています」少しホッとしたような身振りをして、ルーシーは言います。「今でさえ私は彼に我慢ならないのに、もし彼が性的な目的で近づいてきたら、私はもうこの仕事を辞めなければなりません」

そうなった場合、負債はどうなりますか？

「別の人生に延期されます」とジェシカが説明します。「マイケルによると、支払いを受けることを拒否することができるそうです。いつかは受けなければなりませんが、選択権は私たち自身にあります。協定を実行することを拒否することもできます。すべては選択の問題です。しかしいつかはそのような状況に向き合わなければならず、そうしなければ成長はありません。私たちは同じレベルにはまり続けることになるのです」

ルーシーがため息をついて言います。「この男性は〈聖職者〉で、青年期にあるのですが、彼は自分が全身の毛穴から啓蒙を発していると、絶対に思い込んでいます。私は思わず叫びたくなることがあります」叫ぶ代わりに彼女は微笑んで続けます。「私の集合的存在には、〈賢者〉、〈聖職者〉、〈職人〉、そして〈学者〉がいますが、この男性がその中の一人でなくて、本当に良かったと思います。これには本当に安心します」

ルーシーは彼女の集合的存在のメンバーを知っているのですか？

「私の知っている限りでは、八人に会いました。ほとんどの場合、彼らを知ることは非常に嬉しいことでした。私は彼らが好きです」と言って彼女は、ウォルターを身振りで示します。「私たちは同じ集合的存在の一員で、エミリーもそうです。これはかなり洗練された集合的存在です」

このことについてウォルターはどう思いますか？

「一緒に成長しなくてすんだ姉妹がいるかのようです。エミリーもそうです。私は〈職人〉、エミリーは〈学者〉、そしてあちらのルーシーは〈賢者〉です。不思議な方法で、私たちは互いに補いあっています」

本当の兄弟、姉妹として生まれていたら、もっと良かったのではありませんか？

「マイケルは同じ集合的存在の仲間が、同じ家族に生まれることはよくあることだと言いました。そしてそのようなことが起こる時には、たいていある特別な理由があるのだそうです。そうでなければそのような関係は、あまりにも圧倒的になってしまいます」と言って、ジェシカはコーヒーの入ったポットをリビングに持ってきました。「誰か砂糖とミルクが欲しい人はいますか？　欲しい人がいれば持ってきますけど」と言って彼女は再び曲げ木の揺り椅子に座りました。

「マージョリーの話はどうかしら」とルーシーがたずねます。

「そうそう、あれは興味深い話ね」とジェシカが言います。「マージョリーは一年ちょっと前にこのグループに参加しました。彼女は生物科学を研究している、三〇代前半のとても良識のある女性です」

「彼女には素晴らしい笑いのセンスもあります」とルーシーが付け加えます。

マージョリーはマイケル・グループに参加してすぐ後に、自分がなぜ火を恐れるのかについて質問しました。

ほぼすべての恐怖症は、過去の人生から記憶されている精神的外傷です。マージョリー、あなたの場合は燃える建物の中で死んだ経験があり、その時の記憶がまだかなり鮮明に残っているのです。その恐れを乗り越えられれば、あなたはその人生から学ぶことがかなり多くあることに気づくでしょう。

マージョリーが続けて話します。「ドイツに行った時、私は以前にもここに住んでいたことがあるというような、不思議な感覚を味わいました。私の滞在先の家族は、とてもなじみ深いように思えました。特に私の保証人の母親は本当に素晴らしかったので、彼女が外国人を嫌うときかされた時には、少し驚きました。私とこの人たちには何か結びつきがあるのでしょうか？　私は以前にも彼らを知っていたのでしょうか」

まず、あなたとあなたの保証人は、かつて香辛料や原住民を取引する仕事を一緒にしていました。あなたはその事業で、物質的にかなり成功しました。それは一七世紀のことです。しかし、より最近のつながりもあります。以前あなたがドイツに住んでいたというのは、正解です。あなたはこの前の人生でそこに住んでいました。あなたは医者でした。

「それはいつのことですか」

あなたはそこで一九四四年に死にました。

「私は抵抗運動の一員だったのですか、それともナチスですか」彼女はこの質問の答えに対して、とても神経質になったと打ち明けました。

あなたはナチス党員でも、抵抗運動の一員でもありませんでした。あなたはどちらにも加担していません。

「私はフランクフルトで死んだのでしょうか？　そこに私の保証人と彼の家族が住んでいます」

いいえ。あなたはドレスデンで死にました。五六歳でした。五人いたあなたの子供たちのうち、一人はまだ生きています。彼女はあなたの志を継いで医者になりました。あなたはこのことに気づいているでしょう。

マージョリーは沈黙したままでした。

「私はマージョリーにどうかしたのかとたずねました」とジェシカが振り返ります。「彼女は真っ青になっていました」

「私の保証人の母親は、医者です。彼女の家族は、全員が戦争中に殺されました」

質問される前に、ジェシカはこのことについて何か知っていましたか？

「マージョリーがドイツに行ったことがあることを知っていたかという意味ですか？　以前に彼女からそんな話をきいたことはありましたが、詳しいことは何もきいていませんでした。彼女がそこに住んでいたとは、知りませんでした。彼女は旅行か何かで、ドイツに行ったのだと思っていました」

少し落ち着いてから、マージョリーは質問しました。「そんなに早く生まれ変わるというのは、珍しいことではありませんか？　私は一九四八年生まれなので、たった四年しか経っていません」

やりかけの仕事がある場合、素早く生まれ変わるのは珍しいことではありません。

「マージョリーは信じられないようでした。それは無理もないと思います」と言ってジェシカは立ち上がり、バラ色の夕日の光を遮るために、カーテンを閉めました。「彼女はその後しばらくの間は、ドイツに戻れないものと確信していました。彼女はある調査計画に取り組んでいて、大学内にとどまることを必要とされており、ウィージャ盤に言われたことのために、仕事と責任をすべて投げ出すつもりはまったく無いと彼女は言っていました。ところが……」と言って、ジェシカは意味ありげに笑いながら続けます。「似たような研究がドイツで行われていることがわかり、ドイツの大学が一定期間彼女を招待し、彼女の研究と彼らの研究を符号させるために、彼らの調査計画の手助けをしてくれるようにと依頼してきたのです」

「焼夷弾攻撃を受けて、ドレスデンで死んだりすれば、マージョリーのような恐怖症にもなるはずです」とルーシーが付け加えます。

セッションの中で、他にも似たような驚くべき事実が告げられましたか?

「ええ、たくさん」とジェシカが言います。「ほとんど恐ろしく思えるようなこともありました。約二年間セッションに参加していた男性がいたのですが、彼はその後去っていきました。彼は知りたくないことを知りすぎてしまったのです」

「彼は楽な答えを求めていました」とルーシーが説明します。「マイケルが楽な答えをくれることは、ほとんどありません」

何が問題だったのですか?

「問題をひとつだけ取りあげるのは、難しいです。ジャックには解決しなければならない問題が、たくさんありました」と言ってジェシカはため息をつきます。

ジャックが参加した最初の頃のセッションで、彼は常に罪の意識や、悔い改めなければならないという気持ちを感じていて、いったい何が自分にそのように感じさせているのかが、どうしてもわからないと言いました。この三年の間に、彼は精神分析を何度か受けたりしていましたが、助けにはなりませんでした。彼は退行療法を受ければ、何かわかるのではないかと考えているところでした。

このジョナサンという男性は「注意」のモードにある、第二レベルの成熟期の〈賢者〉です。彼は〈感情センター〉にあって「知性」の要素をもつ「実用主義者」で、主特性は「頑固」です。彼は実際に焼き払わなければならないカルマのリボンを数多くもっています。彼が考えている退行療法は、私たちに言わせれば、自発性に欠ける男性が複雑さを求めるひとつの例にすぎませんが、これは自発性に欠ける男性が罪と呼ぶことに関して、罰せられたいという彼の必要性も示していると言えます。罪は無く、カルマがあるだけです。邪悪は無く、マーヤーがあるだけです。あなたはカルマの借りを返すことになるでしょう。しかし退行することによってではなく、勤勉に取り組むことによって返済します。「天」からあなたを罰してくれる者は誰もいません。あなたはあなたをむち打ってくれる誰かを「地上」に見つけ出さなければならないのです、ジョナサン。

「私をジャックと呼んでくれませんか？　そのほうが慣れているので」

マイケルはあだ名や愛称を使わないことを、リーが説明しました。

「それはなぜですか」

あだ名は〈偽の人格〉の一部です。それは時にはその魂の両親の〈偽の人格〉であって、魂自身のものでない場合もあります。両親はしばしば子供に社会的重要性のある名前を与えて、すぐに変えてしまうことがあります。

「話が逸れてしまいました」と、応えが読み返されたあとで、ジェシカが言いました。「ジャックは他に何を知りたいですか？」

「もし私に借りがあるとしたら、誰に借りがあるのですか、そしてその理由は何ですか？」彼は少し好戦的にききました。

ジョナサンという男性が二回裏切った〈断片〉がいます。一度は中国で清朝が始まった頃です。当時ジョナサンという男性は法廷で判事をしており、哲学的問題に関する自分の裁定に反対した古くからの友人を、自らの権力と影響力を利用して有罪判決にしました。彼が裏切った〈断片〉は当時、「観察」のモードにある成熟期の〈王〉で、その人生で彼は卓越した音楽家であり詩人でした。ジョナサンという男性は、自分の友人を犠牲にして、自らの政治的権力を向上させようとしたのです。この最初の負債は、次に生まれ変わった時にジュネーブで支払われました。その時ジョナサンという男性は、相手の〈断片〉が当時の宗教的教えに反する活動をしていることを知っていましたが、そのことを明かさずに自らが有罪判決を受け、刑車で車裂きにされました。

「彼はどのような禁止された活動をしていたのですか」

彼は錬金術的性質の実験をしていました。

「私は彼とどのような関係があったのですか」

成熟期の〈王〉はこの時、アウグスティヌス主義の〈聖職者〉で、あなたは彼の愛人でした。この関係は公にひんしゅくを買っていましたが、相当に知れ渡っていました。

「その人生で私は女だったのですか？」とかなり動転してジャックがたずねました。

あなたは数多くの人生で、女性として生きています。あなたの女性としての人生が非常に苦しいものであったことは、私たちもわかっています。これは多くの人々が肉体だけを見て、魂の性質を知覚しようとしないことによって起こる、物質界の無知のひとつです。ジョナサンという男性は、女性の体を通して得られた知識を拒絶することを、自分自身に許してはなりません。

ジャックはこの応えに混乱して、このような話題から逃げ出したがっているようでした。

「その人生でなぜ私は彼のために罰せられたのですか？　私は何をしたのでしょうか？」

あなたは、あなたの愛人の実験について知っていて、そのような実験が教会の教義に反していることも知っていました。あなたの両親は、あなたの逮捕に反対しませんでした。あなたは数ヶ月間投獄されましたが、自分の知っていることを明かしませんでした。投獄されたことによってあなたの体は弱り、死はかなり早くに訪れました。あなたの魂は、あなたの肉体が死ぬ前に移行し始めました。

「なんということだ」とジャックが囁きました。「私はそれを何度か夢に見たことがあります。私の愛人はどうなりましたか？」

彼はあなたが殺される少し前に、自白書を書いて自殺しました。彼はあなたがまだ生きていたことを知らず、こうしなければならないと考えたのです。

「しかしあなたは私が再び彼、または彼女を裏切ったと言いました。それはいつのことですか？　私たちは対等だったのではないのでしょうか？」

あなたが言うように対等であるということは、新しい負債をつくることが無いという意味でも、古い負債に追加することが無いという意味でもありません。あなたの二度目の裏切りは、一九世紀後半のスコットランドで行われました。

この時あなたは成熟期の〈王〉の父親で、娘に愛し合っている男性がいることを知りながら、その関係を認めず、自分の政治的利益のために無理矢理別の男性と結婚させました。あなたはおそらく今回の人生で、再び負債を支払わなければなりません。

「知らない相手にどうやって負債が支払えるでしょうか？」とジャックが抗議しました。「それとも私は彼を知っていますか？　私は何をすればいいのでしょうか？」

あなたがしなければならないことは、何もありません。それはあなたの選択次第です。あなたはこの成熟期の〈王〉を認めたくないと思っています。彼女は現在、老年期の〈王〉になる前の最後のサイクルにあります。そうです、あなたはこの人物を知っています。あなたは彼女が嫌いです。あなたは彼女への借りを支払うことに抵抗しています。

ジャックは怒り始めていました。「せめてヒントぐらい与えてもらえませんか？　それも無理な注文でしょうか？」

あなたはカルマのリボンに何と執着していることでしょう！　第七レベルの成熟期の〈王〉は「受容」を目標とし、「忍耐」のモードにある「懐疑主義者」で、「卑下」を主特性とし、〈運動センター〉にあって「感情」の要素をもっています。彼女はとても才能に恵まれていて、あなたは彼女を神経症と見なしています。あなたは嫌でも彼女に引き付けられています。その引きつける力は、あなたのカルマのリボンが引き寄せているものです。

その後ジャックはどうなりましたか？

「すでに言った通り、彼はもうこのグループにはいません」とジェシカが言います。「彼はしばらくの間我慢していましたが、やがておびえるようになりました。彼は再び療法を受けています。彼がいつか、誰かは知りませんがその成熟期の〈王〉と向き合う方法を見つけることを願っています。なぜならマイケルは、ジャックがその借りを返すのを先延ばしにすればするほど、支払いがより難しくなると確信していたからです」

「もちろん、強く引きつけられる力のすべてが、負債だということではありません」とルーシーが素早く付け加えます。「同じ集合的存在の仲間たちも、互いに惹かれ合います。そしてもし〈本質〉の役割が同じだった場合、役に立つ情報がたくさん得られます」

「オーバーリーフを提供することには、矛盾がありません」とジェシカが言います。「同じ集合的存在の二人の老年期の〈職人〉がいて、一人が『服従』を目標とし、『情熱』のモードにあるとして、もう一人が『拒絶』を目標とし『注意』のモードにあるとしたら、この二人の間にはかなりの問題が起こるでしょう。このような関係は、非常に難しいかもしれません。特に『拒絶』を目標としている人のほうは、そもそも人間関係をもちたがらないのですから」

「トレーシー・ローランドはセッションでウィージャ盤を担当するもう一人の女性ですが、彼女は同じ集合的存在の仲間と、特別な関係を築いています」とルーシーが言います。「彼女と彼女の友人は、とてもよく似ています」

「二人の違いは二ヶ所だけだと思います」とジェシカが言います。「トレーシーは『成長』を目標とし、『観察』のモードにある第三レベルの老年期の〈戦士〉で、『傲慢』を主特性とし、〈知性センター〉にあって『運動』の要素をもつ、『理想主義者』です。そして彼女の仲間は『成長』を目標とし、『観察』のモードにある、第三レベルの老年期の〈戦士〉で、『傲慢』を主特性とし、〈知性センター〉にあって『感情』の要素をもつ『懐疑主義者』です。二人は同じ集合的存在の出身で、マイケルは二人が三度戦友として生き、戦いの中で二度一緒に死んだことがあると言ったのを覚えているでしょう。ということは、二人にはかなり強い結びつきがあるということです」

これを知ってトレーシーはどのように感じましたか？

「複雑でした。私の中のある部分では、それがまったく自然なことのように思え、またある部分では一瞬たりともそんなことが信じられないように思えました。しかし引きつける力は確かにそこにありました。嘘ではありません。恋愛のような関係でもありません。私たちはお互い、別々の人と結婚していて、私たちが会うのはせいぜい、二年に一度くらいです。それでも、これほど安らぎを覚え信頼できる相手は、他にはいません。マイケルの説明以外に、適当な理由が見当たらないのです」

この関係について、マイケルは何と言いましたか？

「集合的存在のことと、似たようなオーバーリーフのこと以外にという意味ですか？」とトレーシーがきます。「彼は私の友人が普段は内気でよそよそしい人物なのに、なぜ私とはそうではないのかについて、いくつか意見を述べました。それは事実です。彼の態度は慎重に変化していったのではなく、瞬時に受け入れられたのです」

あなたがた二人は何度も人生をともに過ごしているため、この閉鎖的な人物はあなたのことを過去生から知っていて、信頼しており、彼にとってはそのような相手を自分の周囲に探すよりも、あなたと関わるほうが楽なのです。あなたは過去のすべてのあなたの集約であり、もちろん彼もそうです。ですから、あなたはこの〈断片〉をずっと以前から何度もの人生で知っているために、物理的にはあなたよりも彼の身近にいる人たちよりも、彼についてさまざまな部分を潜在的に知っているのです。あなたは彼と自分との知覚にも数多くの共通点を感じ、このことであなたは彼を自分と同族の人だと思っています。あなたは彼があなたに与えてくれる瞬時の理解と受け入れのようなものを必要としており、その逆もまた真実です。彼も同じことを必要としています。

「アストラル界の協定もあります」とトレーシーが付け加えます。
マイケルの言うアストラル界の協定とは何ですか？

あなたがたはアストラル界での休憩時間に、次の人生のあらゆる協定を結びます。これは物質界での人生すべてに付きものです。連続して起こることのほとんどが、モナドの完了に関するもので、基本的にはこれを短期間で完了するよう、合意されています。しかし、中には物質界での人生の継続期間全体に関わるものもあり、連続的な仲間がずっとともに過ごし、互いに接触をとりつづける必要がある場合もあります。通常、後者のような協定が結ばれている場合は、兄弟姉妹、親子などのような、ごく近い肉親関係になることが多いです。

だれもがそのような協定を結ぶのですか？

もちろん全員です。成熟期のサイクルや老年期のサイクルにある魂たちの中には、自分とカルマの関係がある相手が転生の合間にいる時に生まれ変わって、全意識をこのような協定に集中できるようにするものもいます。

協定は必ず守らなければならないものですか？

協定はカルマではありません。あなたがたはそれらを守ることも、放棄することもできます。マーヤーや

〈偽の人格〉が優勢なところでは、放棄が起こります。協定が次の人生にもち越されるかどうかについては、転生の合間に取り決められます。

このような協定やカルマとは、宿命を意味することですか？

いいえ。協定は協定であり、修正し、破り、必要に応じて変えることのできる契約を意味します。宿命などというものはありません。宿命とは、幻想です。それは信仰と同じくらい、実在しないものです。カルマとは、人生の数々のサイクルをひとつにまとめあげることです。カルマは宿命ではありません。宿命とは偽りです。カルマは法則です。カルマに関して宿命論者的になることは、非常に危険なことです。【カルマのリボンを終わらせることは、そのリボンをつくり出した時と同様に選択の問題です。〈聖職者〉の筆記録より】

もしカルマがそれほど重要ならば、なぜあまりにも多くの人々がその存在を信じず、その影響力に気づいてもおらず、気にもしていないのでしょうか？

以前にも言ったように、信じる必要はありません。あなたがたがもし望むならば、意識的に想起することで、自分のカルマのリボンに気づくことができます。ジェシカはほとんどわかっています。彼女はすでに四本の糸を見つけました。それに取り組めば、今回あなたがたが何をすべきかがわかってくるでしょう。記憶が存在しています。あなたがたの中には、過去生からラテン語を記憶している者もいます。そのために今回の人生であなたは、簡単にこの言語を学ぶことができたのです。

「これは私に向けられた言葉でした」とルーシーが説明します。「でも学校での私のラテン語の成績は最悪でした」

言語に対する無関心さは、あなたがたが生きている社会の産物であり〈偽の人格〉の一部です。理解力はすべて、あなたがたの内にあります。

カルマについて、マイケルの正確な定義は何ですか？

刈り取るために、あなたがたは種を蒔きます。また種を蒔くことによって、あなたがたは刈り取ることができます。しかし、これは、白日夢に浸っているような人々が行うささいな行動よりも、はるかに深いものです。人生の大半を幻想に費やす彼らにとって、エネルギーの消耗は非常に激しくなります。さらに幻想は数多くのカルマの負債をもたらします。あなたがたは〈本質〉に関わる真剣な仕事に取り組み始める前に、世俗的欲求をすべて満たさなければなりません。これに数多くの人生が費やされます。普通は最低でも四十九回の人生が費やされます。

それでは辞書にある定義と完全に一致しません。マイケルはもう少し詳しく話してくれますか？

むしろ私たちは、簡単な例を紹介しましょう。もし今夜あなたがユージーンを床に叩きのめして、彼があなたを殴り返したとしたら、借りは支払われました。次は問題解決のために、お互いにより平和的な方法を選ぶかもしれません。しかし、もしあなたが今夜ユージーンを殴って、そのまま明日死ぬか不在になったとしたら、その場合は後にカルマ的な出会いをする可能性が非常に高くなります。ではここで、真実と法則との間の違いに注目してください。そこには非常に大きな違いがあります。物質界とその中に存在するすべてのものは、必ずしも真実とは限らない一連の「法則」によって支配されています。実際には、そのほとんどが真実ではありません。カルマとは、人類の境遇を支配している法則のうちのひとつです。それは真実ではなく、法則です。例えば、科学に関心のある人ならわかるように、物質的次元で光は一定速度で進みます。しかしこれは物質界の法則であって、宇宙のあらゆる場所で観測される光の制限速度ということではありません。次に責任について言えば、あなたがたは他の誰でもなく、自分自身に責任があります。あなたがたがもしこの責任を真剣にとらえ、ふさわしいセンターから適切に反応するならば、あなたがたが周囲の者たちに対して感じるどのような責任も、無にすることがなくなるでしょう。実際にあなたがたは、あなたがたの周囲の者たちが自分自身で責任をとるための余地を彼らに与えることになります。これは重要なことです。あなたがたが気まぐれに他者の行動に対する責任をとろうとする時、あなたがたはその人から成長を奪っているのです。

しかし自分自身を見失い、進むべき方向が定まらないと感じている人々についてはどうですか。それはマイケルがカルマについて言っていることと反対ではありませんか？

あなたがたは自由に選択できます。問題なのは、カルマに動かされた〈偽の人格〉が、選択肢のほとんどを〈本質〉の願いとは逆の方向へ向けてしまうことです。

それはカルマの負債が避けられないものだという意味ですか？

カルマはそれについて知っている者によってのみ、変えることができます。知識無しの試みはすべて、無駄になります。あなたがたはこの〈本質〉の役割を選びました。あなたがたは自分の人生がとる進路も選びました。なぜそれを選んだのかがわからなければ、修正することはできません。私たちはあなたがたにその理由を教えることはできますが、そうすることで〈本質〉の役割は変わりません。私たちには、あなたがたの記録を消去することはできません。

カルマのリボンは〈偽の人格〉の影響を受けますか？

はい。肉体と主特性にとらわれていることが、〈本質〉にとってのカルマです。その他のすべては、起きていながらも眠っているような状態でとった行動から生じます。もしあなたが目覚めていれば、そのようなことはしません。

リボンはどのようにして焼き払うのですか？

私たちはこれを以前にも言いましたが、繰り返して言います。刈り取るために、あなたがたは種を蒔きます。また種を蒔くことによって、あなたがたは刈り取ることができます。リボンとは、あなたがたをある人物、場所、時代、状況へと抵抗しがたいほどに引きつけ、カルマが作用し続けるようにするものを、私たちが表現する方法にすぎません。なかには再び機会が訪れて、逆の立場でカルマのリボンを焼き払う場面に居合わせるまで、長い年月を待たなければならない者もいます。

カルマのリボンを焼き払うことは、常に好ましくないことですか？

あなたがたが借りを返す立場であることもあれば、返される立場であることもあります。リボンはあなたがたを、ひとつのカルマの作用の相手の〈断片〉とつなげる糸です。あなたがたはモナドを完了し、あなたがたの経験する人間関係の構成要素の両方をもちたがっています。これが成し遂げられるとすぐに、〈断片〉は進化します。主要なモナドが完了するとすぐに、〈断片〉は統合します。

もしあなたがたが意図的にカルマのリボンを焼き払おうとするなら、まず何を招いているのかを、確実に知らなければなりません。これには学習と回想が必要です。そうでなければあなたがたは自分のカルマの負債を、その自然な法則にしたがって支払います。これが老年期の魂にとって、生まれ変わりの知識が役に立つ理由です。それ以前のサイクルでは、例えばカルマに関する神学が広く受け入れられているインドのような国に生まれるなどのように、運の問題にすぎません。あなたがたはすべてのカルマを焼き払います。そうしなければなりません。肉体をもった人生の合間にあなたがたが選択することもまた、学びの過程の一部です。【雷が下に落ちると同時に上にも登るように、カルマにもあなたがたの見方によって、否定的な「表現」

と肯定的な「表現」があります。〈〈学者〉の筆記録より〉】

ある人生でカルマを焼き払うことを設定して生まれてきたとして、それを焼き払わずに一生をやり過ごすことは可能ですか？　それとも必ず焼き払わなければならないのですか？

あなたがたが選択した〈本質〉の役割を演じることは必然です。あなたがたが常に困難な役割を選ぶ必要はありません。

これを効率的に行う方法は何かありますか？　これではまるで賭けのように思えます。

はい、方法はあります。あなたがたはまず、カルマの糸を呼び起こせるようにならなければなりません。これには練習が必要です。精神の集中や瞑想が重要になるのはこのためです。あなたがたはこれをしたいと言いましたので、私たちはその方法を示しています。この情報をどのように扱うかは、完全にあなたがた次第ですが、この情報はこのグループ内に与えられます。やがて他者を手助けする達人があらわれるでしょう。あなたがたの中に、この技術を習得できる人物が一人います。

教訓を学ぶためには、一回以上の人生が必要になる場合がありますか？

あなたがたはひとつのモナドに取り組むために、まったく同じような役割を何度も選んできています。時代と場所が違っていただけです。

私たちはどの時点で選択をするのですか？

選択は転生の合間にアストラル界でなされます。青年期の魂はかなり多くの場合、文字通りの天国と地獄の概念をもっています。そのため彼らはこれをアストラル界の物質からつくり出し、必ず経験しなければなりません。

社会福祉相談員のサム・チェーセンが、左脚に装具を付けることになったポリオのカルマ的要素について、質問しました。彼はマイケルに「私は過去生でどんなことをしたために、今のような肉体的重荷を負うことになったのでしょうか」と質問しました。

過去にあなたが愛する者に負わせた苦しみが、あなたにとってのカルマの一部です。また、あなたは常に宗教に専門的に関与していましたが、残酷な性質をもっていたことが何度かありました。例えば、十字軍や異端審問の時などです。

「私はいったい何をしたのでしょうか」

これら両方の場合に、あなたは人々を強制的に改宗させることに、積極的に携わっていました。異端審問の当時、あなたは密告者でした。

このようなことはすべての肉体的な障害に当てはまりますか？　先天的に脳に障害をもつ人々についてはどうですか？

それは彼らにとっての道です。このような障害は通常、過去生とは関係していません。

遺伝についてはどうですか？　遺伝子の損傷についてはどうですか？

遺伝子的な欠陥は存在します。それらは特別に分配されるものではありません。すなわち悪い遺伝子などは無いのですが、この文化においてそのような知的研究がなされることはこれまでもありませんでしたし、これからも無いでしょう。素晴らしく上質な遺伝子などは無いのですが、この文化においては常に知識が強調され、このような考え方が文化の中にあまりにも強く植え付けられているために、非常にあいまいな方法で遺伝の問題とされてしまったのです。それは測り知れないことですが、浸透しています。あなたがたの中には過去生で黒人だった者もいますし、今は黒人である者の中にも、過去生で白人だった者もいます。そのような者たちの中には人種の記憶があるため、彼らは自分の文化の外側を探し求めます。

これはすべての病気や障害がカルマ的であるという意味ではありませんし、ひどく苦しんでいる人々を誰かが利用することが、正当化されるという意味でもありません。「殉教」を主特性とする者たちは、それをひどい健康状態を通してあらわすことがしばしばあるということを覚えておいてください。そうすることで彼らは、自分が熱望している注目を集めることができると同時に、主特性の陰極である屈辱を演じることができます。

それではまるで人の役に立とうとすることが、カルマの負債を招くかのようにきこえます。そうなのでしょうか？

はい、そうです。これは助けられる人の目標に関係します。手助けすることが、カルマの負債を招くことがあります。あなたがたが他者に対して、自分で自分の責任をとるよう手助けするのではなく、その責任を彼らから奪ってしまう時に、必ずこのようなことが起こります。「受容」を目標とする者たちにとって、これは特に難しい問題のように思えます。「支配」を目標とする者たちにとっても、彼らは常に責任者であろうとするために、同じように難しいです。「成長」を目標とする者たちも、グループ内の成長のレベルに常に責任を感じていますし、他の目標をもっている者たちも、周囲の者たちの不幸に責任を感じ、彼らの苦しみを和らげることが自らの人生の仕事だと感じています。ですからこのことについて言えば、「受容」を目標とする者たちは、他の目標をもつ者たちと何ら変わりはありません。ただ、「受容」を目標とする者たちは自らの責任感について、他の目標をもつ者たちよりも言葉にして表現することが多いです。「成長」を目標とする者たちは、責任感を行動にあらわす傾向があり、「支配」を目標とする者たちは、責任をとる必要性をさらに露骨に表して行動します。カルマが無かったら、脚本は信じがたいほどつまらないものになることでしょう。

人生の小さな危機に直面した時の解決策として、あなたがたが暴力的行動をとることを理性的に選択することは、あまり無いと思いますが、カルマの支配力にとらわれている者たちは、そのようなことを日常的に行っています。カルマの負債は脚本から離れて、ドラマをより面白くするために、好奇心をそそる要素を取り入れるのです。

カルマの負債はどのような行動によって引き起こされるのですか？

もっともわかりやすいのは、もちろん殺人です。寿命が尽きる前に、意図的に命を奪うことです。これに中絶は含まれません。実際の誕生の瞬間まで、魂は肉体に入らないからです。見捨てることも、見捨てられた〈断片〉が結果として死んだり、悲劇的な結末を迎えたりした場合に、カルマの負債になります。裏切りも、結果として死、投獄、重大な肉体的損害をもたらした場合、カルマの負債になります。自分が利益を得て、他者に損害を与えるために、他の〈断片〉の人生に干渉すること、あるいはあなたがたがペテンと呼ぶようなこともそうです。同じように、「左翼的方針」で有名なオカルト研究の一派に従うこともそうです。これは神学的問題ではありません。神が存在しないのと同様に、悪魔も存在しません。しかし、意図的な悪意というものは存在します。そして左翼的方針が神聖な香りに包み隠されていることが、これまでにも数多くあったということを、あなたがたに言っておきたいと思います。ジルドレ（訳注：青ひげのモデルとされるフランス人貴族）のように子供たちを虐待し、その肉体を強姦した〈断片〉も、信仰心の厚い聖職者として残忍な拷問を命令し、拷問台の上の異端者を満足そうに眺めていた〈断片〉も、その悪意のある意図は同じであり、同じようなカルマの負債を抱えることになります。

カルマの負債は同等の仕打ちをもって支払わなければならないのですか？

いいえ、そうとは限りませんが、そのような場合もあります。成長と理解、そして霊的進化を通して、支払いがあまり強烈でなくなることが期待されます。すなわち、あなたがたが他の誰かに与えた裏切りや投獄などの経験をそのまま味わう代わりに、そのような相手を実際の石の牢獄からではなく、経済的な牢獄から救い出すための手助けをするということも可能です。【転生間に特に合意をしたわけでもない別の〈断片〉に対して、その人の人生計画や人生の選択を妨げるほど重要な行為をした場合、それがカルマをもたらすことがあります。人生が始まった時には存在しなかった人生計画の選択肢を、別の〈断片〉に提供する行為も、慈悲深いカルマをつくり出します。カルマは小さな迷惑から生じるのではなく、大きな介入から生じます。殺人、不当な投獄、自分で自分の世話をできない者を見捨てること、他人の罪の身代わりになること、私たちがペテンと呼ぶような自己認識力の破壊などの行為はすべて、カルマのリボンをもたらす行動です。社会的失望や不法行為、いらいらさせるふるまい、〈人格〉の不一致、一般的な醜悪さなどは、かなり迷惑ではありますが、それらがカルマにつながることはめったにありません。〈聖職者〉の筆記録より）】私たちは罪の意識を感じ、善意のお金を支払っているすべての人々が、カルマの負債を支払っていると言っているのではありません。実際には、善意のお金を支払っている人々は罪の意識を楽しんでいて、気前よくお金をばらまいていることに、明らかな優越感を感じているのです。

戦争での死や処刑による死についてはどうですか？　これらもカルマの負債を招きますか？

責任のある人にとっては、もちろん負債を招きます。死刑執行人がカルマの負債を受けることはありまりません。通常彼らは、難しいオーバーリーフから行動している幼児期の魂や、非常に初期のサイクルの青年期の魂です。死に責任のある人物が、カルマのリボンを受け取ることになります。戦争の場合も同じです。ベトナム戦争で起きたように、戦士が自分の任務の範囲を超えて、個人的に殺戮に携わるのでない限り、戦争を指揮している人物がカルマの負債を受けることになります。もしあなたがたが主導権をもって殺人を犯せば、あなたがたはその責任ももつことになります。死刑執行人が死をより長引かせ、痛みに満ちたものにしようとする場合には、彼自身が負債を受ける場合があります。特別な協定が結ばれている場合もあります。それは戦友になるか敵同士になるかという協定で、このような協定が結ばれるのは、あなたがたが思うほど珍しいことではありません。戦争での死や処刑による死など必ずしもカルマ的ではありません。そのような死は多くの場合、人生経験の一部として、〈本質〉によって選ばれたものです。

カルマの中には、衝撃的でないものもありますか?

慈悲深いカルマというものがありますが、これは成熟期や老年期のサイクルより以前には見られないものです。〈断片〉が真のアガペーによって動かされた、純粋に慈悲深い行動をとる時、この愛の贈り物を受け取った相手の〈断片〉はあとの人生でこれに報います。慈悲深い行動という時、私たちは慈善事業にお金を寄付することを言っているのではありません。それは愛に満ちた私心のない行動であり、その行動を受け取る側に罪の意識や感謝の気持ちを植え付けようとする意図をもたずにとられる行動で、提供者が相手を操作しようとする考えも無い行動です。ひとつ例をあげるとしたら、芸術家に住む場所と食べるものを提供し、その芸術家が何もしないことも含めて、彼のやりたいように仕事をさせる人などがそうです。慈悲深い贈り物は、無条件でなければなりません。「もしあなたがこれをやってくれるなら、私はこれをやりましょう」などということがありません。その贈り物は取引ではありません。

行動が慈悲深いかどうか、どうやってわかるのですか？　単に古い負債の返済だということもあるのではないでしょうか？

負債の支払いには私心があります。通常カルマのリボンを焼き払うことは、借りを返す者にとっても支払われる者にとっても、非常に難しいことです。慈悲深いカルマには、ほとんどのカルマに付きものの抵抗しがたい力がありません。ここで重要なのは「私心の無い」という言葉です。このような負債と支払いは珍しいものであり、成熟期や老年期のサイクルに入るまでは、ほとんど生じないということを強調しておきましょう。魂のレベルの性質を見直せば、青年期のサイクルの知覚力では本当に私心をもたないことなど、不可能に近いことがわかると思います。

アカシック界はどの辺りで関わってくるのでしょうか。転生の合間であらゆる学びとさまざまなオーバーリーフの選択がなされるとしたら、その記録がどこかに保持されなければならないように思います。

魂は転生の合間に、総合的な回顧ができるということを言っておきましょう。

しかしもし神が存在せず、タオのみがあるとしたら、記録はだれが保持するのでしょうか？

もちろん、あなたがたです。現在のあなたがたは、地球に根ざした自分の魂が演じるためにあなたがた自身が書いた脚本なのです。それは永遠に続きます。

10章　高次元

マイケルはアストラル界とそのレベルについて、かなり多くを語っています。彼は何のことを言っているのですか？

アストラル界を「天」にあるものと考えるのをやめてください。それは「地上」にあります。手を伸ばして触れてみてください。アストラル界の最初のレベルには、アストラル界に精通した、生きている〈断片〉たちと、ドラッグによって偶然この次元に入り込んだ魂たちが住みついています。アストラル界の第二レベルには、肉体を離れて転生の合間にあるすべての魂が存在しています。第三レベルには、生まれ変わらずに最終的なカルマを焼き払おうとしている、老年期の魂たちが引き寄せられます。中位アストラル体は、部分的に再統合した集合的存在です。以前あなたがたは、中位アストラル界の集合的存在を出現させました。これより上の三つのレベルは、徐々に統合されていきます。これら三つのレベルを通して、高次元に入ることができます。卓越した熟練者たちでさえも、高次元についての空想にふけることがあります。

このアストラル界での姿が、幽霊の正体ですか？

いいえ、そうとは限りません。幽霊はエーテルの乗り物である場合もあります。もしそうだとすれば、その乗り物は肉体が腐敗すると同時に分解します。そしてあなたがたは再び一人になります。このようなことは死が突然、あるいは暴力的に訪れた時に起こります。エーテルの乗り物とは、最も内側のオーラであり、早急に分解します。エーテルの乗り物があなたがたに危害を加えることはありません。それは脳の無いオーラのようなものです。アストラル体は即座に立ち去りますが、エーテルの乗り物は立ち去ることができません。自分では何をする力も持っていないのです。それは影にすぎず、本来活力をもち合わせていません。

アストラル界の要素が物質化することはありますか?

コーザル界の集合的存在だけが、これを行う能力をもっています。その他の集合的存在には、そんなことをする理由がありません。アストラル界の要素から生み出されるものは実在しており、その中には動物たちも含まれますが、例えばアストラル界の要素から生み出される動物たちは、コーザル界の〈断片〉が未解決の葛藤に取り組むための、最適な乗り物になります。私たちがカルマではなく葛藤と言っていることに注意してください。このような経験は一時的なものです。

高次元と言う時、それはアストラル界を意味しますか?

高次元と言う時、私たちはコーザル界とその上の次元のことを言っています。

マイケルはもっと詳しく話してくれますか？

コーザル界はアストラル界の上の次元にあります。それは霊的進化の、ひとつ上向きの段階です。天国とは、天国を経験する必要のある者たちが、転生の合間で回顧する前に、アストラル界の物質からつくり出すものです。中には地獄を経験する必要のある者たちもおり、彼らもまたアストラル界の物質から地獄をつくり出します。それは非常に柔軟な性質をしており、【そして多くの場合不必要です。〈学者〉の筆記録より】あなたがたの望み通り、どんな形をとることもできます。悪霊をつくり出すのも、この同じ材料です。悪霊は、あなたがたが心の中で許した範囲内の危害だけを、あなたがたに加えます。アストラル界の要素を使って、〈断片〉が心の中に自ら生み出した産物に、文字通り死ぬほどおびえるということは数多くあります。

コーザル界においても、サイクルは続きますか？

これは基本的に正しいです。コーザル界にもアストラル界にも、成長と進化が必要です。しかし、違いがあります。この集合的存在は自己の一部でありながら、自己と自己でないものを知覚します。ですからこの集合的存在は、そこに存在しているすべてであると言うことはできません。高位コーザル体は、この瞬間の分離さえも明確に知覚することがなく、そこに違いがあります。物質界を越えると、進化はタオの知覚に関わってきます。

日が暮れたので、ジェシカは再びカーテンを開けて、彼女の脇にあるランプをつけます。「私はアストラル界とコーザル界の働きを、いまだに完全に理解できてはいません。物質界に向き合うだけで、精一杯な時があります。このグループ内で初めて深刻な意見の衝突があった時、私はこんなことを続ける価値があるのかどうか、疑わしく思いました」

では困難な時期もあったということですね？

「ええ、ありました」とジェシカがうんざりしたように言います。「以前にもお話ししたように、グループの中にはかなり破壊的行動をとる人たちがいました。ある件では、この教えがすべて間違った理由で使われているように思えて、私たちはセッションを続けるのをもう少しで諦めたこともありました。グループの中に三人、マイケルの言ったことをすべて教義にし、宗教的な儀式をつくり出そうとする人たちがいたのです。このことについて、私はしばらくの間、かなり憤慨していました。私たちのすることすべてが、私たちを堕落させているかのように思えました。この時私はかなり落胆し、こんなことを続ける価値があるのかどうか分からなくなり、とにかく自分の頭がいかれてしまったように思いました。私はこのことについて、トレーシーがウィージャ盤を担当していたあるセッションでマイケルに質問し、次のような応えを得ました」

言葉がまったくきき入れられないこともあります。しかし、あなたがたはあからさまな拒絶反応が言葉にされることを、覚悟しておかなければなりません。このような言葉によって、道から投げ出されてしまわない方法を学ばなければなりません。反響を受けることは必ずあります。【断固として拒絶する者と、圧倒的に受け入れる者たちの両方から受けます。〈学者〉の筆記録より】はっきり言ってあなたがたは、明らかに普通でない人々なのであって、あなたがたはこれに慣れなければなりません。もし普通でありたければ、あなたがたは間違った道を追求することになるのです。

「これには助けられました」とジェシカが言います。「それでも周囲にある否定的なものを、私はまだ気にしていました。それはゆっくりと近づいてきているように思えたのです」

あなたがたはまず、他者の反応を変えることなどできないことを信じなければなりません。そして他者の反応は、あなたがた自身とは何の関係もないということを、信じなければなりません。他者が状況を知覚する方法やその結果は、彼ら自身が取り扱う問題であって、あなたがたがどうこうできるものではありません。必要な時に毎回このことを思い出し、自分自身に言いきかせてください。

邪悪なものとは、行為を知覚する者の心の中にのみ存在するということを、覚えておいてください。もし青年期の魂だとしたら、あなたがたは悪を善に変え、間違いを正そうとします。あなたがたは邪魔者を消し去ることをためらいません。それもやはり邪悪ではないでしょうか？　成熟期の魂はしばしば自分の中に邪悪を見出し、それを追い払おうとします。青年期の魂はしばしば人々の間違いを、邪悪と見なします。老年期の魂は通常、邪悪のようなものを知覚しません。彼らは原因を知覚し、行為の主体者を根絶しにしようとはしません。これは大雑把に言うところの、「受容」です。より高いレベルにおいては、この「受容」がアガペーになります。あなたがたの陰性は、それがいかに無駄なものであるかをあなたがたが気づくと、すぐに消滅します。物質界の魅力に夢中になっている魂たちは、無意味なことをして、それを容認されますが、これだけは覚えておいてください。魂は永遠であり、そのような行為は一時的です。

「グループ内の何人かは、秘教の文献を読もうとしていたでしょう？」とルーシーが言います。「その多くは読み進むのに時間がかかるものばかりで、やる気を無くしてしまいました」

「リーはかなり取り乱していました」とジェシカがルーシーの言葉にうなずきながら言います。「彼女はある夜、もうこれ以上難しい哲学書なんか読むより、おもちゃの舟でも買ってお風呂に浮かべて遊ぶほうがましだと言いました」

これに対してマイケルは何か言いましたか？

「もちろん」とジェシカがいつもの笑顔を取り戻しながら言います。

おそらくあなたにとってそのような遊びをするほうが、五〇冊の哲学書を読むよりも、はるかに有益でしょう。哲学書とは、別の魂が半分だけ得た悟りについて、解説しているものにすぎません。悟りは退屈なものではありません。私たちが前にも言ったように、成長が進むと、魂は単純さを求めます。これはある特定の文学が、あなたがたの役に立つものであるかどうかを見分けるための、良い方法です。もしそれが語彙と修辞法をふるって並べただけのものであれば、そのような本は捨ててください。非常にくどい資料のほとんどは、青年期の魂が書いたものです。読み物を選ぶ時に、このことに注意してください。

「エミリーとケイトの二人が宗教について、特にキリスト教について数多く質問した時期がありました」とジェシカが言います。「エミリーは彼女の教会の信仰と、マイケルが彼女に教えたことを、一致させたいと願っていたと言いました」

それは成功しましたか？

「全面的に成功したわけではありません」とジェシカが答えて、確認を求めてウォルターを見つめます。

「彼女は正しい質問をしようとして、かなり苦労していました。マイケルと接するうえで、それはよくあることです」

エミリーは最初のうち、とても慎重でした。

「私は慣習的な宗教と、それらが人々に与える影響について質問があります。これが漠然とした質問であることはわかっていますが、宗教に属する人々はどういう訳か自らの経験を制限し、あまり成長しないのに、他人の手助けをしようとします。キリストは高潔な人々の中に、信奉者を求めませんでした。彼は罪深い人々の中に求めました」

彼の信奉者たちは、ある特定の見方をする者たちにとってのみ、罪深い者たちでした。宗教に由来する儀式の数々は、良い働きです。そのような儀式はグループに高揚をもたらします。それは幼児期の魂にとって、高揚を経験できる唯一の方法です。自分が高揚を経験しているように感じられるということです。

「キリストは他の人々にはたとえ話を使って話しをするけれども、彼の弟子たちには天国と地獄のすべての知識を与えるといいました。そして彼らがその知識を私たちに与えているように思います」とケイトが言いました。

彼はまた、「探し求めれば見つかるだろう、叩けば扉は開かれるだろう」と言いました。あなたは求めました。

「わかりました」とエミリーが言います。「では、キリストが私たちを罪から救うために死んだと聖書にありますが、その意味とは何ですか？　私にはまったくわかりません」

それは私たちにとっても、意味をなさない言葉です。文字通りの意味において、それは無意味な言葉です。これは彼が言った言葉ではありませんが、狂信者たちによって伝え続けられています。

「では山上の垂訓《すいくん》について説明してもらえますか？　私にはこれが理解できません。私はこれまでたくさんの人に、このことについて質問をし続けてきました」とエミリーが続けて質問しました。

「さいわいな」という言葉を、「幸運な」という言葉に置き換えてください。ここで強調されているのは、単純さです。「柔和な人」と言う時、私たちは臆病者のことを言っているのではなく、意図が内省的であることを意味します。「心の貧しい人」というのは、自分自身の中に霊的指導が欠けていることに気づき、これを求める者のことを言っています。この一節は、人類の破滅と衰退の前兆であるひとりよがりに対する警告です。物質的な実存主義者の象徴的な例として、ここでは未開人をあげることができます。彼らは物質界以外の次元を否定し、マーヤーの追求に人生を捧げます。彼らはかなり不利なカルマを背負うことになるので、本当に不運だと言えるでしょう。

あなたがたはイエスという男性の言葉を判断する前に、彼が語りかけた聴衆と、その話を書き留めた書記の存在を頭に入れておかなければなりません。このような人々は非常に融通のきかない、人間的な神を信じていました。彼らの神は彼らの行動をすべて監視し、彼らを非常に厳しく非難する存在でした。ギリシアの概念、特にエピクロスの思想は、イエスという男性に大きな影響を与えましたが、神殿の前に立って、彼がこの異教徒の哲学者の言葉を支持することは不可能だったでしょう。やがて無限期の魂があらわれた時、ロゴスが当時の言葉でもたらされ、ローマの収税人（マタイ）と、〈感情センター〉にあるギリシア人医師（ルカ）によって書き留められました。エピクロスは当時のあらゆる哲学に最も深い影響を与え、「禁欲主義者」ゼノンをもしのいでいました。この哲学は、この若い男性の繊細な性質に訴えかけた、サドカイ人（訳注：古代ユダヤ教徒の一派）のためにつくられたものでした。エピクロス主義の思考様式は、私たちの誰もが達成しようとしているものです。

「それで意味がわかりました」とケイトが言いました。「これはキリストの教え全体に当てはめることができますか？　彼の教えの〈本質〉とは何だったのでしょうか？」

最も偉大なる「善」と「愛」とが、最高の真実であるということです。「善」とはそれ自体が喜びであり、真実もそうです。

ロゴスの「愛」、あるいはアガペーが、イエスという存在が顕現する以前からすでに彼に浸透していました。彼は神の言葉のために生きました。霊的解放の探究が他のどんなことよりも優先され、彼は絶望に追い込まれることもありました。顕現する以前は、この〈断片〉は〈感情センター〉にあって、情熱的で世俗的でした。他者が彼の意見を退けると、彼は驚嘆しました。

「キリストはなぜパリサイ人を裁き、彼らが暗闇に投げ出されると言ったのですか」

キリストは人生の合間にアストラル界で彼らが出会うことを、正確に説明しています。裁いたのではありません。キリストは知っていたのです。そこに違いがあります。判定には必ず、代替案が伴います。しかしそこに代替案は存在しませんでした。師が語る時、そこに議論の余地はありません。【否定的な意味で。〈〈学者〉の筆記録より)】

「パリサイ人のことはそれでわかりました」とケイトが顔をしかめて言いました。「キリストが悪霊を追い払うことができたというのは、本当ですか」

悪霊とは病んだ心が生み出したものであって、実際には存在しません。熟練した者のみが、そのような悪霊を追い払うことができます。悪魔払い師はそれを受ける者に、目に見える代用物を見せることができなければなりません。つまり悪魔払い師は、霊的現象を意図的につくり出すことができなければなりません。イエスはオカルトに精通していました。彼は患者に、悪霊が自分のもとを去り、他の生物にとり憑くのを見せるために、必要な現象をつくり出すことができました。その次にはもちろん、患者の魂が悪霊をつくり出す原因となった、病気の治療をしなければなりません。これが極端になると、自己虐待としてあらわされます。

「彼は本当にセックスせずに宿されたのですか」

当然違います。

「イエスは常にセックスに反対し、セックスについて考えることすら反対していました」とエミリーが付け加えました。

イエスはセックスに反対していませんでした。彼は節度を守ることに賛成していました。売春は、神殿での売春でさえも、節度のあることではありませんでした。

「では何が間違ったのでしょうか？　セックスは経験の一部です。それは人生の最高に重要な部分かもしれないのに、私はセックスを軽んじてきました。イエスの時代の人々は、セックスを軽んじていなかったのかもしれません。もしイエスが現代にあらわれたら、人々にもっとセックスをするように言うのかもしれません。イエスの時代の人々は常にセックスのことばかり考えていたのかもしれないのに、私たちはほとんど考えることがありません」

その答えは質です。どれだけ頻繁に考えるかではなく、何を考えるかが大切です。イエスの時代の地球では、思考の大部分が豊饒の儀式と迷信に縛り付けられていました。それらは否定的なエネルギーの渦でした。

このやり取りを熱心にきいていたデービッド・スワンが質問しました。「私はキリストのはりつけに関する資料をかなり読みましたが、それがなぜ起きたのかがいまだに理解できません」

彼は神殿の資金から私腹を肥やしていたジョセフ・カヤファにとっての脅威でした。ユダヤ政府内に、すでに別件でティベリウスとの間に問題を起こしていた臆病者がおり、この人物を手先として都合よく利用しました。無限期の魂は肉体のことをまったく気にしないので、すべてが整えられたことを知った時、預言を素早く実行するための都合の良い方法だと理解しました。

「処刑されたキリストが包まれていた布だとされている、トリノの聖骸布についてはどうですか」とデービッドがききました。

ここにいる全員が驚くかもしれませんが、この一枚の布は悪ふざけでも何でもなく、まさしく伝えられている通りのものです。これはあなたがたがイエスと呼ぶ男性の死体を包んだ聖骸布です。ここで理解されていないことは、この麻の聖骸布に包まれていた体は、墓に入れられた時にまだ死んではおらず、汗をかき、排尿し、血を流したため、レーザー技術でこれほどまでに鮮明に見ることのできる跡を残したのです。衣類に付いた血や尿を落とそうとしたことがある者なら誰でもわかるように、体の塩分は非常に分解しにくいものです。

このあなたがたがイエスと呼ぶ男性が十字架の上では死なず、後に死んだことは、すでにあなたがたにお話ししました。十字架から降ろされた時、彼の肉体は重度の肉体的打撃によって、深い昏睡状態にありました。肉体が十字架の上で死んでしまったのでは、やり遂げられない仕事がまだあったことを思い出してください。もちろん、彼の魂は無限期の魂の顕現が起こる前に、肉体を明け渡しました。無限期の魂は好きなようにどんな形をとることもできるので、この場合には、この男性の肉体が選ばれました。また、強硬症は当時にも見られましたが、診断するのが非常に難しい症状だったということを、言っておかなければなりません。イエスという男性を埋葬したがった者たちが、それを非常に素早くやらなければならなかったということを、覚えておくことも重要です。

この麻布がこれほど長い期間保存されてきたのは、数多くの人々の素晴らしい処置のためです。それはほとんどの期間、密封された容器の中で保存されてきたので、乾燥がこの麻布と、布についた跡を守るのに役立ちました。

この男性の身長や体格に興味のある者たちのために言うと、彼はがっしりとした、健康な男性で、ほっそりした苦行者タイプではありませんでした。彼は人生の大半で苦しい生活を楽しみました。彼は禁欲生活をいくらか実行しましたが、際立ったものではなく、おいしい食べ物を控えることはしませんでした。彼は結婚していて、無限期の魂が顕現した時に生きていた子供はいませんでしたが、彼には六人の兄弟姉妹がいました。

聖骸布の調査でどんなことが明らかになったとしても、宗教的集団の大部分の態度に、ほとんど影響しないと思います。しかし小さな論争が再調査と、可能性を探究しようとする者たちの成長につながるかもしれません。

「この話をすべて受け入れられるかどうか、私にはわかりません」とエミリーが言いました。

私たちは受け入れることも信じることも求めていないということを、何度も言いました。

彼女はこれを無視して続けました。「進化とは、人が何をするかに関係無く、サイクルを経て起こるのだとしたら、無限期の魂があらわれることの意味は何ですか？　数多くの人々が仕事を辞めて彼に付き従い、無駄な人生を送りました。仕事を辞めてただ何もせずに『王』や『最後の審判の日』が訪れるのを待つのではなく、探究の道を歩むのでない限り、仕事を辞めたりするべきではないと暗示しているようです」

これは数々の悪夢を見たヨハネという男性によって広められました。愛する者がひどく恐ろしい方法で死ぬのを見るのはとても辛いことです。この時には、地震と部分日蝕も起こりました。信じられないことかもしれませんが、これはまったくの自然現象だったのです。この出来事はすでに敏感で迷信を信じやすい人々に、かなり多くの悪夢を見せました。

「マタイについても何かひと言お願いします」とケイトが求めました。

彼は比較的洞察の鋭い青年期の魂でした。

「パウロについてはどうですか？　パウロは今どこにいますか？」とデービッドが質問しました。

パウロだったこの〈断片〉はまだ生まれ変わっていませんが、まもなく生まれ変わってくるでしょう。今回、彼は第五レベルの老年期の魂になりますので、おそらく人の話をきくでしょう。

「パウロは矛盾したことを言いました」とリーが述べます。「彼の訴えはばかげていました。二年半後に彼がローマにたどりついた時、彼が何を言っているのか、誰一人として理解できるものはいませんでした」

彼は数多くの間違いをしました。このようにしてあなたがたは学ぶのです。

エミリーがだんだんいらいらし始めました。「私はもっと役に立つ情報が知りたいです。キリストの教えを実践するための、もっと実用的な方法を知りたいのです。このための方法を教えてもらえますか」

それはわかりきったことです。二心《ふたごころ》のない誠実さ、魂の貧しさのない簡素さ、物質的期待のない愛、本質的でないあらゆる考えの排除、物質界での終わりのない進化のサイクルが最も辛く厳しいものであるという認識、これらがキリストの本当の教えの中で強調されていることです。

「祈りについてはどうですか?」とケイトが質問しました。「祈りが有効だという証拠は数多くありますし、もう何千年もの間、祈りの効果はあらわれ続けています。祈りの奥にある力とは何ですか?」

祈りとはもちろん、〈本質〉に救いを求める〈人格〉の訴え以外の何ものでもありません。祈りの中には〈感情センター〉から生じるものもありますが、ローマによって広められたような決まった祈りは、完全に知的なものであって、かなり退屈です。

「これを受け入れるのに、私はとても苦労しました」とエミリーが言います。

「私はそうでもありませんでした」とケイトが言います。「私は修道院で少しの間過ごしましたが、すぐに自分が修道女には向いていないことがわかりました。私が確信していたことのひとつに、儀式の空しさがありましたが、それでも儀式そのものには魅力を感じます。私は今でも宗教が魅力的な研究分野だと思っています」

「それは信仰ではありません」

「そうですね。けれども私は、このグループに参加する以前よりも、今のほうが自分の個人的な宗教に関する信念を、より良く思っています。以前の私は組織化された宗教だけが、霊的目標へたどりつくための唯一の入り口だと思っていましたが、今はそうでは無いことがわかりました」

組織化された宗教とは社会構造のひとつであり、「宇宙の計画」とは何の関係もありません。多種多様な道を進むことだけが、魂を物質界の道の終わりへともたらします。

儀式とは物質界で〈断片〉たちがする楽しい遊びであり、そこに害のようなものはありません。それはグループに高揚を促すための良い方法のひとつですが、それ以外には特に意味がありません。

最終的にあなたがたがこの世を去る時、「天」にはあなたがたが聖公会員だったかどうかをたずねてくる人など、誰もいないということをどうか信じてください。

「私は宗教についてマイケルが言うことを気にしません」とエミリーが宣言します。「私は今でも信仰していますし、キリスト教徒としての人生を送ることは可能だと思います」

グループの他のメンバーはどうですか？　このことについて他のメンバーはどう思っていますか？

「反応はさまざまです」とジェシカがリビングにいる他のメンバーを見渡しながら、注意深く言います。「私はマイケルの言うことのほとんどを、挑戦だと思っています。私は宗教に関する資料を、キリスト教についてはもちろん、ユダヤ教や東洋の文学も含めて、かなり多く読みました。マイケルはほとんどの宗教には根本的な共通点があると主張していますので、私はそれを見つけたいと思っています。それは私の主特性が『頑固』だからかもしれませんが、本当は私の目標である『成長』のせいだと思いたいのです」と言ってケイトは笑い、タバコに火をつけました。

「私も挑戦というのには賛成です。でもケイトのやり方とは違います。私はキリスト教の愛とマイケルの言うアガペーとの間に、矛盾を感じていません。そのように愛することが得意だというわけではありませんが、人類全体への愛をもつことは可能だと思います。それは医者を夫にもつ上層中産階級の女性の自己満足にすぎないとは言わないでください」というエミリーの声の厳しさから、彼女がこのような非難の言葉を以前にも受けたことがあるということは明らかでした。「私が務めている高校はかなり犯罪の多い地区にあります。学校の廊下ではナイフを使った喧嘩が何度か起こりましたし、一度などは二人の生徒が私の車の窓をすべて割ってしまったこともありました。私はあわれみ深くあろうと努力していますが、腹の立つこともあります」

「あなたはいつでも上層中産階級の家に帰ることができます」とサム・チェーセンが彼女に言います。「私もそうです。エミリー、私はあなたがしようとしていることを中傷しているのではありません。それはあなたもわかっているでしょう。私たちは似たような状況にあります。あなたは教師で、私は社会福祉相談員です。私たちがかなり遠回しに『恵まれない背景をもつ人々』と呼んでいる人たちを相手にするのは、私たちの職業なのであって、私たちの日常生活ではありません」

「その通りです。そのことについて、よく考えることがあります。もし私が私の生徒たちの家族のような生活をしなければならないとしたら、それでも深いあわれみをもつことができるでしょうか？　私にはわかりません。できると思いたいですが、わかりません」

「その疑問は私自身ももっています。私はキリスト教徒ではありませんが、ローマ帝国から現在までの教会の歴史についていくらか読み、それは素晴らしい研究分野だと思いました。特に初期の教会のさまざまな分派が、その土地の宗教の教えを教会の儀式に融合させ、改宗を早めたやり方に興味をもちました。これでは実際の教えがほとんど残されていないのも、無理はありません。私はこの教会の歴史を、インドの歴史と比較しています。まだあまり多くの資料を集められていませんが、その少ない資料の中からでも、かなり歪曲されているということがわかります」

宗教の起源にそれほど興味があるなら、なぜマイケルに質問しないのですか？

「時々質問しています」とウォルターが言います。「しかし彼にすべてを教えてもらうのは、あまり良いことではありません。そこには本当の学びはありませんし、マイケルは私たちに学んで欲しいと願っています。さまざまな種類の新しい情報が、学びの間に思いがけずあらわれます」

「本当にそうです」とケイトが言葉をはさみます。

「そしてもしマイケルがただ質問に答えたら、私たちは学びのすべてを失ってしまいます」

「マイケルは私たちに教えたがらないというのではありませんが、そのような答えは一方的に教え込まれたものになります」とジェシカが説明します。「マイケルは私たち自身が努力することを好みます。自分で自分の仕事をするというのは、良い考えだと思います。自分が霊的幼稚園のようなものに入っていて、そこから卒園できる見込みがまったく無いというようには、思いたくありません」

ルーシーもこれに同意します。「最初のうち、私はマイケルに自分で学ぶように言われて、がっかりしました。しかし今はそのようには感じていません。膨大な情報量があり、私は自分の道を注意深く選ばなければなりませんが、それはすべて良い結果をもたらしています。私は、自分で自分の道を切り開いたのであり、もしマイケルがただ私に読み物のリストを与えてくれていたら、このようなことはできなかったと思います。始めの頃は、広大で複雑だという感じを受けただけで、私には何一つ理解できないだろうと思いました」彼女は自己卑下するような、緊張した笑いを見せて続けます。「だからと言って、今ではすべてを理解しているという意味ではありません。理解できないこともたくさんあります。しかし私は自分で思っていたよりもずっと多くのことを学び、これを学ぶ価値が本当にあるということを知りました」

コリーンが静かに言います。「私は時々、数学についてそのように思います」

「ウィージャ盤を扱い始めたばかりの頃、私は宗教的な問題に取り組むことを恐れていました」とジェシカが再びこの話を取り上げます。「私はキリスト教やユダヤ教、仏教、ヒンズー教、さらにはゾロアスター教に関する質問さえも避けていました。面白いことに、私が何の問題も感じなかった唯一の宗教は、イスラム教でした。私はイスラム教の概念や表現に親しみを覚えました。トレーシーがウィージャ盤を担当していた時、マイケルは私がその信仰をもってとても重要な人生を経験したということと、その教えの多くの側面がまだ私の中にあるということを教えてくれました」

マイケルが宗教について話をしたことはありますか？

「もちろんです」とジェシカが言います。「私が恐れを乗り越えた後、かなりの時間をそれに費やしました」

キリスト教の本質的教えはもちろん、無限期の魂の顕現を起源としています。しかしほとんどの官僚政治

と同じように、その教えは「情熱」のモードにある最も熱心な青年期の〈聖職者〉たちによって、偏った意見を差し挟まれ続けてきました。現在のキリスト教はイエスという男性の教え、あるいは無限期の魂によってもたらされたロゴスをほとんど残していません。イエスという男性だった老年期の〈王〉が、肉体を無限期の魂に明け渡したのは、彼の人生の最後の三〇日間だけだったということを、あなたがたは覚えておかなければなりません。それ以前の教えは、卓越し、啓蒙されたこの第七レベルの老年期の〈王〉の教えでした。また、この男性の人生におけるさまざまな出来事の年表は、混乱し、歪められ、時には完全に作り話である場合もあります。彼の教えを学ぶにあたって、あなたがたはこのことを頭に入れておいてください。【宗教を教義と哲学の文化への適応としてとらえている者たちにとっては、かなり多くの価値ある「発見」があり、数多くの洞察が得られるでしょう。（〈聖職者〉の筆記録より）】

ユダヤ教は実用的であることを根本としており、歴史が物語っているように、彼らの知識は特に衛生学、栄養学、そして精神衛生学の分野において、近隣地域の人々よりもはるかに飛躍していました。これはもともと、医師や療法家たちによるカルト集団であり、迷信を信じる人々の社会を支配する唯一の方法が、「神への恐れ」を広めることであると理解していた人々によって始められました。この恐れはあまりにも深く植え付けられ、民衆はこの恐ろしい神の名前を口にすることすら恐れました。神は浄化の雨や川と結びつけられ、これは民衆の悪い習慣について神が激怒しているものと考えられたのです。破滅的な疫病が広がった直後に賢明な治療家たちがあらわれていたって常識的な助言を伝えると、その教えによって命を救われた人々がこれを神の啓示として受け入れるようになりました。

ユダヤ教徒であるデービッド・スワンが質問しました。「預言者についてはどうですか？　彼らはどこに当てはまりますか?」

それはあなたがどの預言者について言っているかによります。その多くは神権政治の権力構造を利用して自らの教義を広めようとした、社会政治的批評家たちでした。あなたの知っていることのほとんどは、預言者の本当の言葉を記録するという意味でも、預言者が何について話していたかを明らかにするという意味でも、正確ではありません。例えばネヘミヤは、偽善的な聖職者たちが、当時大きな宗教的組織でもあった政治の中枢と結びついて、自分と自分の家族を豊かにするためにその地位を利用していることを非難していました。エレミヤは「拒絶」を目標とし、「情熱」のモードにある青年期の〈賢者〉で、「頑固」を主特性としており、彼がいったんある仮題にぶち当たったら、それにしがみつき、激しく口論しました。ソロモンは「成長」を目標とする、知的で思慮深い成熟期の魂で、それ以前の人々よりも、自分自身でより多くを引き受けようとしました。詩編はさまざまな出所から集められたものですが、それらは主に神殿の教えの性質を教養のない民衆に理解させるための、大衆的な歌でした。宗教的な言葉を歌にすることで特別なものにするという伝統があったために、このような歌が日常生活に広まりました。ことわざは節をつくるために取り繕われた言い回しの集まりにすぎません。ユダヤ教の教え全体を理解するためには、本、説教、聖書から除外された部分なども含めた、あらゆる文献を読む必要があると言えます。キリスト教徒が聖書外典や、聖書から削除された福音書や書簡のすべてを読む必要があるのと同じことです。ユダヤ教の教えの中で、成長のために最も価値のある教えは、ヨブ記と伝道の書だと私たちは思います。この二つは他の多くのものよりも、本当の教えとより密接に結びついています。イザヤなど何人かの預言者たちは、霊的能力をもっており、彼らの能力は予言は神権政治の都合で変えられたり、後の出来事に合わせて調整されたりしてはいますが、彼らの能力は本物であり、彼らはこの道をしっかりと歩んでいる者たちでした。

「なぜこの二冊の書物だけをあげたのですか」とデービッドが質問しました。

なぜならこれらの書物はそれぞれ、探究の性質の一部を明らかにしているからです。ヨブの場合は霊的成長と、緊張によって促進される〈本質〉のあらわれを明らかにしています。最後の後悔の部分は、正確ではありません。旋風の中からヨブに語りかけるのは神ではなく、すべてを認識している彼の〈本質〉です。より大いなるものの一部であるというここでの彼自身の気づきは、すべての老年期の魂になんらかの方法でおとずれる気づきです。伝道の書は〈偽の人格〉対〈本質〉について、信心深く厳格な人々にも受け入れやすい言葉で表現したものです。

イスラム教はもちろん、超越期の魂の顕現を起源としています。無限期の魂の顕現が霊的変化をもたらすように、超越期の魂の顕現には社会的大変動をもたらすという特別な目的があります。モハメッドという男性は道徳規範の発展へ向けてかなり大きな功績を残しました。それはハンムラビ法典以来最高のものでした。しかし社会構造のために、社会規範であったものが本来の意に反して、宗教の教義へと変えられてしまいました。このことを頭に入れてコーランの教えを読むと、あなたがたはその内容のほとんどが値打ちのある、有効なものであることがわかるでしょう。民衆の宗教的要求に合わせて教えを歪めることは、結果としてその教えの誤解よりも、教えの誤用を引き起こしました。

「メッカ巡礼の重要性とは何ですか」とコリーンが質問しました。

それはその社会のメンバーが集まって、それぞれの働きについて話し合うことによって、社会が進歩し続けるために有効だというだけのことです。モハメッドの生きていた頃にもこのような集まりがありましたが、当時はそれほど多くの人々が関わってはいませんでした。

「なぜ女性に対するイスラム教徒の態度は抑圧的なのですか」とデービッド・スワンが質問しました。

青年期の魂の宗教的活動のほとんどが、誰かに対して抑圧的です。女性は長い間、この抑圧の対象になってきました。イスラム教の構造は古くからの社会規範と、モハメッドが未亡人たちに売春をさせたり、飢え死にさせたりせずに済むようにとつくった規定に基づいています。不運にも、この規定は男性の都合で女性を乱暴に扱い、孤立させるための許可としてとらえられてしまいました。初期のギリシアにも同じような展開が見られます。途方もないほどに高い乳児死亡率のために、当時は大家族をつくることが最大の関心事でもありました。【より多くの男子を出産する能力だけに、女性の価値を見出すことによって、この問題になっている社会は親密な関係に対する恐怖をあらわしており、その恐怖は今日まで「男性」の理論的枠組の中にとどまっています。〈学者〉の筆記録より)】

ヒンズー教の宗派は、シュリ・クリシュナを通して無限期の魂が顕現した当時に始まりました。その古くからの宗派は外国の侵入を受けるまで、もともとの叡智のほとんどをとどめていました。しかし外国の侵入によってそれは弱められ、疑いと装飾によって改悪されました。ヒンズー教を弁護するためにひとつ言えることは、その教えが現在どれほど歪められ、改悪されていようとも、それが魂の人生のサイクルに関するロゴスを保持しているということです。

制限的で破壊的なカースト制度の由来は〈本質〉の役割の性質にありますが、それらは〈本質〉をあらわすことを促進するのではなく、専制的な規範となり、受け継いだ家系によって決定づけられ、そのために社会全体を厳格で否定的な構造の中に閉じ込めてしまいました。ここでの大きな歪曲は、子供たちが両親と同じ〈本質〉をもつという間違った考えであり、これはまったく不合理なことです。オーバーリーフを見れば、こんなことはほぼあり得ないことがあなたがたにもわかるでしょう。

「私たちが動物として魂の経験をするという、ヒンズー教の教義についてはどうですか」とコリーンが質問しました。

それはバラモン階級が自分たちの権力を強めるためにでっち上げた歪曲です。以前にも述べましたが、動物たちは群れの魂をもっており、感覚のある存在たちは進化と変化が可能な〈断片〉の魂をもっています。そのことをあなたがたが覚えていれば、理解できるでしょう。

「それはあまり多くの人に受け入れられていることではありません」とルーシーが言います。

私たちは人気競争をしているのではありません。

「ヒンズー教の神学に見られる、数多くの神々や女神たちについてはどうですか」とサムが質問しました。

それらは大部分が自然の力を人格化したものですが、中には〈本質〉やオーバーリーフを表現したものもあります。現在ではシバとカーリーが極性をあらわしているということ以外に、その機能を識別することがほぼ不可能ですが、この二人の神の間でさえもオーバーリーフとその極性の性質が、自然の力と混同されています。

「マイケルはヒンズー教が好きなようにきこえますね」とウォルターが述べました。

私たちは好むことも、嫌うこともありません。私たちはそのような感情をもつことができません。私たちは教えを提供します。あなたがたは私たちの言葉をきくかもしれませんし、きかないかもしれません。その判断はあなたがたにお任せします。

道教は老子を通して無限期の魂が顕現した当時から起こりました。老子というのは名前というより、肩書きであるとあなたがたは見なしているかもしれません。道教の現在の様式は、現存するロゴスの最も純粋な例です。単純さゆえに、理解するのが難しい場合が多くあります。生徒たちの大半が、このような単純さよりも、複雑さと面倒な事態を求めるからです。

「なぜ道教はそれほど純粋なのですか」とクレッグが質問しました。

それは主に外国の侵入を受けなかったためです。また、ほとんどの生徒たちがこの単純さに当惑したために、あまり装飾がなされなかったとも言えます。道教では擬人化がほとんどなされなかったために、すっきりしたロゴスの見解を生徒たちに提供しているということを、覚えておいてください。

「マイケルは『老子道徳教』を学ぶことを勧めますか」

学ぶ価値のある資料だということは間違いありません。孔子は社会的変化が避けられない時期にあらわれました。孔子の著述には、たとえ話を通して語られる正しい教訓があり、〈学者〉と〈戦士〉たちにとって社会的にも倫理的にも、非常に実用的な助言が書かれていますが、その他の者たちにとってはほとんど価値がありません。現在に残されている教えは、かなり色あせてしまっています。ここでもやはり、社会の中で権力者たちの都合のために、この教えに対する先祖たちの責任がその子孫たちを支配し、厳格な社会構造を築くための方法として利用されました。【もちろん孔子の「教え」は宗教ではありませんが、社会的ふるまいの理性的基準であり、「適切」で「賢明」な態度を法典化したものです。〈学者〉の筆記録より）】

「易経についてはどうですか？　これは道教と孔子の教えの両方から生じたものです」とコリーンが質問しました。

それはタロット・カードやクリスタル・ボール、そしてウィージャ盤などのような小道具のひとつです。〈偽の人格〉を脇に置いて、〈本質〉と内なる対話をするのを可能にする方法のひとつです。それは実際には対話ではなく、独白です。私たちはこのような小道具を侮っているのではありませんが、易経にあることのほとんどは、二〇世紀の西洋文化に適さないということを、指摘しておきたいと思います。

仏教はシッダールタ・ゴータマを通して無限期の魂が顕現した当時に始まったもので、老子の教えに続いて、最も純粋で歪みのないロゴスへの入り口です。仏教の僧たちの中には、彼ら自身が言っているとおり、本当に自分の過去生のすべてを明確に覚えていて、すべての筋道を見分け、自分の協定や関わりを認識し、自分と同じ集合的存在の仲間たちに気づいている者もいます。他の者たちはこの知識をもっているふりをしますが、実際にはもっていません。前者と後者を見分けるのは簡単ではありませんが、本当に賢明な者はその事実をひけらかすことがめったに無いことを覚えておくことが大切です。

ゾロアスター教は最初に超越期の魂の顕現をもって始まりましたが、その教えの大部分は失われてしまいました。それは戦争のためであると言えるでしょう。この顕現は好戦的な戦士の国に起こり、軍人たちによって伝えられてきたからです。このことを頭に入れて最も初期の記述を読むと、ゾロアスター教の言葉と老子の言葉、シッダールタ・ゴータマの言葉、そしてその他の超越期または無限期の魂と入れ替わった魂たち全員の言葉に、類似性があることに気づくでしょう。

「マイケルが入れ替わったという時、正確にはどのようなことを意味しているのですか」とエミリーが質問しました。

魂は住処《すみか》を交換し、肉体を明け渡した魂はアストラル界に戻って人生を回顧し、この変化によって完了せずに残された人生、モナド、一連の結果などがないか決めます。肉体を明け渡した魂がひどい目に遭うのではないかとあなたが心配しているなら、そんなことはありません。実際には、魂が早すぎる死や暴力的な死を迎えてアストラル界に戻る場合よりも、入れ替わる場合のほうがかなり衝撃は少ないです。このようにして入れ替わった魂は、素早く生まれ変わることが多くあります。モナドとそれに伴う一連の結果を完了させるために、関係するすべての者たちがまだ生きている間に生まれ変わろうとするからです。

モナド、一連の結果、そして協定とは、正確には何ですか?

モナドとは本質的な構成単位であり、必要な経験です。それらを完了するには、一度以上の人生を費やすことが多くあります。化学と哲学の両方で、モナドは単一で不可分であると教えています。モナドはかなり数多くあり、対人関係のモナドもあれば、個人的なモナドもあります。

最も一般的なのは親：子、生徒：教師のモナドです。親：子モナドは通常、青年期の魂のサイクルで完了され、生徒：教師モナドは成熟期と老年期の魂のサイクルで完了されます。これはそのような関係すべてが、モナドの関係であるという意味ではありません。モナドは一度だけ実行されます。すなわち、あなたがたが親：子モナドの子供側を経験するのは一度だけであり、親側を経験するのも一度だけです。あなたがたはこれらのモナドを、同じ魂とともに経験します。生徒：教師モナドであなたがたに教える教師の魂は、あなたがたの生徒になる魂と同じです。ひとつ例を紹介しましょう。あなたがたが幼年時代を両親のうちのどちらか一人だけと関係をもって過ごした人に出会ったとしたら、その人は親：子モナドの子供側を経験している可能性があります。同じようにその人の親も、同じモナドの親の側を経験している可能性があります。生徒：教師モナドは学校のような環境で生じるとは限りません。実際には、学校教育の性質として、教師は何人かの生徒たちに注意を分配しなければならず、それは生徒：教師モナドの性質と異なるために、学校のような環境でこのモナドが生じることはほとんどありません。それぞれの〈断片〉は、わかりやすい例をあげると攻撃者と犠牲者、治療する者とされる者、情熱的な者と抑圧的な者、依存する者と独立する者、救助する者とされる者、どうしようもなく愛する者と愛される者などになることを経験しなければなりません。近頃成人期の人生の危機として認識され、処理されていることの大半が、対人関係のモナドや、人生の重要な時点と関連しています。

一連の結果とは普通、そのままの意味です。合意のうえの経験や仕事を完了する方向へと〈断片〉を導く、一連の出来事の結果です。協定と一連の結果には密接な関係があります。あなたがたはある一連の結果を実行することを合意します。しばしばある〈断片〉が世話人となってあなたがたの人生にあらわれ、別の〈断片〉にあなたがたを紹介したり、ある特定の場所に案内したり、あなたがたの仕事がより楽に完了されるようにするためのメッセージを伝えたりします。この場合もやはり、親は子供たちとの間に、環境の管理に関する一連の結果をもっている場合が多く、子供の〈断片〉は人生の仕事を完了するために、この一連の結果に取り組まなければなりません。このような家族間の一連の結果は、抑圧的な神経症や、異常な厳しさと思えるようなこと、特に宗教的制限のようなものと関係している場合が多くあります。生徒とお気に入りの先生との間でお互いに一連の結果をもっている場合もしばしばあります。仕事の完了に繋がる、必要な情報を伝えるという、特別な目的のためです。一連の結果はしばしば、病気、死、移住などのような自然な出来事によって、中断されます。協定を完了しようという衝動は、カルマのリボンを焼き払おうとする衝動ほどに、強くはないからです。しかし、一連の結果がモナドを完了するために設定される時、その衝動はカルマに引きつけられるのと同じくらい、あるいはそれ以上に強くなります。

モナドとは完全な人生経験のひとつであり、知識の塊からなるため、それが中断された場合、あなたがたは別の人生で最初からやり直し、終了しなければなりません。特定のモナドを完了することは魂の進化の一部であり、サイクル内でのレベルを進んで行くためには、数々のモナドを完了していくことが必要です。モナドは教育が〈人格〉に影響を及ぼすように、魂の進化に何らかの影響を及ぼすと言えます。子供は読み書きをするのに必要な目と手の連携を発達させるために、絵を描くことを学ばなければなりません。これと同じように、〈断片〉が次の段階に進む前に経験しなければならないモナドがあるのです。

私たちはこれに決められた体系があって、青年期の中期サイクルに達するまでに、誰もが自動的に親：子モナドの親側になると言っているのではありません。〈断片〉は人生の合間に、どの人間関係のモナドを達成するかを選択します。人間関係のモナドはもちろん、人生の一部です。

何らかの理由でひとつのモナドを完了できなくなったとしたら、どうなりますか？

それはあなたがたの選択次第です。いつかまた別の人生であなたがたはそのモナドを完了するでしょう。

モナドは職業的な生活と関係していますか？

いいえ、そのようなことにはあまり関係していません。しかしあなたがたの職業の選択が、あなたがたがいつ、どのようにモナドを完了するかに影響することはあります。あなたがたが自分の〈本質〉に近い仕事をしていればいるほど、より簡単にモナドを完了できます。

親：子モナド以外にも、モナドは家族生活の一部ですか？

いいえ、必ずしもそうではありません。それが都合の良い場合もあります。モナドは親と子よりも、兄弟姉妹の間にある場合が多いです。兄弟姉妹は両親よりも長い期間、互いの人生に積極的に関わり続けることがあるからです。

モナドはカルマの一部ですか？

いいえ、本質的にそうではありませんが、大きなモナドがカルマの負債と支払いに結びついている場合もあります。しかし、それはかなりまれなことです。一般的には、モナドはカルマと同じように、それ自体がかなり強力なものであり、他の作用を必要としません。〈断片〉がモナドの関係を放棄することを決めた時に、結果としてカルマの負債をもたらすことはあります。依存する者と独立する者のモナドの関係において、独立する者がその関係を放棄し、相手の依存する者を結果として死に追いやった場合などがそうです。このような場合、モナドは完了しないままとなり、カルマの負債がひとつ加えられます。

互いに支えあう関係はすべて、モナドの関係ですか？

そうである場合もあります。かつての戦友や同じ集合的存在仲間、あるいは最も強い関係としては本質的双子などのように、過去生での関係の結果である場合もあります。

性的関係もモナドの関係ですか？

そうであるものもあれば、そうでないものもあります。それぞれの関係は独自であり、私たちは一般的な意見としてこの質問に答えることはできません。

〈性センター〉があるということは、それをより深い意思の疎通のために利用することができるということですか？

それはあなたがたがどのようなことを伝え合いたいのかによります。あなたがたがテレパシーを使えるのでない限り、目に見えて明確な表現だけが、本当の表現として受け取られます。あなたがたはその表現を五感のうちのひとつを通して受け取り、それを他者に伝達しなければなりません。もしあなたがたがこれをセックスを通してできるとしたら、あなたがたはテレパシーを使えるということになります。

セックスについて考えることの何が悪いのですか？

何も悪いことはありません。しかし、セックスについて考え始める瞬間に、あなたがたは〈感情センター〉あるいは〈知性センター〉を働かせ始めます。そうすることで〈性センター〉からは活力が失われます。

しかし性的に興奮している人々はより多くの活力をもっているように思えます。

これはより高次の活力源であり、数分間、あるいはそれが本当に興味深いものであれば数時間に及んで、あなたがたはこの効果を感じることができます。

その効果は有効ではありませんか？　性的高揚を探究する方法はありませんか？

あなたがたが性的高揚と呼んでいることは、〈性センター〉を使ってより高次センターにつながることです。肉体的な行為は、わずかな労力だけで行うことができます。問題なのは性行為をしている時、あなたがたがこれ以外の側面にばかり結びついているということです。このことを私たちは言いたいのです。

そのような種類の性的高揚にたどり着くための方法はありますか？

あなたがたが求めているのが決まった手段のようなものなら、そのようなものはありません。まったくテレパシー的である時、セックスの経験は最も深遠になります。多くの者たちはまさにこの理由から、肉体関係からしりごみします。このような親密な関係に自分自身を開くことを恐れるからです。より古いサイクルの同じ集合的存在の仲間同士では、お互いをさらけ出すような関係を経験することもあります。特に過去生での結びつきが数多くある場合には、このようなことが起こります。他にはかなりまれではありますが、性行為をしている者同士が双子の魂である場合があります。

双子の魂とは、同じ集合的存在仲間で、同じ〈本質〉の役割と、同じオーバーリーフをもつ者同士という意味ですか？

いいえ。本質的な双子は、ほとんどが同じ〈本質〉の役割をもっていますが、同じ集合的存在からではなく、別々の集合的存在から同時期に投げ出されることが多いです。双子の関係は全サイクルを通して続きますが、その関係が完了することはまれです。ほとんどの者たちがそのような関係を拒絶します。

なぜそんなことをするのですか？

そのような関係があまりにも恐ろしいからです。双子の魂の間には、完全な霊的結合が存在します。個々の知覚というものが、もはや無いのです。個性が完全に失われます。ほとんどの者がそのような関係に反感や敵意を抱くようになります。双子の魂が結びつくことは衝撃的な経験です。これほどまでに結びつきの強い魂は、肉体もひとつであると言えます。

それは比喩であって、実際には彼らは別々の体に入っているのですよね？

私たちは、あなたがたがそのような関係を恐ろしいと思うだろうと言っているのです。もちろんあなたがたは自分の体の中にとどまりますが、双子の魂の結合の強烈さは、特にそれが性的に表現された場合、物質界における他のどのような経験よりも、はるかにエクスタシー的な経験になります。本質的な双子同士は、もし互いを受け入れることができた場合、一緒に居続けるためにどんなことでもします。

一緒に死ぬこともありますか？

取りうる道が厳しいものである場合には、そうすることもあります。私たちはこのような関係が、極めて情熱的なものばかりであると言っているのではありません。それはオーバーリーフの性質によって決まります。例えば幼児期の〈学者〉はひとつの規則として、極めて情熱的になるということがありません。そのサイクルと〈本質〉の性質に反するからです。〈学者〉たちは常にそっけない態度をしており、〈職人〉たちもそうです。

恋愛の末に心中をする者たち全員が、離ればなれになることを拒んだ双子の魂たちだということでもありません。むしろ若者の恋愛による心中は、大げさな演出に夢中になっているだけの場合が多くあります。意気消沈した〈賢者〉たちは、最も派手な自殺を図りますが、彼らの大半は本当に死ぬつもりはなく、その試みによって注目を集め、利益を得ようとしているだけです。もちろんすべての〈断片〉は自殺を経験しなければなりません。疫病や戦争による死、処刑、飢え死に、その他のあらゆる死に方をすべて経験しなければならないのと同じことです。これは永遠の作用の一部なのです。

自殺は生まれ変わるたびに繰り返される傾向がありますか？

いいえ。魂はやがて自殺が無益であることを学びます。例えば、もし末期がん患者が自殺したとして、その者の残りの人生の学びの期間が五〜六ヶ月だったとしたら、その魂は後の人生で乳児期に死亡する経験をします。【これは不自然な延命治療が必要だという意味ではありません。そのような延命治療は選択に干渉するため、もし死にかけている〈断片〉の選択に反するような延命が行われた場合、生き続ける意志のない〈断片〉に生きることを押し付けた者たちがカルマの負債を抱えることにもなり得ます。〈〈学者〉の筆記録より）】

死の経験そのものについてはどうですか？　もし自殺が無益だとしたら、なぜこれほど多くの人々が自殺するのですか？

これにはもちろん、ひとつの答えはありません。あなたがたが意気消沈している場合、死は恐ろしい経験になります。憂うつのすべては、あなたがたが死んでも続きます。このため自殺した者は元に戻って、彼らが放棄したことをやり直さなければなりません。そうしなければ前進できません。

自殺の傾向とは、〈偽の人格〉と〈本質〉との葛藤から生じるように思えます。

それは多くの場合において、基本的に正しいです。

では、そのような破滅を招く者の〈人格〉はどうかしているのでしょうか？

彼らはただ、生き残ろうとしているだけです。生き残りとは、生物にとっての目標です。〈本質〉の目標はエクスタシーです。

肉体と〈偽の人格〉は、常に〈本質〉とすれ違っているように思えます。

たしかにそうです。しかしあなたがたは限界があることを仮定しており、それは正しくはありません。少

しの間、物理的な宇宙をひとつの巨大な舞台とし、その中に存在する物質的なものすべてをその舞台装置と俳優としてみてください。次にカルマの可能性またはカルマの体系を見てください。それは人生という演劇の監督として見ることができます。物質界であらゆる人生を経験している魂たちには、霊的成長を求める必要がありません。彼らはサイクル全体を通して、目覚めていながら眠った状態で生きることができます。探究の道を歩むことを選択した瞬間から、あなたがたは俳優組合のリストから抜けることができます。カルマのリボンがなかったら、魂はあまり多くを経験できません。すべての人生を経験することは間違いなくありません。この演劇はもちろん、偽りです。その中に見出すことのできる真実は何もありません。唯一の真実は、そこを越えた本物の空間にあります。そこでは〈本質〉が最高の脚本を自由に選ぶことができます。〈断片〉がまだ経験していない、物質界での人生の側面のいくつかを経験することを可能にする脚本です。それらは私たちがオーバーリーフと呼ぶものによって、促進されます。ある特定のオーバーリーフの組み合わせは、特定の種類の活動へと導きます。例えば、古い負債を引き出すことなどです。あなたがたが探究の道に足を踏み入れた瞬間から、このようなことがなくなります。あなたがたは脚本が存在することに気づくとすぐに、そこから外れることができます。あなたがたがもし望むならば、後悔することなく完全に脚本から外れることができますが、これは難しい作業です。それに気づくだけでも、十分に辛いことです。より高次の表現に接触することのできる、あなたがたが〈本質〉と呼んでいるものは、常に本物の空間で機能しています。〈偽の人格〉はまるで広場恐怖症の者が広い野原を恐れるように、本物の空間を恐れます。

では精神の憂うつや怒りは、誤解された知覚や期待が原因のように思えます。

その期待の中に、少しの現実性を探してみてください。歩くためには、一歩一歩進むことが有効です。霊的解放についても同じことが言えます。

怒りとは恐れが原因なのではありませんか？

満たされない期待こそが、怒りの唯一の原因です。それ以外の原因を私たちは知りません。期待するのを止める時、あなたがたは怒りを感じなくなります。あなたがたの期待は、必ずしも楽しいものばかりではありません。不幸が起こることを心配することや予測することも、期待です。

これはあなたがたが自分の内面に起こる衝動を打ち消すべきだという意味ではなく、そのような衝動を否定しない方法を学ぶべきだということです。否定があるところに、理解は存在しません。あなたがたはこの点について、何らかの障害をもっています。この文化は基本的に、攻撃性に対して偽善的です。この文化は攻撃性を非難するように見せかけて、それを若者に教えます。この結果混乱が生まれ、多くの者たちが攻撃的な傾向はすべて、良くないものと思い込んで成長します。また、攻撃的で自由奔放な環境で成長する者たちもいます。ほとんどの者が自分の内面の消極性と攻撃性の比率に混乱しています。

これは戦争が起こる時などのように、賛成したり反対したりする場合に、大きく影響するように思います。

このようなことが起こるのは、あなたがたの世界に青年期の魂が数多く存在しているからです。彼らは物質的な業績に対する欲求に動かされています。

しかし戦争はなぜ必要なのですか？　なぜ戦争が私たちに押し付けられるのでしょうか？

高次元の存在は何も押し付けたりしません。サイクルがそれぞれ独自のカルマを負います。戦争が起こる理由は、サイクルをとおした世界や自己の知覚方法を学べば、はっきりとわかります。現在数多くの国々では、初期のサイクルの青年期の魂がその人口の大部分を占めています。あなたがたの国がその最も適切な例です。その他の国々では、成熟期の魂が人口の多くを占めています。これらの国々は第二次世界大戦において、中立の立場を選びました。老年期の魂の国々は平和主義で、戦うよりも支配に服従するほうを選びます。

私たちがすべての戦争を無くすことは可能ですか？

あなたがたにそれはできません。協力はほとんど得られず、あなたがたは無意味な犠牲者になるだけです。

戦争に反対していながらも、戦争で死んでいった戦士についてはどうなりますか？　彼らはすぐに生まれ変わりますか？

いいえ。通常そのような死は、彼らが自ら選んだ限定的なリボンであり、彼らが選んだ人生の役割です。唯一の例外は、日本で原爆の被害にあった者たちです。彼らのほとんどはすでに生まれ変わりました。また、強制収容所で死んだ者たちも、全員がそれを選択したわけではないというよりは、愚かな選択がなされたということです。

火事や洪水などの自然災害についてはどうですか？

このような場合も通常は選択によるものです。

行き過ぎて地球を破壊してしまうのも、時間の問題のように思えます。

この惑星を破壊する計画はまだありません。だからと言って、あなたがたが地球を略奪して良いという意味ではありません。しかしあなたがたの多くはまるで、地球を略奪する許可を持っているかのように振る舞っています。【無視することによる略奪は、暴力による略奪と同じくらい有害な結果をもたらします。〈〈学者〉の筆記録より〉】現在自分たちがつくり出している悪臭の中で、あなたがたは次の人生も生きなければならないのだということを、覚えておいてください。もしあなたがたが利他的になれないのであれば、利己的になってください。あなたがたはゴミ箱の中で一生を送りたいと思いますか？

このことは人々に途方もなく大きな負担を負わせませんか？

そうです。そしてあなたがたの社会は、ストレスを自慢としているのです。数多くの〈断片〉がこれに対処できず、深く悩まされます。

もう少し詳しく話してもらえますか？

悩める魂という時、私たちは精神の分裂につながる数多くの理由のことを言っています。

彼らが元どおり回復することはありますか？

その人生の間にはありません。

悩む原因はきっとカルマですね？

成熟期のサイクルの間には、経験したことのない刺激の総攻撃を受けることになります。これはよく言っても対処するのが難しいものです。もし魂が受身の役割と肉体を選択し、特に貧しい環境を選んでいたとしたら、その圧力は耐えられないものとなります。最終的な選択は、常にあなたがた次第です。私たちはただ、手引きをしているだけです。私たちが選択を押し付けることは、決してありません。

あなたがたはすべての魂に、何らかの違いがあることを認めています。それは個性のように思えます。それぞれのもち味や香りのようなものであって、経験的なことではありません。これはアストラル界のサイクルや他のサイクルへともち越されるのですね？

あなたがたがすべてのオーバーリーフを経験した時には、わずかな個性が残されていますが、それは本当にごくわずかです。そしてこの話にはまだ続きがあります。あなたがたが人々を、彼らの〈本質〉の役割で知覚し始めるようになると、さらに個性が認められなくなります。

これは以前にも言いましたが、繰り返して言っておきます。協定はカルマと違って、〈人格〉が何らかの方法であらゆる人生を経験できるようにするために、結ばれるものです。そのために何度の人生が費やされようとも、〈本質〉は気にしません。〈本質〉は不死であり、あなたがたが知っているような時間の感覚をもっていません。協定を結ぶのは、アストラル界のあなたがた自身です。それは転生の合間においては主に〈本質〉の役割であり、主に〈本質〉のままに存在し、わずかな〈人格〉の名残をもっています。〈本質〉は協定を結びません。〈本質〉の役割は、〈本質〉と〈人格〉の両方の状態にあります。それは〈本質〉の感覚をもっていますが、物質界に惹かれています。

この過程を速めるための方法は何かありますか?

自らの高次センターと繋がっている老年期の魂に、加速が起こることがあります。成熟期の魂も、サイクル内で加速することができます。青年期の魂はカルマのリボンを素早く焼き払い、加速することが時々あります。エリザベス・ブラックウェル〔訳注:イギリス出身の世界最初の女性医師(一八二一~一九一〇)〕とフローレンス・ナイチンゲールがその例です。パストゥール、ウォルター・リード〔訳注:軍医。黄熱病のウイルスの発見者(一八五一~一九〇二)〕、マリー・キュリー、フランク・ロイド・ライト〔訳注:アメリカの建築家。近代建築の三大巨匠の一人(一八六七~一九五九)〕は加速して、一生涯の間にひとつのレベルを超えました。

高次センターにはどうやってたどり着けるのですか？

平均的な魂は極度の緊張や苦痛を経験する瞬間に、高次センターを垣間見ることがあります。

11章　カルマのリボンを焼き払う

「高次センターは、極度の緊張や苦痛を通して感じられるとマイケルが言うまで、グループの誰もがこのようなセンターを経験したがっていました。しかし彼がこう言ったあと、その熱狂は立ち消えになってしまいました」とジェシカが少し悲しげに笑いながら言います。

「私たちは、苦痛にはあまり興味がありません」とルーシーが言います。

「私にはわかりません」とジェシカがゆっくりと言います。「私はかつてのようには、苦痛を恐れていません。大学生の頃はどんな痛みであっても、痛みを思い浮かべただけで気絶してしまいそうなほどに、痛みを恐れていました。どんなことをしてでも、痛みを避けようとしていたと思います。今では苦痛を歓迎するということではありませんが、対処できると思います。痛みに恐怖を覚えることは無くなりました」

「中世における修道士たちのむち打ちの刑は、自らに加えた痛みによって高次センターに到達しようという試みであったと、マイケルが言いました」とウォルターが付け加えます。「しかし痛みを超越できれば、霊的に素晴らしい経験ができるということを理解していた者は、ほとんどいなかったそうです。不幸にもむち打ちのほとんどには、加虐被虐性愛の性的絶頂感だけがあり、超越した経験がされることはありませんでした。中世の教会がセックスについて異常な態度を示した理由のひとつが、このような事実のためです」

肉体も時間ももたない集合的存在であるマイケルのような存在が、肉体関係についてこれほどの時間を費やすのは、おかしなことではありませんか？

「いいえ、そうでもありません」とジェシカが言います。「どうやらマイケルは私たちの人生に適用できることを伝えたがっています。私たちは物質界に存在しており、そこでは人間関係が非常に重要なため、このようなことに時間を費やしているようです。マイケルは人間関係の問題を解決するために、かなりの時間を費やして私たちを手助けしてくれました。十回ほどセッションに参加した後、来なくなった一人の女性がいました。彼女はかなりひどい結婚生活を送っていて、ひどい状態であることを自分でも知っていました。そこから抜け出さなければならないということに気づいていましたが、それができなかったのです。何かが彼女を夫のもとにとどまらせていました。彼女は精神科医のもとを訪ね、自己主張訓練に参加し、頭の整理をするためのさまざまな講座にも参加しました。それでも悪くなる一方の結婚生活にとどまっていたのです。マイケルはこの結婚の問題について、彼女にできることを何も提案しませんでしたが、なぜこの関係から離れられないのかという理由を、彼女に伝えました」

この男性は「受容」を目標とし、「情熱」のモードにある第六レベルの青年期の〈職人〉で、「頑固」を主特性とし、〈感情センター〉にあって「知性」の要素をもつ「現実主義者」です。この女性は「服従」を目標とし、「観察」のモードにある第二レベルの成熟期の〈聖職者〉で、「せっかち」を主特性とし、〈知性センター〉にあって「運動」の要素をもつ「実用主義者」です。この二人の関係はどのような状況下においても、維持するのが非常に難しい関係です。しかしこの関係には、ひとつの負債があります。キャロラインという女性は、ハロルドという男性に借りがあります。三回前の人生でこの〈断片〉は、当時彼らが暮らしていた小さな村が外国の軍隊の侵略を受けた時に、年老いて目の見えない親を見捨てました。この時キャロラインという女性が親を見捨てた息子で、ハロルドという男性が見捨てられた目の見えない父親でした。この女性は負債を支払いたがっていますが、男性は支払いを受けたがっていません。これは珍しいことではありません。今回の人生では、この負債を清算することができないかもしれません。

「キャロラインにとってこれは向き合うのが非常に難しいことでしたが、彼女は自分の内面の不愉快ながらも馴染みのある感情に思い当たったと言っていました」とジェシカが言います。

カルマの負債を支払うのを遅らせることは可能ですか？

「負債を支払うべき相手がそれをさせなければ……そのようなこともあるでしょう」とジェシカが肩をすくめて言います。

キャロラインはどうすることにしたのですか？

「彼女はそれから一年間ハロルドとともに過ごしましたが、やがて彼女は彼に次の人生でまた努力してみるつもりだと告げました」

そのことについてマイケルは何か言いましたか？

「もちろんです」とジェシカが答えました。

キャロラインという女性は自分の負債を認めていて、ハロルドという男性は彼女がその負債を返済するのを拒みました。この場合、二人が婚姻関係を解消したのは賢明なことでした。このような状況下で関係を続ければ、さらなる負債を抱え込むことになったはずだからです。

同じ人に対して、一つ以上の負債を抱えることはありますか？

もちろんあります。お互いに負債を負っている場合もあります。後者の場合、物質界での人生の間に〈断片〉が互いに負債を抱え合っていることに気づくことができれば、互いの負債を取り消す協定を結び、負債を消してしまうことができます。しかしここで強調しておきたいことは、両者がこれを行うことを進んで受け入れ、正直に負債を認め、負債を取り消す協定を本当に理解していなければならないということです。すなわち、両者が互いに何をしているかを、完全に理解していなければならないということです。

その負債が何であるかを知っている必要がありますか？

必ずしも必要ではありませんが、知っていれば役立ちます。

マイケルは結婚の誓いが永久的ではないと思っているようです。

永久的ではありません。それは物質界における契約であり、その大半が期待と〈偽の人格〉の一部です。あなたがたの文化において、一対一の永遠の関係を求める願望は、工業的な社会が生み出す孤独や寂しさを基礎として生じています。これは文明社会の極めてひどい代償です。長期的に見て、特に広範囲に及んで法的問題が生じる場合には、このような関係は不満や不必要な消極性をつくり出し、本来成長のために使われるべきであった活力の多くを浪費してしまいます。何よりも静けさが、たとえわずかであったとしても、成長には必要です。この静けさは内面から生じるものであって、外部から生じるものではありません。後者は偽の静けさであり、別の力によって簡単に破壊され、一瞬でかき乱されるものです。

私たちは結婚の習慣そのものに反対しているのではありません。私たちはそれが立法上の義務になっていることが、よくないと思っています。むしろ私たちは個人的な契約上の責任について話したいと思います。これはもちろん、より開かれた道への、ひとつの選択肢としての話です。私たちはこれを上級の生徒たちにしばしば勧めます。これには関係しているもの全体の高いバランスのレベルが必要となります。

この文化においては残念ながら、いったん堅い契約関係が結ばれると、その二人はこの対人関係において驚くほどの変化に耐え、生きることがあまりにも辛くなって逃げ道を探し求めるような時点にまで到達するようなことが、しばしばあります。もちろん、これは刷り込みによって起こることであり、理想の相手に期待できる限りの学びをします。あなたがたはおそらく他の多くの人たちよりもこのことに気づいていて、「優しい罠」を避けようとしています。この学びに打ち込んでいる生徒にとっては、対人関係の中に危険はない「はず」です。

何よりも私たちは、繁栄も成長も期待できないような、男女関係の厳格な構造を好ましく思っていません。しかし、もしあなたがたがより開かれた道を受け入れるならば、そのような道を理解し、自らもそれを探し求めるような相手を、自分自身で選ぶことを、私たちはお勧めします。このような道はかなり開けた、安定した空間から生じますが、あなたがたの中にはまだ、古い傾向を繰り返し、探究の道から再び外れることへの恐れがかなりあります。

伴侶を選ぶ時、人間はどこで道を踏み外すのでしょうか？　誰もぴったりの相手をもとうとしないからですか？

全人類の中には、奇妙な発情期が作用していて、セックスの相手を求めさせます。社会的道徳観はこれを拘束力のある契約に固めさせることを要求します。これが金銭的な利益や、社会的地位と組み合わせられることがあります。その場合は通常、長続きする感情の重要性や、霊的重要性などは、まったく考慮されません。二人の人間が「かなりの共通点」があると気まぐれに決め込むことも、しばしばあります。これはほとんどの場合真実ではありません。なぜならどちらも本当の自分自身の姿を見せてはいないからです。二人はお互いを出し抜いて自分を良く見せ、セックス、お金、肉体的魅力、名声などを獲得しようと努力します。このようなことはすべて、〈偽の人格〉の特徴です。このような種類の性的魅力が長続きすることはまれです。それは初期のアドレナリンの流れに基づくものであって、長続きしません。アドレナリンの流れは暖かな情熱を生み出し、これが「愛」と勘違いされます。

「性」にセンターを置いている人たちもいますか？

はい、います。しかしそれは性的活力があるというのとは違います。性的活力は他のすべての活力源と分離していて、「高次の感情」に到達するために効果的に利用できます。

もしもより高いレベルでセックスを経験したとしたら、何が起こりますか？

知性に訴える性的絶頂感が起こります。魂全体でエクスタシーを経験します。肉体は満足することはあっても、このようなエクスタシーを経験することはできません。〈本質〉だけが、これを経験できます。この文化における性的行為は、かなり本能的であるということを指摘しておきたいと思います。それは友好的な身振りをすべて、性的な誘いと解釈してしまうほどです。そのような身振りが異性からのものであれば、性的な空想と期待が膨らみ始めるのです。

見通しはかなり暗いですね。これを改善する方法は何かありますか？

あなたがたがセックスに関してもっている否定的な考えをすべて捨てれば、より高いレベルでさまざまな性的出会いを果たすことが可能になります。このような性的出会いは、常に肉体的である必要はありません。最も価値のある性的出会いのいくつかは、あなたがたが眠っていると思っている時に起こります。これらはアストラル界における出会いであり、実際に知っている存在との〈本質〉同士の出会いである場合もあります。あなたがたが言うような性的興奮を得るためには、必ずしも性的に導かれる必要はありません。これは私たちがあなたがたにセックスを止めることを勧めているのでも、衝動や欲求を昇華させて、アガペーに到達したと自分自身に言いきかせるよう勧めているのでもありません。愛を性的に表現することは、他のあらゆる表現と同じように有効でためになることですが、文化的な圧力と期待のために、それは人間生活の他のどの側面よりも、マーヤーの対象となってしまっています。また、これは物質界において最も抵抗しがたい要素のひとつであり、そのために社会的な強制によって犠牲にされるべきではないのです。アガペーを経験する前に、あなたがたは個人的な愛を経験しなければなりません。そしてその最初の表現が肉体的な、性の表現です。サイクル内では、あなたがたの社会が認める性的関係もそうでない関係も含め、性のすべての側面を経験することになるということを、強調しておきたいと思います。

同性愛も〈本質〉の成長の一部だという意味ですか？

その場合もあります。あなたがた全員が同性愛者としての人生を経験します。しかし、あなたがたは生まれ変わる以前には、特に同性愛者になるか異性愛者になるかの選択をしませんが、この選択に繋がるような状況設定をある程度行います。同性愛者になるか異性愛者になるかの選択は、人生の非常に早い時期、通常は三歳になるまでに、第二の内なるモナドの一部としてなされます。あなたがたの精神分析医はこの点について正しいです。この選択は通常、最終的なもので取り消しができず、後でその選択を変えようと試みてもうまくいくことはあまりありません。あなたがたの文化の中には、この選択に影響を及ぼす他の要素もあります。この選択があまりに早い幼児期になされるために、〈人格〉の準備ができていない場合があります。これ以外には両性愛者たちもいます。彼らは例外なく老年期の魂たちで、自分自身の性別の感覚をすでに失っており、その瞬間に最適な方法であらわれた相手を誰でも愛することを、自分自身に許しています。イエスでさえも、互いに愛し合いなさいと言っていることを思い出してください。

誰かに片思いをすることについてはどうですか？　これも制限的なことですか？

成熟期の魂はしばしば、一生の間片思いし続けます。これは初めて「高次の感情」に触れた〈知性センター〉

をもつ者にとって、珍しいことではありません。拒絶、あるいは拒絶のような感覚が、いまだにエロスの概念や、誰を愛するかを選ぶ概念にしがみついている魂たちの中に片思いをつくり出します。

新たな関係の多くが、期待はずれに終るのはこのためですか？

あなたがたは活力の出力を複製できるだけです。状況を複製することはできません。多くの関係は、この問題に苦しんでいます。

では、もし関係を継続させる必要がないとしたら、それを終わらせる時にかなりの困難が伴うのはなぜでしょうか？　この辛さはどこからくるのでしょうか？

特に〈偽の人格〉と社会的な期待が大きく関係している場合には、怒りと失望からくることがあります。しかし、それだけではありません。うまくいっていた関係が終わりを迎える時、悲嘆する期間が必要なことは事実です。その時に経験される感情は、深い悲しみです。これは似たような関係が複製されるまでは、乗り越えるのが困難です。あなたがたは自分自身に愛することを許さなければなりません。青年期の魂が外傷または病気のために子供を失った場合、その子供の身代わりを求め、そうすることで二番目の子供の人生をみじめにすることがしばしばあります。二番目の子供は、もちろん失った子供の身代わりにはなれないからです。

もし私たちが、過去の他者との関係を覚えていられたとしたら、役に立ちますか？　ともに人生を過ごしたことのある相手や、カルマの負債をつくった原因などを覚えていられたとしたら？

老年期の魂の中には、夢が記憶である場合があります。その他の者たちはより低い程度で、記憶を再体験します。夢はアストラル界での出会いも含めた、さまざまな物事の媒体であるということを覚えておくことが重要です。過去の夢のすべてが、過去生の記憶であると思い込むことは、大きな間違いです。あなたがたは自分の夢を正確に覚えておくことができませんし、先週の木曜日の夕食に何を食べたかさえ忘れてしまっています。

他に何か方法はありますか？

もしあなたがたが学ぶことを求め、自分がそこで何を発見しようともそれを恐れないというのならば、成熟期の魂と老年期の魂は自己想起ができます。青年期の魂もカルマの貸し借りがある場合に、すぐ前の人生について自己想起ができます。

自己想起とはどういうことですか？

自己想起とは次のようなことです。あなたがたは野原に座っています。太陽が見えます。あなたがたは太陽を見て、自分自身の上に太陽の影響を感じます。木々の上にも、太陽の影響を見て感じます。物理的な環境全体に太陽の影響を見て感じることができます。木々を通した太陽の木漏れ日、ミツバチたちを活発にさせる日光、あなたがたの背中に降り注ぐ日光、光り輝くエネルギーとしての日光、光と熱の源としての太陽を感じます。このような印象のすべてを、あなたがたは個別にもち続けることもでき、統合された全体の経験として認識することもできます。これを行うためにはマーヤーから離れる必要があります。

自己想起とは、瞑想の一部ですか？

いいえ、違います。しかしこれは素晴らしい集中法であり、正確に言うと最高の集中法です。瞑想をするには、頭を空っぽにする必要があります。

ある人が頭を銃で撃たれた夢を見たとします。これは過去にこのような経験をしたという意味ですか、それともこれは〈本質〉からのメッセージですか？

どちらの場合もあり得ます。数多くの人々が、頭を撃たれています。しかしこのような夢の大半がメッセージであると、私たちは思います。銃弾が迫って来る時、あなたがたの頭が正しい位置にあれば、頭を打ち抜かれても何の問題もありません。

このようなメッセージはたくさんありますか？

あなたがたは〈本質〉をいつでも役立てられるのですが、あなたがたの多くは〈本質〉を締め出すことを自ら選択しています。あなたがたにとって馴染み深い〈偽の人格〉という牢獄を抜け出すのは、あまりにも難しいことなのです。

これを変えるために、マイケルはどんなことを提案しますか？

開放することが最善の取り組み方です。多くの者たちがかなり開かれた心をもっていますが、まだ閉ざされた通路がいくつかあります。あなたがたの中には怒りの無益さに気づいていながらも、怒りとして解釈されるような感情の扱い方を知らないために、怒りが生じるような状況を避ける傾向にある者もいます。また、あなたがたは自分自身の確証を信頼しない傾向もあります。あなたがたは自分自身の地位を確証していながらも、いまだにこれを認めたがらずにいます。これは間違ったやり方です。あなたがた自身が相手の地位を確証するまでは、相手の言葉や評価を受け入れないでください。これを行う能力は、あなたがたの手の届くところにあります。あなたがたはこれまで、本能的レベルの識別力を使って、誰を探し求めるべきかを本能的に見分けてきました。これからあなたがたはこれをより高いレベルで行う方法を身につけます。その知識はすでにあります。

老年期の魂になると、自分の経験をより鮮明に覚えているのですか？

はい、そうです。想起する能力は、カルマのリボンを焼き払った度合いによって決まります。

悪夢についてはどうですか？　本物の経験ですか、メッセージですか、それともアストラル界でのひどい経験ですか？

ひとつの答えはありません。しかし悪夢の大半は、本物の経験ではありません。そのほとんどは、あなたがたが現実の中で向き合うのを避けていることを象徴しています。夢が記憶である場合、それがどんなに恐ろしい状況であったとしても、悪夢によくある神話的な存在や象徴的な存在が登場することはほとんどありません。すなわち、もしもあなたがたが夢の中で頭が三つある犬に襲われ、その犬があなたを傷つけて蛇に変身し、あなたの肉体が溶けて、怪物が住み着く沼のように広がったとしたら、あなたがたは自分の罪の意識に対処する療法を受けることを考えたほうがいいかもしれません。もしもあなたがたが溝に横たわり、顔に泥をつけていて、きこえてくるのは悲鳴や馬の足音ばかりで、その中にコサックがやって来たと叫ぶ人々の声をきいている夢を見たとしたら、それはおそらくあなたがたが過去生でコサック人に襲われ溝の中で死んだということでしょう。

歴史を学ぶことが有益のようですね？

記録された歴史の中には、覚醒した師のもとで得られる学びの次に、最も重要な学びがあります。

記録された歴史が歪められていないかどうかを確かめるには、どうすればいいでしょうか？

あなたがたずねるなら、私たちは答えます。あなたがたは歴史を読む時、歴史家が何を得ようとしていたかを常に問いかけながら、読まなければなりません。その歴史家はある政治的見解を支持していましたか？　その歴史家はすべての歴史に、宗教研究、経済不安、階級闘争、社会の衰退などのような、基礎をなす主題があることを信じていますか？　この歴史家が言うこと、選択することは、彼自身の先入観を反映しています。歴史とは、あなたがた一人一人がつくり出している旅であるということを、覚えておかなければなりません。歴史は歴史家の都合のために存在しているのではありません。

マイケルは歴史をどのように学ぶことを勧めますか？

数々の人生の記録として学んでください。

研究の仕方は宗教的であるべきですか、科学的であるべきですか？

そのどちらでもなく、両方です。

どちらでもなく両方というのはどういう意味ですか？　宗教と科学は対立するものではありませんか？

対立などありません。宗教は〈感情センター〉から、科学は〈知性センター〉から取り上げられるものです。そこに調和があれば、対立は生まれません。科学的原理を理解することは、より高い知的能力を得ることにつながり、宗教を感じることは、より高い〈感情センター〉につながるための方法です。宗教と科学の学説は、両方とも〈偽の人格〉から生じるものであり、ここで取り上げて議論するようなことではありません。

しかし時間の経過によって物事が変わるのではありませんか？　何世紀もかけて、私たちが前進してきたことは確かだと思います。

まず、あなたがたが経験するような時間というものは、全次元の宇宙には存在しません。物質界における時間は、物理的宇宙がその周囲を進化するための、固定された水準として捉えられています。空間とは、三次元の物理的宇宙に限られた概念です。今の瞬間は、過去のすべてを含んでいます。今の瞬間は拡大し、過ぎ去ったすべての瞬間を包み込むことができます。全次元の宇宙は無限と永遠の両方の概念を含み、外側へ向けた果てしない拡大と、内側へ向けた収縮の両方を含んでいます。あなたがたが自分自身に課す制限は、あなたがたが全次元の宇宙を経験することを妨げますが、これは愛着、受容、同化、吸収、適合の五つの点の計画から始められると言えるでしょう。

時間、あるいは全時間は存在しますが、あなたがたの考慮の範囲内ではありません。「時間の経過」の感覚は、あなたがたの次元において非常に現実的です。あなたがたはこれを深い段階で信じていますが、混乱していますｍ。あなたがたはアブラハム・リンカーンが生きたような人生を、再現する必要があるかもしれません。平行時間枠が進化すれば、それもできるようになります。このような時間枠はたいてい、二千年周期になっています。「歴史は繰り返される」という格言は、悲劇的な真実です。あなたがたは現在、アウグストゥス・カエサルが統治していたのと同じ平行時間枠の中にあります。

二千年周期の重要性とは何ですか？

私たちはかつて存在していて、それ以来つい最近まで存在していなかった、哲学的風潮について言及しています。この哲学的風潮は、無限期の魂が顕現するために適切な条件をつくり出しました。もしあなたがたが当時と現在とを比較したいのならば、私たちは喜んで説明したいと思います。無限期の魂は哲学の不振、人種や宗教間の闘争などが起きる時、そして社会を団結させるものの破滅が差し迫った時などに顕現します。ローマでは現在と同じように、宗教に対する寛大さについて、口先だけの好意が示されました。しかし神々を追放したり復権させたりということが、定期的に行われていました。これに似たことがナチス・ドイツで起こり、彼ら（ローマ）は境界線がかなりぼやけた政党間の中で、自らの立場を見失っていました。贅沢が広く普及しわずかな努力で手に入れられました。繁栄した状態がうまれました。やがて都市の人口が増加し、都市生活者たちは互いに疎遠になりました。家族生活が悪化し、不安を抱えた子供たちの数が、現在と同じくらいになりました。女性の解放運動は男性の中に恐れを生み出し、男性たちは自分の男らしさばかりを気にかけ、その他のことにはほとんど興味をもたなくなりました。このことが寝室ではなく戦場で交わされる、数々の小さな戦争をもたらしました。なにやらきき覚えがありませんか？　この時代の最初の一世紀のトイレの中に入れば、あなたがたの誰もが親しみを覚える経験をするでしょう。そこはひとりで性欲を追求することを強く勧める、さまざまな落書きでいっぱいだからです。

私たちがテレビや映画を見るように、マイケルはすべての時間を同時に知覚するのですか？

はい、そうです。

もしも時間が本当に同時に起こっているものならば、別の基準枠においては私たちの誰もがアウグストゥス・カエサルになり得るということですか？

あなたがたにはそんなことをする必要がありません。これは青年期の魂でした。あなたがたは肉体に入ったままの状態で、時間枠を超越することができません。また、別の物質的現実に生まれ変わることもできません。さらには、私たちが以前にも述べたとおり、アウグストゥス・カエサルの魂はダグ・ハマーショルドとして、すでにこのサイクル内での人生を終えています。

最近のアラブとイスラエルとの対立は、このような周期の繰り返しと関係していますか？

二千年前のシリアとパレスチナで何が起きていましたか？　私たちはすでに、あなたがたが平行時間枠上にあると言いました。このかなり古くからの敵同士は現在、かつてよりも優れた戦争の道具を持っています。書物を焼き払う行為は、現実的にも比喩的にも、実際にありました。その役割はまだ選ばれていませんが、過去にそのようなことがありました。

もし私たちが知っているような時間が存在しないのだとしたら、絶対的なものは何かありますか？　空間とは、私たちが時空を通して動き回っている間、ただじっと動かずにいるものなのですか？

あなたがたは完全に理解すること無しに、正しい言葉を使っています。物質的現実の平行宇宙が展開するための、時間軸というものがあります。その働きは永遠です。【近年では、ある程度の静けさからある程度の残忍さへと移行し、再び元に戻るというような、突然の変化が数多く起きていて、そのような変化のすべては、数多くの〈断片〉が直面する「現実」への恐れを「強調」します。恐れることは何も無いというのではありませんが、恐れはあらゆる「考え」に浸透するように「育まれ」、「助長」されています。恐れは主特性の目的のため、あるいは極度の恐れを利用して社会集団の中で権力を確保し、利益を得る者たち以外にとってはほとんど役に立たないものです。〈〈聖職者〉の筆記録より〉】

【11章：追加情報】

日常的に恐れに直面している〈断片〉たちの多くは、それに慣れてしまい、恐れが「刺激的」であると思い込むことがありますが、これはまったくの勘違いです。第二の内なるモナド以前に恐れに順応することを強いられた〈断片〉にとって、恐れが欠くことのできないものになることはあります。恐れが遍在している時、それは一貫して絶えずすべての知覚に浸透し、どのような知覚もその汚染から逃れることはできません。主特性は、第三の内なるモナドで習得され定着しますが、それは恐れだけが確かなものであり、愛から生じる行為は「退屈」で「感傷的すぎる」と〈断片〉に思い込ませるよう「訓練」することを楽しみます。恐れから生じる「身震い」や「興奮」は、自分自身や他者との親密な関係の有効な可能性をだめにすること以外には、何の役にも立ちません。恐れはとても、とても、とても、とても、とても、とても、とても、とて

も、とても、とても、とても、とても、とても、とても、とても、とても、とても、とても、とても、とても、とても、とても、とても、とても、とても、とても魅力的であり、「恐れを知らない」振りをした数々の見せかけであらわれますが、その基本的な「行為」は変わりません。恐れは愛の有効性を否定し、その拒絶はもちろん、自己の有効性も否定します。恐れにとらわれるのが早ければ早いほど、〈断片〉の人生にはその影響が完全にあらわれ、恐れこそが唯一の本物の力であると理解されるようになります。恐れがどんな甘言を用いてあなたがたに近づいて来たとしても、それは本物の力などではないということを、私たちは断言しておきます。

12章　精神衛生

「時間軸と物理的現実の平行宇宙について考える時、いつも自分が取るに足らないもののように思えて、目が回ってしまいます」とジェシカが打ち明けます。「その広大さにおびえてしまいます。自分がまるで暗闇の中に吊るされた小さな人形であるかのように思え、私の周りには遥か彼方の測り知れない距離まで、まったく何も無いかのように感じられます。時間の性質についてマイケルが語り始めたばかりの頃、夜中に悲鳴を上げながら目覚めることがありました。私にとってあまりにも広大すぎたのです」

今でもそうですか？

「ある程度はそうです。しかし次第にこの概念に慣れるようになり、ウィージャ盤を扱っている時にこの話題に触れることは、以前ほど難しくなくなりました。この概念が本当に何を意味しているのかは、あまり考えたくはありません。おそらく私は臆病になっているのですが、この問題を扱うことは私にはできません。もし私がマイケルと接触している時に、時間と空間の広がりを完全に認識していなければならなかったとしたら、私にはできなかっただろうと思います。幸運にも、マイケルは私がそのような水準で取り組むことを強要しません」

「私は面白いと思います」とルーシーが言います。「でも、私はウィージャ盤を扱わないので、ジェシカのように全衝撃を受けることが無いからかもしれません」

「ジェシカと一緒にウィージャ盤を扱っていた時、私はマイケルの基準枠をうっすらと感じていました。私の中のある部分では、ウィージャ盤を担当し続けなかったことを喜んでいます。このように深刻な話のすべてを扱うのは、私にとってあまりにも難しいことだからです。また別の部分では、何があっても続けるという度胸が、自分にもあったらよかったのにと思っています」とウォルターが言います。

「ヨブ記の一部で、神がつむじ風の中からヨブに語りかけ、朝の星たちがともに歌った時に地球の基礎を敷いたことや、鷲や馬やレビヤタン（またはリヴァイアサン。海に住む巨大な怪物。）について話した部分を思い起こします。私はヨブのような人ではありません。自分が自分であることを後悔するつもりはありませんが、非常に小さなグループの外で自分が重要であると感じることは、難しく思います」とジェシカが言います。

それは気力をくじかれるようなことではありませんか？

「最初のうちはそうでした。他のどんなことでも、同じだと思います。十分な時間を与えられれば、やがて慣れてしまいます」と言ってジェシカは曲げ木の揺り椅子の背もたれに寄り掛かり、天井の梁をじっと見つめます。「しばらくの間は辛いことが多く、なぜこんなことをする必要があるのかと悩み続けてばかりいました。数々の人生と数々のサイクルの集約という意味での人生とは、タオの次に取るに足らないことです。このような勉強に夢中でのめり込んで、やがて諦めてしまう者たちがいる理由を理解するのは簡単なことです。私たちのグループで学び始め、本当に真剣だった数多くの人々は、少しばかり進んで、やがて諦めてしまいました。彼らは重要でないことに向き合いたくなかったのです。彼らは恐ろしい虐待や災害、そして彼ら自身の負債に対処しているほうが、永遠の無限さに向き合うよりも簡単だと思ったのです」

そのようなことが彼らを狂わせるのですか？

「狂わなければ、逃げ出さないでしょう」とジェシカが穏やかに言います。「もちろん精神錯乱についても、マイケルは話をしました」

神経衰弱、統合失調症、うつ病、衝動強迫、自閉症、その他のすべての精神や感情の問題は、どのような状況から生まれるのでしょうか？

神経衰弱は数多くの障害をあらわすために使われる一般的な用語ですが、それは多くの場合、後退を意味します。青年期の魂と幼児期の魂では、〈本質〉に抵抗する〈偽の人格〉の数々の圧力のために、後退が起こります。成熟期の魂では、自分の知覚のため、あるいは周囲の「悪い」オーバーリーフをもつ者たちのために、後退が起こります。

衝動強迫の行動や神経症の症状は、「悪い」オーバーリーフの産物である場合が多いです。

統合失調症は肉体の化学的不均衡が原因であり、リチウムやそれに似た他の薬品で改善されます。統合失調症を患っている者は、肉体の調整ができるまで我慢が必要です。肉体は一度統合失調症の化学的性質を身につけると、不均衡が生じなくなった後でさえも、身につけた様式にしがみつこうとするからです。

自閉症のほとんどは、乳児期の魂や初期レベルの幼児期の魂の中に見られるもので、彼らは自分を怖がらせる人物や物事から避難しています。【〈本能センター〉にある〈断片〉たちにとって、自閉症はこの文化の中においてこのようなセンターを非常によくあらわしているものであり、「病気」として捉えられてはいるものの、自閉症は左利きであることや異性愛や同性愛、両性愛者であることと、なんら変わりはありません。もちろん自閉症には程度があり、数多くの文化がこのような状態を受け入れていますが、あなたがたの現在の工業的な社会では〈知性センター〉が、他のどのセンターよりも「信頼できる」として、重要視されてい

ます。〈《学者》の筆記録より〉】

神経症と診断される者たちのほとんどは、成熟期の魂です。サイクルの性質を調べてみれば、あなたがたはこれが真実であるとわかります。

アルコール依存症患者とは、アルコールに依存する病気に苦しむ者のことであって、ただの飲んだくれとは違いますが……

何が違うのですか？

アルコール依存症患者は麻酔状態を得て、向き合えない問題を忘れ去ろうとします。アルコール依存症患者のほとんどは、子供に非現実的な期待を寄せる幼児期あるいは青年期の魂の両親をもった、成熟期の魂です。成熟期の魂はそのような期待を感じとり、それを満たすことができないことを知りますが、成熟期の魂の知覚の性質のために、自分が認識している葛藤を解決することができません。青年期の魂はより社会的な理由から大酒飲みになり、自分が大酒飲みになると、周囲の者たちにも自分と同じようになるよう勧めます。青年期の魂のモットーが「私のやり方でやる」であることを思い出してください。これがすべてのことに適用されます。青年期の魂は欲求不満を感じた時にも、酒を飲みます。老年期の魂は退屈さや憂うつから、酒を飲む傾向があります。すべてのサイクルを通して憂うつは感じられますが、うつ病は老年期の魂にとって唯一の深刻な障害です。うつ病は一生の間、成長を阻むことがあります。

精神分析学の理論は役に立ちますか？

精神分析学の創始者のほとんどが、成熟期の魂たちでした。フロイトが成熟期の〈聖職者〉であったことは、すでに述べました。精神分析学の概念は成熟期の魂の産物であり、成熟期の魂に対して最も効果的です。その治療法が、成熟期の魂の性質を最も大きく反映したものだからです。青年期の魂にとっても精神分析学は有益ですが、彼らは自分のやり方を変えようとはしません。彼らは自分の行動に対して烙印を押されるだけであり、青年期の魂たちを扱うにはそれだけで十分なのです。老年期の魂はしばしば手引きを必要としますが、彼らはオカルト研究、瞑想、芸術などのような、あまり正当でない方法を通して、手引きを探し求める傾向にあります。

マイケルは精神分析学の創始者たちのほとんどが、成熟期の魂だと言いました。そうでない人は誰ですか?

カール・グスタフ・ユングという男性は、第五レベルの老年期の〈賢者〉でした。彼の著書を読めば、あなたがたは彼の知覚と表現の違いに気づくでしょう。

それは彼の集合的無意識の理論のことを言っているのですか?

私たちは「無意識」という言葉を好みません。それは無意味です。魂は常に警戒を怠りません。〈偽の人格〉は意識を有する能力をもっていません。

カール・ユングが集合的無意識について解説した時、彼は自分の集合的存在の集合的な〈断片〉について、特に現在地球に生まれ変わっていない〈断片〉について、彼自身の見解を述べていました。彼は彼自身の魂との、直接の対面について述べていました。これがまったくの誤解を通して、潜在意識として一般的に知られるようになりました。何世代にも渡って、老年期の魂はこのような対面をし、それを説明しようと試みてきました。彼は西洋人の中で、最もこれに近づいた人物であると言えるでしょう。西洋哲学の中では、神秘主義が説得力をもつことがありませんでした。

フロイトはうつ病が精神のむち打ちであると主張しました。これはマイケルが精神と感情の障害について言ったことに、どのように当てはまりますか？

うつ病は普通、消極的な〈人格〉が敵意を表現するための、唯一の手段です。怒りは自己規制できますが、そうしなければならないというものではありません。

狂乱した、完全な精神錯乱についてはどうですか？

それは個別の基準で尋ねられるのでなければ、答えられません。このような精神錯乱は、非常に個人的な問題です。

強梗症の人についてはどうですか？

彼らは明らかに引きこもっています。しばしば魂は肉体から完全に退き、死を迎える前に肉体を捨てることがあります。

では、人々は魂なしで生きられるのですか？

もちろん、肉体は魂なしでも機能することができます。精神障害と分類され、非常に制限された入院生活を送り、まるで「抜け殻」のように思える者たちがいます。しばしば魂は肉体を捨て去り、あるいはアストラル界へと逃げ込み、肉体をどう見ても機械的な人間としか思えない状態に残していくことがあります。私たちはここで、長期間静止した状態にあって、突然暴れ出すような者たちのことを言っているのではありません。それはまったく別の問題です。

非社交的と見なされる人々についてはどうですか？

これもまた、特定の個人によって異なります。一〇代の若者が両親による刷り込みから離れ始めていながらも、まだ〈本質〉をあらわしていない時期に、このような烙印を押されることがあります。この文化は変転期を不必要に難しくしているため、他の文化圏よりも変転期が破壊的になります。他にも社会的に受け入れられなくても、決して悪くはない感情というのがあります。

あいにく〈本質〉の願うことは、社会が願うと良いとして〈人格〉に教え込むことと相反します。例えば、やっかいな親戚が死ぬべきだということは確かに良くないことですが、それによって〈本質〉が自由に働けるようになります。物質界での交際が悪い状態にあるのは悲しいことです。〈本質〉の結びつきというより、法的関係で繋がっている者たちの間で、自由の必要性が表現できない場合は、特にひどい状態になります。もちろん、あからさまな行動をとることなしに、やっかいな親戚の死を早めることはできませんので、少なくとも犯罪とは言えないと思います。このような願いをもつことは〈本質〉の仕事に関わっている者にとって、珍しいことではありません。物質界における交際があまりにもひどいものであることは、ただ悲しい事実であるとしか言いようがありません。例えばこのグループ内では、このような対立が消えてしまうほどに、信頼の水準が発達することが願われます。信頼の水準が、ある生徒が別の生徒に「あなたが死んでくれて、私を一人にしてくれればいいのに」と言えるほどまでに発達していれば、このような発言はまったく不必要になります。なぜなら別の生徒はこんなことを言われなくても、相手の生徒に必要な空間を与えるべきだということを知っているからです。これは勤勉な努力を通して、最高の信頼水準に達したときにのみ得られる関係です。これはあなたがた全員に関係します。

これを金持ちの祖母を殺害して、自分の欲にふけるための許可だと決めてかかる者は、非常に重いカルマを背負うことになります。殺人は非常に大きなカルマのリボンのひとつです。

継続的な障害ではなく、偶発的な障害や人生の危機などについてはどうですか?

それぞれの人生には、安定期と壁にぶち当たる時期が必ずあります。【そしてもちろん、ほぼすべての人生には七つの内なるモナドがあります。カルマのリボンに偏りすぎて、調和を取り戻すことに完全に専念していて、進化が「中断している」者たちは除きます。内なるモナドの他には、人生計画の中に「渡るべき橋」

や「登るべき山」が含まれていることがしばしばあり、それらはモナドの推移とは区別された、異なるものです。〈《学者》の筆記録より〉】新たな経験を成し遂げるために努力することは、特定の生涯のために選択されます。これには何も起こらないように思える休憩所にいた魂が、突然活動し始めるというような特徴があります。これは常に魂の人生の中で、主要なモナドに取りかかるのに先駆けて起こり、多くの場合、友人たちにわかるような変化があることが特徴です。〈断片〉が人生の新たな段階に入り、次の経験のための準備をする時なので、このような変化は周囲の者から否定的に捉えられることが多いです。最も頻繁に取り上げられる主要なモナドは、この文化の中で三五歳くらいになった頃に起こるもので、魂のレベルに明瞭さがあらわれます。これは第四の内なるモナドです。この時、周囲の者たちのほとんどが変化に気づき、「あんなにかわいい女の子」が深みにはまっていく成り行きを見て、ショックを受けます。

このような徴候が神経症と捉えられることはありますか？

療法を受けている女性の数を、男性の数と比較すれば、その答えはあなたがたにもわかるでしょう。男性にとっては成熟と捉えられることが、女性にとっては神経症と捉えられることが多く、これを踏みにじるような強力な圧力が存在します。成熟期の魂をもつ女性は、これによって最も傷つきやすく、サイクルの知覚の性質のために、神経症になることがあります。幼児期の魂をもつ女性は、文化によって設定された境界線を超えることがほとんどありません。老年期の魂はただあまりに多くを受け入れ、やがてすべてを投げ出します。その結果うつ病になることが多くあります。

男性についてはどうですか？　神経症と捉えられるような徴候はありますか？

それがどのような徴候であるかによります。まったく真面目な学者が、方向転換して聖職者になることがあります。これは不可解なことですが、容認できることでもあります。なぜなら学者も聖職者も、まともな社会の一員だからです。株式仲買人が人類学を学び始めることもあるかもしれません。これも奇妙なことですが、容認されることです。弁護士が陶器職人になる決意をすることは、あまり容認されることではありませんし、歯科医が仕事を辞めて、石の彫刻家になると言えば、周囲の者たちは彼が狂ってしまったと思うでしょう。私たちは自分を表現するために三回職業を変えて、毎回広範囲に及ぶ贅沢な教育を受けた成熟期の魂を一人知っています。

それぞれの人生に関係している大きな危機は、ひとつだけですか？

いいえ、他にもあります。

七つですか？

もちろん七つです。最初は魂が肉体に宿る、誕生の時です。

肉体に魂が宿るのは、誕生の時なのですか？　その前ではありませんか？

いいえ、誕生の時です。子宮内での行動は、体型の働きです。

第二のモナド、あるいは別の呼び方で言うと、私たちは人生の重要な時点と呼んでいますが、これは〈断片〉が自分とは別個の、異なった者たちに囲まれているということに気づいた時に起こり、そのような他者が感情的にも知的にも、そして本能的にも〈断片〉に影響を及ぼすということに気づいた時に起こります。青年期の魂よりも、老年期の魂のほうがこの認識を実感することが多いです。

第三の人生の重要な時点は、〈断片〉が「巣立ち」する、一〇代の青少年期の始まりに起こります。幼年時代はすべて、第二のモナドから第三のモナドの間に起こります。

第四の人生の重要な時点は、いわゆる中年の危機と呼ばれる出来事で、少なくともこの文化の中では、〈本質〉があらわれ始める三五歳くらいの頃から起こります。

第五の人生の重要な時点は、〈断片〉が「高齢者」になる頃に起こり、個々の人生の野心のようなものを諦めることと関係しています。

第六は肉体の最終的な悪化が始まる頃に起こり、死を迎える過程の原動力と関係しています。

第七はもちろん、死そのものです。

一生の間に、この過程が暴力や病気による早すぎる死などによって妨げられた場合には、注意が必要です。このような場合に〈断片〉がレベルを一段上がることは、まれです。【〈断片〉が人生計画にない妨害を受けた場合。〈〈学者〉の筆記録より)】〈断片〉は通常、全課程を経た場合にのみ、経験のレベルを上がります。

これは必然的なことですか？

いいえ。協定のために、他の経験が必要になることもあります。あなたがたはあらゆる人生を経験しなければならないため、若くして死ぬこと、暴力によって死ぬこと、病気で死ぬこと、更なる学びを生じさせるためにレベルの妨害をすることなどを、あなたがた自身が選ぶ場合があります。焼き払わなければならないカルマのリボンもあり、それには、人生を早く終わらせることが伴う場合があります。このため〈断片〉は内なるモナドを完了するために、非常に似通った性質の人生を二回経験することが必要になることがあります。このグループにも、この前の二回の人生が、実際には一回の人生を完了させるためのものだった人がいます。両方の人生で、この〈断片〉は激変の時期にあって人道的、哲学的理由から政治体系に反対し、この理由から二回とも二七歳の若さで死にました。後の人生はその前の人生のモナドを完了するためのものでした。

このようなことはよく起こりますか?

そうだと言えるでしょう。

ジェシカがため息をつきます。「その第四のモナドを経験したばかりなので、私はそれがどんなに困難かがよくわかります。でも私は幸運でした。私の仕事は、〈学者〉という私の魂の種類と、老年期という年代に適していたからです」

ルーシーが首を振りながら言います。「私にとっては、そう簡単ではありませんでした。『情熱』のモードにある老年期の〈賢者〉として、中年の危機を経験した時、私の人生は崩壊するかのように思えました。まだ完全に乗り越えてはいません」

「これは非常に難しい時点ですが、これを乗り越えた時、私は自分にのしかかっていたあらゆる制限や重荷から、自分自身を解放できたように感じました」ウォルターは天井の高いリビングを見渡して、誇らしげに微笑みます。「この変転期の間の私にとっての療法は、この家を建てることでした」

「その通りです。ウォルターと私はこの家を私たちの住みたいように設計し、そしてウォルターがこの家を建てました。私はこの家が本当に大好きです」

「私もだよ」

グループの中にこのモナドで苦労した人たちは他にもいますか？

現在四一歳のエミリーが首を振りながら言います。「苦労などと言う言葉では、とても言いあらわせません。非常に恐ろしい経験でした。何かを決めたと思ったとたん、毎回足下をすくわれました。私の務めていた学校が第二言語としての英語の指導方針を変えたため、私は別の学校でより年齢が上の生徒たちに教えるはめになりました。私はひどい兄弟喧嘩をしましたし、一番上の娘には、もう少しで気を狂わされるところでした」

「彼女は巣立ちのモナドである第三のモナドの最中にあり、エミリーは第四のモナド、あるいは中年の危機モナドを経験していました」とクレッグが説明します。「私はエミリーより二年ほど前に、同じようなことを経験していましたので、何が起きているのか理解できました。理解できたからといって楽になったというわけではありませんが、少なくとも私はこれがまったく普通の変転期だということに気づいていましたので、慌てることがありませんでした。まあ、それほど動揺しなかったということです」

「そのことを話してくれて嬉しいわ。この当時、私にとって本当に良かったことは、博士号を取るために学校に戻ったことです。私はあと一年で博士号をとります。そうすれば私はより有効な立場から教育に携わることができます。私はどのような教育がなされるべきかについて、決断できる立場に就きたいと思いました。それができる唯一の方法が、博士号をとることなのです」とエミリーが言います。

エミリーは自分が前進したと思っていますか？

「前進したように思いますが……、まだその証拠は何もありません。これまでの変化の大半が、内側で起こったものでした。あと二～三年経てば、外側にも変化のしるしがあらわれてくるかもしれません」

「すでにしるしはあらわれていますよ」とクレッグが言います。「君は五年前よりも簡単に操られなくなったし、自分の時間を尊重するよりも他人の要求に応えることのほうを重要だと考えなくなりました。自分が求める以外のことに落ち着くことが少なくなりました。これは素晴らしいことだよ」

「あなたの態度も変わったわ」とエミリーがクレッグに言います。「五年前、あなたは私が積極的に主張するのを嫌がっていました」

「確かにその通りです。私たちがセッションを始めたばかりの頃、私はマイケルがすべてを固定観念に当てはめて見るようなことを私たちに教えるに違いないと思っていました。オーバーリーフは固定観念だと言えるかもしれませんが、そうではありません。オーバーリーフは基本的な物の見方を示したものです。私自身がウィージャ盤を扱っていることが、私の実践にかなり役立っていると思います。私の患者のより多くが、マイケルがウィージャ盤を通して私に伝えたことによって回復し、本当に元気になっているのだと思いたいです」

彼自身が自分のウィージャ盤を扱うようになってどれくらい経つのですか？

「約五年です。最初の頃は何を質問すればいいのかわからず、苦労しました」

クレッグには何か特別な躍進があったのですか?

「はい、実はありました。私の同僚の患者に、さまざまな結石の手術歴のある年配の女性がいて、その時は胆石に苦しんでいるようでした。私の同僚は取り乱して、私に助けを求めてきました。マイケルが彼に答えて言いました」

もしあなたがこの幼児期の魂に手術を施さなければ、誰か他の人がするでしょう。彼女は怒りのはけ口として、何度も手術を受けることが癖になっています。

「私の同僚はこの女性の胃腸に住み着く悪魔を追い払うために、本当は結石など無いにも関わらず、自分が呼び出されるのはおかしいと考えていました」

本当に結石があるかないかは、この議論の中で重要ではありません。しかし、このような不幸な幼児期の魂たちの中には、卓越した結石形成者がいて、この女性はひとつの管から結石を取り除かれれば、また別の場所に結石をつくり出します。私たちはあなたの身近な範囲に、このような魂が何人かいることを知っていますが、このような魂をもつ者たちは全員が同じ傾向をもっています。彼らは自分の体を石にして、彼らの邪魔をすることと向き合わずにすむようにし、同時に周囲の注目を大いに集めようとしているかのようです。このような手術を繰り返し受ける必要のある者たちのほとんどが、「殉教」を主特性としています。

「数年前、私の患者の中にガンに苦しむ人がいて、私が何をしても、まったく効果があらわれないということがありました。そこで私は彼女について、マイケルに質問しました」

あなたは彼女が憤慨している原因を探す手助けをすることができます。すべてではありませんが、ほとんどのガン患者は、取るに足らない出来事について、恥じる気持ちがあります。これは私たちが知る中で、最も自己破壊的な工程のひとつです。この不幸な人々の多くは、まったく達成感をもたないか、あるいは他者によって導かれる感覚をもっています。彼らは自分で自分の人生を制御できません。ガンはしばしば、彼らにとって唯一の逃げ道になります。このような人々の多くは、表面的には成功しているように見え、静けささえ見せています。対象となる臓器が、葛藤の源である場合が多いです。生殖器のガンの場合は特にそうです。【これは二五歳以下の〈断片〉にとって特にそうです。〈断片〉が特定の人生を進んでいくにしたがって、この病気の原因となる環境的な要素と遺伝子的要素と、これに付随する物質界の危険があります。〈学者〉の筆記録より)】

クレッグ、私たちはあなたがこの女性に、自分には価値があるという感覚と活力を注ぎ込むことを願います。私たちはあなたにこれができると感じています。

「もし彼女が自分自身の憤慨の源を理解できれば、彼女の病気は治りますか?」

もし彼女がその憤慨を手放すことを選べば治ります。これはあなたも知っている通り、彼女の選択の問題です。

「しかし彼女は自分の憤慨に気づいていますか？　もし彼女が気づいていなかったとしたら、進展はあり得ますか？」

彼女は自分の憤慨に気づいていません。

エミリーはこのやり取りをきいていて、質問をはさみました。「誰か他にもっと良い仕事ができる人はいますか？　クレッグはこれまでかなり努力してきましたが、失望しがっかりするようなことばかりでした」

治療する者と患者との間の信頼度が、非常に高くなければなりません。すなわち、彼女は医師が自分を治療してくれる能力を、信頼しなければなりません。現在の心の状態では、彼女はそのような信頼を誰に対しても感じることがありません。

「診断上の問題もあります」とクレッグが言います。「二ヶ所なのか一ヶ所なのかという疑問があります」

主な対象部分が一ヶ所あり、それは結腸です。

「彼女の痛みを抑制するのに、私たちはかなり苦労しています。彼女は痛みをひどく恐れていて、彼女が飲んでいる薬は痛みを止めるのに十分有効でないと主張し続けています。もちろん私は彼女が苦しむのを見たくはありませんが、私には彼女の恐れのほうが、痛みよりもひどいように思えるのです」

あまりひどい痛みを経験したことの無い幸運な者たちの多くは、痛みをひどく恐れます。それは未知への恐れと同じことですが、痛みを避けたがる肉体の望みによって複雑化されています。あなたがたの文学のほとんどがこの病気に関係した身の毛もよだつほどの苦しみの記述で脚色されています。痛みが恐れられるのも無理はないと思います。

この〈断片〉は成熟期の女性で、中期サイクルにあり、まだ自分の〈本質〉と合意することがなく、〈偽の人格〉を大きく引きずっています。

「私はただ彼女に手を当てて、彼女を元気にすることができたらいいのにと思います」とクレッグがため息をつきながら言います。「信仰による治療を行う人の魅力を、私は確かに理解できます」

あなたはかつて信仰による治療を行っていました。あなたが以前の人生でまさに危機一髪のところで命を救った人々が、今生でもあなたの患者になっています。これを繰り返すことはできません。生き残ることは、彼らのカルマにはありませんでした。あなたが何をしたとしても、あまり変わりはありません。この知識は常に自覚されるものではないということを、あなたに言っておきます。しかし〈本質〉は、許された場合に限り、他者の選択やカルマを見分けることができます。

「これには肝を冷やしました。治療をすることで、自分が多くを背負い込むことになるように思えました」

それは正しいです。

「私がヒステリー患者だと思っていたある患者に対応する時に、非常に心配になりました。この男性に対応するのはとても難しいことでした。ついに私はマイケルにこの問題について、説明を求めました」

ヒステリーは異常な状態の産物であり、識別できる構造上の欠陥はあらわれません。ヒステリー患者は、肉体に容易にわかるような傷をつけずに、あらゆる種類の生体組織の現象をつくり出すことができます。復活祭の出血が、その良い例です。彼らが貧血症であることはまれですが、彼らは時々大量の血を流します。ヒステリー患者は常にこのような現象をつくり出すことで、利益を得ます。その利益を発見できれば、あなたはこのような最も不幸な魂たちを助けることができます。このためには怠慢な配偶者が押し付けられなければならない場合もあります。しかし、ヒステリー患者は普通弱く、「発育不十分」な魂であり、このような現象をつくり出すことが、彼らの周囲のより「強い」魂たちと競い合うための、唯一の手段なのです。このような場合、ヒステリー患者を治療することは難しくなります。魂が強さを身につける手助けを、あなたがすることはできません。

「私はこれをきいて聖書の中に出てくる、八年間月経が続いて、最終的にイエスに癒された女性の話を思い出しました」とエミリーが言います。「私たちは彼女についてマイケルの意見を求めました」

そんなに長い間出血し続けて、生き続けられる人がいるかどうか、疑わしいものです。この問題は全般的な性の問題を象徴しています。特にヒステリーの問題です。嫌悪感とやましさのために、数多くの女性が子宮からの出血を長引かせることがあります。

「これにはかなり混乱しました」とルーシーが言います。「私の教会の司祭の一人が説教の中で、女性には宇宙的な作用があって、出血はその一部だと言っていました」

「そのようなでたらめな話をきくたびに、私は自分がけなされるのがわかります。マイケルもこれに同意しています」とジェシカが言います。

魂には性別が無いということを思い出してください。「女性であることの宇宙的重要性」はありません。なぜなら女性であるということは、物質界における機能にすぎないからです。性別には肉体を超えた有効性があると主張している者たちは、高次元の性質を理解していません。性別や人種などのように本来無意味な特徴は、「私」と「私以外」との間の明らかな違いを探し求めている、幼児期の魂や青年期の魂たちによって利用されるものです。青年期の魂は変化を通して他者を自分に似せようとするか、あるいはその水準に達しなかったことを理由に他者を拒絶します。成熟期の魂たちの中には、このような違いを、自分の内面の様々な問題を覆うために利用する者もいくらかいます。人種や性別の理由から差別することは、最も広く行き渡った、マーヤーの支配の破壊的な例です。また、人種や性別は〈偽の人格〉を強調するためにも、利用されています。

このような肉体の偏見は、しばしば肉体を通して表現されるということを、私たちはあなたがたに言っておきたいと思います。〈本質〉のようなものは、物質界に属する存在ではありませんので、つきあいと経験による場合以外に、不健康になることはありません。〈本質〉そのものが病気になることはありません。〈偽の人格〉だけが病気にかかります。食事や生活習慣などのように、数多くのことが健康状態を害する原因になります。どのような物事も行き過ぎると健康の妨げになります。思考についても、行き過ぎた「間違った考え」は、健康を害します。これは私たちではなく、イエスの言った言葉です。あなたがたは肉体的に病気になっている組織を、有機化合物で手当たり次第に痛めつけています。現在の地球人の医療の中で、間もなく利用できるようになるのが、レントゲンの代わりになる、音波によるホログラフィー撮影です。これは間もなく利用できるようになるでしょう。現在でもすでに利用可能です。費用の問題があって、まだ普及していません。これは優先順位を取り違えている、明らかな実例のひとつです。

「音波によるホログラフィー撮影という考えそのものに、私はかなり驚きました」とクレッグが言います。「私は長い間、傷ついた体、特に消耗性疾患に苦しんでいる人の体を取り上げて、手術の衝撃を受けさせることは、問題を悪化させるだけではないのかと思ってきました。私のこの考えは現在の医学的考えの多くに反しているということはわかっていますが、この音波によるホログラフィー撮影という考えが答えになるかもしれません。マイケルはより詳しい情報を私たちに伝えてくれました」

ホログラフィーは、立体的な物体を多次元的に表現するものです。これは物体に高いエネルギー源の光を通過させることによって、可能になります。光によって活性化され、模造された電子反応がひとつです。回折すること無しに、光を利用する方法です。音波は適切な遮蔽材によってひずみが排除される場合にも、利用できます。調節というのがより正しい言葉です。この研究はあなたがたの国でつい最近までなされていました。

「問題なのは、私は治療のためのより良い方法があることを知っていて、現在の医学の状態が最善ではないことも知っているということです。私は医学を実践するためのより良い、人間味のある方法を見つけたいと思っています」

私たちはあなたにきっかけを与えました。あなたは異なる場所にセンターを置いている魂たちとして、あなたの患者たちと接し始めなければなりません。あなたはセンターが真実であることを自ら確証しましたので、次はサイクルが真実であることを確証しなければなりません。これは老年期の魂にとって実際に役に立つ知識であって、決してむだ話などではありません。それ以前の情報のすべてに取って代わるものです。これはあなたが学ばなければならない教訓です。その手段は、この特別な技能を与えられあなたが、直観的に感じることによって決めるべきです。

ほとんどの病気は感情的な原因から生じますが、この中から生まれつきの遺伝的欠陥、毒を持った生き物に噛まれることも含めた外傷性障害、医師の治療法が原因で薬によって誘発された病気を除かなければなりません。

「恥ずかしい話ですが、マイケルは医師が原因で引き起こされる病気のことについて言っています。間違った種類の薬が処方されることや、間違った薬の組み合わせをすることがあまりにも多く、ひどい副作用の出る治療法などが使われることも、数多くあります」グレッグは少しためらってから続けます。「これは私が『注意』のモードにあるせいかもしれません。私は性急に行動することが好きではありませんし、患者が強く要求しない限り、患者に対して大胆な処置をとることはありません。強く要求された時でさえも……」

あなたがた医師は、そのような警戒心をもっと共有するべきです。

「私の仕事仲間はあまり警戒心をもっていません。私はこのことが心配です。誤解しないで欲しいのですが、ダンは非常に優れた外科医です。しかし人々に対する思いやりが、彼にはあまりありません。彼は病気の処置をしますが、時々その病気が人間の一部であるということを忘れてしまうことがあります。私は数年前、マイケルにこの男性について質問しました。その時マイケルは彼が『力』のモードにある幼児期の〈職人〉で、『成長』を目標とし、気高い『傲慢』さを主特性とする、〈知性センター〉にあって『運動』の要素をもつ、『実用主義者』だと言いました。マイケルによると、私は『注意』モードにあって『支配』を目標とする、第五レベルの成熟期の〈職人〉です。これは正しいように思えます。しかし私は幼児期の魂が腕の良い外科医になることがあるのかと、驚きました。マイケルがこのことについて説明してくれました」

かつて医術は芸術でした。これはあなたの友人にとって、芸術なのです。彼にとって個人的人間関係はあまり重要ではありません。なぜなら人間関係は芸術ではないからです。通常〈職人〉たちは、技術に優れています。このグループの〈職人〉たちを見てください。有能であるため、あるいは何かを達成するために、〈王〉や〈聖職者〉である必要はありません。これは〈断片〉によってさまざまです。個人的人間関係には意思の疎通が必要であり、他者に対して自分を表現することは、この〈断片〉にとって難しいことです。彼は恋人や医師以外の人々とうまく交際することができません。したがってその表現が幼児期の魂のものなのです。彼は自分の芸術的な質を、手術室の閉ざされた扉の向こうで表現しますが、開かれた扉や感情的な状況で心から自分を表現することはありません。

「クレッグと彼の仕事仲間は二人とも〈職人〉でありながら、関係があまりうまくいっていません。〈職人〉と〈賢者〉の間にも何らかの対立がありますか？　私の上司は〈賢者〉ですが、私は彼と一緒にいて気が狂いそうになることがあります。〈職人〉と〈賢者〉もうまくやっていけないものですか？」と老年期の〈職人〉であるウォルターが知りたがりました。

ほとんどの場合、うまくいきます。この場合は他のオーバーリーフがぶつかり合っています。

「では、互いにうまくいかない役割があるということですか」とコリーンが言いました。「問題はどこで起こりやすいのですか」

〈学者〉と〈戦士〉は多くの場合、非常にうまくいきやすい組み合わせです。彼らは両方とも探究好きですが、異なる理由からそれを好みます。〈学者〉は中立の〈本質〉の役割であるため、血液型で言えば「O型」のようなものです。〈学者〉は他のオーバーリーフがぶつかり合いさえしなければ、ほとんどの役割とうまく付き合うことができます。〈職人〉と〈賢者〉、〈聖職者〉と〈奴隷〉、〈戦士〉と〈王〉の組み合わせは、明らかにうまくいきます。〈戦士〉と〈聖職者〉の間には問題が起こることが多く、〈賢者〉と〈奴隷〉は〈学者〉と〈王〉との間に問題を起こすことで知られています。しかしこれらの関係の中で、オーバーリーフが決定的な要素となります。

クレッグが次の質問をしました。「私たちが経験する挫折の一部は、私たちの役割によるものなのかどうか、教えてもらえますか」

はい、そのとおりです。あなたがたが選ぶ〈本質〉の役割は、あなたがたが就く職業と、もはや一致しません。医学が芸術であった頃がかつてあったのです。

「私の役割は芸術家ですか？　あなたは医学が芸術だと言いますが、私にはそのように考えるのが難しいです」

〈職人〉としては、そうです。これにはあらゆる芸術形態が含まれます。

「私がもっている創造性に対する強い感覚は、私の邪魔をしようとする〈偽の人格〉ですか、それとも本当の私の一部ですか」とエミリーの教師仲間のモーリス・パーカーが質問しました。

それは必ずしも〈偽の人格〉ではありません。あなたは自分のすることに独創性ではなく、これまでに蓄積された知識をより多くもたらしているというだけのことです。これはあなたにとって自然なことです。芸術的才能自体は、すべての役割の中である程度まであらわれます。〈職人〉は人生に新鮮な取り組み方と、独創性をもたらします。本物の〈賢者〉は、人生に知恵をもたらします。

「マイケルは私たちが人生のすべての側面を経験しなければならないと、繰り返し強調していますが、これらの役割は自己制限的であるように思えます」とデービッド・スワンが述べました。

それは自己制限的に見えるかもしれません。しかし、すべての役割で人生のすべての側面を経験することは可能です。〈本質〉が〈王〉の者が、常に王位に就くことはありません。実際には〈本質〉が〈王〉である者たちのほとんどが、一度も王位に就くことがありません。彼らはあなたがた全員と同じように、牛飼いや隠者、弁護士や義理の母、聖職者や無法者にもなります。要約すると、〈王〉であろうがなかろうが〈本質〉はすべてを経験します。

「私たちは体型も含めて、すべてを変えるということをマイケルは言っているのですか」とルーシーが質問しました。「私たちが人生のすべてを経験する時、さまざまな体型に生まれ変わり、すべてのセンターや目標をもって生まれ変わる必要があるのかどうか、また、もし私たちが何も学ばなかったとしたら、同じことを始めから繰り返さなければならないのかどうか知りたいです」

これは基本的には正しいです。ひとつの体型から人生のすべてを経験することはできますが、変化があれば経験はより豊かになります。ほとんどの魂が、異なる誕生日を選んで生まれ変わります。惑星の影響に変化が生じるからです。異なる環境で男性と女性の両方としての人生を経験することが必要です。これは最も重要な要素であり、モナドをひとつにする要素です。センターもまた重要であり、後期サイクルにある老年期の魂のほとんどが、「感情」をセンターとした肉体を選びます。このセンターが最も扱いやすいからです。

「このようなことは、仕事とどう関係していますか？　あなたは〈賢者〉の魂、アウグストゥス・カエサルがダグ・ハマーショルドとして生まれ変わったと言いました。これは彼が二回も国際的指導者になったことを意味し、このことを私は受け入れ難く感じます」

いったん技量が身につくと、それは決して忘れられることがありません。その専門的知識が役に立つのなら、魂は繰り返し同じ職業に就いて、他の問題に取り組みます。特定の職業を変える必要はありませんし、場所を変える必要もありません。例えば、中国本土で医師になることは、カリフォルニア州ヴァレーオの開業医になることとは、まったく違います。クレッグにとっては古代エジプトの医術のほうが、今日の稲田よりも、ずっとなじみやすいだろうと思います。

マイケルは一般的な風邪の治療法を知っていますか？

「いいえ」とクレッグが微笑みながら言います。「しかし風邪についての、彼の洞察はあります」

あなたがたが一般的な風邪と呼んでいるものは、非常に複雑な状態です。普通、風邪は〈断片〉が休息と滋養を必要としている時に起こります。疲労、欲求不満、不安、絶望、そして怒りなどによって、あなたがたの体は周囲の環境に常に媒介しているさまざまな病気の影響を受けやすくなります。これはこの病気が本物ではないという意味ではありません。これは本物の病気です。肉体はまったく本物の症状をあらわし、感染しているのも本当です。しかし、風邪の原因はウイルス学で突き止められるものではなく、その患者のオーバーリーフの性質の中に見出されるものです。例えば、〈王〉や〈戦士〉たちよりも、〈賢者〉のほうが風邪にかかりやすいです。病気とは、差し迫った状況を回避するためのものである場合があります。風邪は恐れが原因となって起こります。

より深刻な病気は、モナドとその結果、あるいは結果を避けるための方法の一部であることが多いです。そのような場合、病気は放棄です。〈断片〉が「私はあまりにも具合が悪いため、自分でやると決めたことができない」と言っているのです。頭痛は抑圧された感情です。頭痛が数多くを物語ります。肉体の疲れと退屈が組み合わさると、そこに閉じ込められた〈本質〉が最悪の頭痛をつくり出すことがあります。幼児期の魂や数多くの青年期の魂たちと近しい関係をもっている成熟期の魂は、最もひどい頭痛を頻発させる傾向があります。あなたがたはその原因を理解する手助けをすることで、彼らの頭痛を治療することができます。青年期の魂たちについては、痛みを治療することしかできません。

社会福祉相談員のサム・チェーセンが、これに関連するいくつかの質問をしました。

「良くなることを拒む人、助けを受けない人、どのような援助も拒絶する人もいますか」

もちろんいます。サイクルとオーバーリーフの性質を調べれば、そのような人生が経験されなければならないことが、理解できるでしょう。これはそのような者たちが完全に無視されて、無事でいられるという意味ではありません。カルマのリボンをつくり出す行為のひとつが、見捨てることによって、見捨てられた者を死に追いやることです。もし、ある〈断片〉がみじめな人生を送ることを決心しているとしたら、このような人生をあなたがたの誰もが一度は経験するのですが、その場合あなたにできることはほとんどありません。しかし、そのような人生を送っている者たちは普通、サミュエル、あなたが与えることを訓練されたような種類の援助を求めてはいません。あなたに助けを求めてくる者たちは、本当はみじめな人生を送りたいとは思っていません。ほとんどの場合、彼らは「悪い」オーバーリーフ、あるいは大きなカルマの負債の犠牲者たちです。現在あなたが相談にのっている女性の一人は、夫に捨てられてから知能の遅れた三人の子供たちを一人で育てなければならない女性ですが、彼女はあなたが予想しているように幼児期の奴隷ではなく、青年期の〈聖職者〉です。彼女はこの前の人生でナチス武装親衛隊の一員で、かなり高い地位に就いていました。彼女は現在、いくつかの深刻な負債を清算しようとしています。この時の人生で、彼女はフランス国境近くで鉄道事故によって死にました。あなたが彼女の負債を背負い込むことはできませんが、彼女が負債を解消する手助けをすることはできます。

サム・チェーセンがうなずきながら言います。「この女性についてマイケルが教えてくれてから、私は彼女との向き合い方を変えました。彼女はいまだにひどい状況にありますが、違った方法で自分の人生に取り組もうとしています。彼女が以前より幸せになったとは思いませんが、まるで本当に何かを達成したかのように、彼女の態度が変わってきました。彼女は表面的には変わっていませんが、内面的には変わっていると私は思います」

他にもマイケルが言ったことによって、サムの仕事の取り組み方が変わった部分はありますか？

サムは独特の愛きょうを見せてにっこりと笑い、砂色の髪をかきあげて言います。「マイケルはこれまでに多くを語りました。私は最初、彼の言うことを受け入れたくはありませんでした。この分野で仕事をしている者なら誰もが身につけている確信と口先のうまさを手放すのは、とても難しいことでした。社会福祉相談員のほとんどは、道徳家ぶった人ばかりです。善意の道徳家ですが、それでも道徳家には変わりありません。二年前に私が社会福祉の精神療法部門に戻ろうと決めた時、マイケルに助言を求めました。以前この部門に取り組んだ時、私は自分が〈偽の人格〉から行動していたことを知っていたので、今回もまた同じことの繰り返しになるのではないかと、少し不安だったのです」

これはもちろん、経験そのものが〈本質〉から生じる場合にのみ可能です。これにはあなたが自分自身の〈本質〉からの動機を調べる必要があります。なぜあなたがこれをしたいと思うのかを、明らかにしてください。すなわち、あなたにとって、そこには何がありますか？　もしこれが罪の意識から生じるものであれば、〈偽の人格〉が優位に立っています。この人生を逆戻りして、リボンを解こうとしないでください。そのようなやり方はできません。あなたがかつて取り組んだことは、完全に〈偽の人格〉によるものではありませんでしたが、〈人格〉にとって大きな利益が得られることでした。物理的、物質的利益を得ることに付随するあらゆる欲求は、〈偽の人格〉から生じるものに間違いありません。これには賞賛や栄誉も含まれます。

サムは今、自分の仕事についてどのように感じていますか？

「複雑な感覚です」慎重に考えながら彼が言います。「私にはどうにもできません。制度そのものにも問題があって、〈偽の人格〉のあらゆる側面を強化します。〈偽の人格〉の目前の報酬が、非常に魅力的であることも、私は認めます。人々が私たちの仕事を賞賛する時、私もそれを受けたいと思いますし、それを否定することができません。今回昇進できなかったことで、私は傷つきました。私は体が不自由なことで、恩着せがましい態度をとられることが大嫌いです。これらすべてのことは、〈本質〉に逆らって作用します。しかし私は以前よりもかなり冷静になりました。私の魂は私の〈偽の人格〉よりもはるかに長い間存在しており、ずっと丈夫なのだろうと思っています。この考え方がとても助けになっています」
「子供たちについてはどうですか」モーリスが自分の務めている学校のことを思い浮かべながら、質問しました。「〈偽の人格〉、オーバーリーフ、〈本質〉の役割についてのこれまでの話はすべて、大人に関係しているように思えます。これらすべてのことが、子供たちにはどのように影響しますか」

子供たちは、社会的な役割を完全に方向付けられる以前は、〈本質〉から機能し、自分の〈本質〉の役割を知っています。【このようなことすべては第二の内なるモナドの時点で、〈断片〉のセンターと「個性の感覚」が確立した時に終わります。（〈聖職者〉の筆記録より）】子供が最初に欲求として声にする役割は、通常〈本質〉から生じるものです。それ以降は、子供の周囲の者たちの期待に基づいた、〈偽の人格〉から生じます。この状態に戻ることが、もちろん主な目標です。それができるまで、あなたがたは物理的な物質界の魅力を振り払うことができません。子供、特に非常に幼い子供は、しばしば〈本質〉を見通しますが、これはすぐに押しつぶされます。幸福な幼年時代というのは、おおかたつくり事です。あなたがたの場合、それが本物の経験であり、あなたがたがそこへ戻ろうとする欲求は良い働きです。

「しかしその後はどうなりますか。〈偽の人格〉が優勢になって、後はそれまでですか」とウォルターがたずねました。

だいたい三五歳頃に、進展が起こり、〈本質〉があらわれる時期があります。あなたがたもこのような〈人格〉の変化に気づいていると思います。

「しかしその後はどうなりますか」とリーが質問しました。「私は五一歳ですが、そのような経験はまだしていないと思うのですが」

私たちはおおよそこの年齢で、魂が表現されると言っているのです。このような進展がもっと早く起こることもあります。それは特に早くから独立して生活している場合に起こります。孤立して生きる者は、大勢の家族と親しく付き合っている者よりも、はるかに簡単に進展します。後者は進展するまでずっと長くかかります。この段階で魂があらわれない場合は、その後であらわれることは考えにくいです。しかし、この段階以降に〈本質〉をあらわした魂を、私たちはいくつか知っています。魂をあらわすことと、啓発を求めることとは、別のことです。幼児期の〈戦士〉たちは探究しませんが、魂をあらわします。探究を始めるために最適な年齢などありません。あなたはこれを成し遂げることが、自分にはもはや不可能だと決め込むべきではありません。

「難しい人間関係の話に戻りたいのですが」とアレックスが強く要求しました。「これには魂のレベルが関係していると思います。幼児期の魂と成熟期の魂がうまくやっていく方法はありますか？　あなたは幼児期の魂が、成長のために成熟期の魂に預けられると言いました」

親密な関係という意味においてです。これは起こりうる限り最悪の婚姻関係です。幼児期の魂は正しいことと間違っていることに関する強い意識をもっており、自分の意見を得意がることが多いからです。

「他のすべての関係が互角だとしたら、〈王〉と〈奴隷〉との関係についてはどうですか？　そのような関係もうまくいきますか？」

最高の関係のひとつです。

このグループに参加して六ヶ月ほどになり、マイケルに第一レベルの老年期の〈王〉であると言われたメラニーが、率直な意見を述べました。「私は女性であることがあまり気に入りません。これは私の役割のせいですか」

そうです。〈王〉たちは女性であることを好みません。〈学者〉たちもそうです。

「この人生で私にできることは、あまりないように思います」と言って彼女はため息をつきました。

〈王〉の〈本質〉の陽極は、支配であることを思い出してください。支配は他者に対するものである必要はありません。あなた自身に対する支配でもいいのです。あなたは自分が選んだ性別に憤慨するよりも、なぜ自分が女性であることが難しいのかについて学び、そうすることで思いやりをもつことができます。

「それはまるで間接的な脅しのようにきこえます」と筆記の手を止めて、ルーシーが言いました。

思いやりは、理解を身につけるための方法のひとつです。もしこれを簡単な方法で学ばなければ、あなたがたは難しい方法で学ぶことになります。たとえどんなに辛くとも、内省がこれを学ぶための簡単な方法です。メラニー、あなたは女性として生まれることを選んだのだということを、忘れないでください。好むと好まざるとに関わらず、あなたの性別は偶然決められたものではないのです。

ジェシカが自分のカップにコーヒーを注いでから、ゆっくりと話します。「約一年後、メラニーはこの話がすべてくだらないことだと決め込み、グループを去りました。それ以来私は彼女と一～二度連絡をとっただけです。彼女はウィージャ盤を非難するようなことを言いますが、彼女はいつも私たちがどんな情報を得たか知りたがります。最後に彼女と連絡をとった時、私はグループが以前より小さくなったことと、質問が魅惑的な新たな領域へと移っていることを伝えました。彼女は興味本位から、もう一度セッションに参加してもいいかときいてきたので、私はもちろんかまわないと答えました。私はその次の二回のセッションの日時を彼女に伝えましたが、彼女があらわれることはありませんでした」

ウォルターが悲しげに首を振りながら言います。「このようなことが時々起こります。人々は自分がクレオパトラやカール大帝や聖フランシスコ・ザビエルであったなどということをききたがってセッションに参加し、代わりに自分が成熟期の〈学者〉で、自分の最も際立った人生が一七世紀に追いはぎから伝道者になった時のことだと知るのです」

「これにはかなりやる気を削がれます」とルーシーがゆっくり話します。「自分が何をしてきたかについて、私には素晴らしい思いつきがあったのです。そして私は本当にそのうちのいくつかのことをしていましたが、私が想像した通りではありませんでした。私は自分がフランスの有名な俳優だったことがあると思っていたのですが、思っていた通りの時代にフランスの演劇界に生きてはいたものの、私は花形役者ではありませんでした」彼女は突然笑って言います。「私は舞台装置をつくっていて、小さな役を演じていたのです。有名な俳優だなんて、とんでもありません」

ここにいる人達が過去の人生や、ウィージャ盤を通して伝えられる奇妙なメッセージについて話し合っているのをきくのは、気味の悪いことに思えそうなものですが、そうではありません。ジェシカ・ランシングと彼女の夫のウォルター、そして二人の友人のルーシーについて最も印象的なことは、彼らが話すことに、彼ら自身がくつろいでいるということです。彼らはこの情報を、偉大な啓示、あるいは守らなければならない途方もない秘密であるかのようには、扱いません。

「もちろんそんなことはしません」とジェシカが断言します。「できればマイケルに関わっている私たち全員の本名を明かせるほどに、楽になれればいいのですが、それはまだ不可能のようです」彼女の声には切ない気持ちが込められていました。「私の上司には理解されないでしょう。ウォルターの上司もそうです。ルーシーの上司も理解しません」

「彼は理解するかもしれません」とルーシーが言葉を挟みます。「彼はかなり寛大な人です。でも、彼が気に入るとは思いません」

ウォルターが笑いながら言います。「建築業者が過去生やウィージャ盤について話しているところを思い浮かべただけで、かなり奇妙です。この用心は価値のあることだと思います。警戒しなければならないというのは、残念なことではありますが……」

「私はこの情報を独り占めするよりも、警戒しながらでも共有できるほうがいいと思います」とルーシーのためにコーヒーを注ぎながら、ジェシカが言います。「もう何年も続けてきたのだから、そろそろ他の人々にこの情報を公開する潮時です」

彼らは常にこのように感じていたのではないのですか？

「いいえ、とんでもありません」曲げ木の揺り椅子の定位置につきながら、ジェシカが言います。「最初の頃、私たちはマイケルが私たちに伝える言葉に、いちいち警戒していました。そして徐々に私たちは、このような態度をとっていては、私たちに良いことが何もないことに気づきました」

「ついそうしたくなることはあります」とルーシーが眉をつり上げて言います。「この情報をすべて私たちだけのものにしたくなることがあります」

「私を最も驚かせたのはエミリーでした」笑い転げるルーシーをチラッと見て、ジェシカが言います。「彼女は今でもとても信仰心の厚い人で、宗教に専念していますが、セッションに参加し続けマイケルに質問し続けています。マイケルが彼女を当惑させるような発言をしたり、彼女の信仰の教義に反することを言ったりしても、彼女はセッションに参加し続けています。これは心を開き続けたがっている彼女の意志を、大きく物語っていると思います」

「クレッグがウィージャ盤を扱っているのに、彼女が反対したら、やっかいなことになります」

「しかし彼は自分のセッションの中で、ウィージャ盤を異なる方法で使っています」とジェシカが言います。「ルーシー、あなたもそのことは知っているはずよ。彼は医学について、そして彼の患者の本当の性質について、より多くを学びたがっているのです」

このためにウィージャ盤は本当に役に立ちますか？

クレッグの答えは驚くものでした。

「間違いなく役に立ちます。私は以前よりもはるかに効果的に患者と向き合えるようになりましたし、患者のオーバーリーフを考慮すると、より良い治療の結果があらわれるようになりました。例えば幼児期の〈職人〉は、向き合うのが難しくなります。〈職人〉たちはあまりにもよそよそしい態度をとるからです。〈学者〉については、すべてを説明することが役に立ちます。しかしこれが裏目に出たことが一度だけあります。その〈学者〉は『拒絶』を目標としていたからです。私が言ったことはすべて、間違っていました。すべてです」

クレッグは他者を手助けするためだけでなく、自分自身を高めるためにマイケルの情報を利用しています。これに難しさを感じたことはありますか?

「私はマイケルに精神主義について質問しました」とクレッグが微笑みながら白状します。

この概念は妥当であり、私たちはこのような教えから学ぼうとすることが「悪い」行為だとは言っていません。唯一の「悪い」行為といえば、あなたがたが学んだことを、〈偽の人格〉の不適切な部分を満足させるために使うことです。これはもちろん、途方もなく大きな欠陥をつくり出し、あなたがたは後退することになります。もしこの問題をあまり感情的に捉えなければ、あなたがたはこれを上向きの霊的進歩に変えることができ、罪の意識をもつことなく心地よい気分を味わうことができます。

この時クレッグは彼自身のことだけでなく、グループの一員で、時おりマイケルの情報を数々の女性たちとの情事のために利用していた、グレゴリーのことを考えていました。マイケルはこれに、クレッグのウィージャ盤を通して答えました。

自我を満足させることすべてには、非常に魅力的な自責心が伴うことに、あなたはまだ気づいていないのですか？　自我は好奇心をそそることや、「冒険」を求めます。〈本質〉はそうではありません。このグレゴリーという男性が「公正」であるのはこのためです。彼は女性を引き連れる許可をもっており、やましさを感じていません。自我を満足させてもいません。彼が誘惑されないのはこのためです。誘惑は彼に適した報酬ではありませんでした。許可を与えるということについて、この文化はかなりいい加減だと私たちは思います。時にはあなたがたは、許可を求めに行かなければならないことがあります。許可は象徴的なものですが、この文化の中でそれは、まさに文字通りの意味でなければならないことがあります。もしマリファナがすべての雑貨店で売られていたとしたら、それを吸う人はあまりいないでしょう。少なくとも現在マリファナを吸っている人数より増えることは無く、やめる者も出てくるでしょう。

クレッグが言います。「私の患者の一人に、自分の母親と良く似た女性と交際する傾向があることを、心配している男性がいました。彼は自分がエディプスコンプレックスをもっていて、それを打ち破ることができないのではないかと恐れていました。私は心配のし過ぎで潰瘍になっていたこの男性について、マイケルに質問しました。マイケルはこの男性が第四レベルの成熟期の〈戦士〉だと言って、次のように加えました」

まず、エディプスの神話は文化的に誘発されたものであって、この段階ではあまり影響がありません。次に、彼の深い苦悩は、彼にとって極めて重要な人生の時点を取り戻すことができないということが原因で生じています。

クレッグはマイケルが彼に言ったことが、彼の医師としての仕事に役立つと感じていますか？

「私の病院の主任管理者がこのことについて知ったら、気絶してしまうかもしれませんが、私はマイケルの情報が役立っていると思います。実際に役立ったことも知っています。ある特定の神経障害のあらゆる症状をもっていた一人の女性がいたのですが、彼女にはどんな治療も効果があらわれませんでした。最終的に私は彼女についてマイケルに質問し、彼は私に素晴らしい情報を提供してくれました」

その結果どうなりましたか？　その情報は、クレッグがその患者に対処するのに役立ちましたか？

「間違いなく役に立ちました。ひとつには、マイケルはこの女性が自分の病気が治ることを恐れていると言いました。さらに問題を複雑にしていたのは、私とこの女性のオーバーリーフが互いを消耗させるものだったということです。私は彼女と一緒にいるのが、我慢できなくなることがあります。本当に何が起きているのかがつかめるまで、私はこの関係にとてもがっかりさせられました。その後私たちは治療法を変え、彼女の特別な必要性に答えるような治療計画を進めました。劇的な改善は見られませんが、安定して継続的に改善しています」

克服できない問題があることをマイケルに指摘されたために、クレッグが患者に他の医師を探すように勧めたことはありますか？

「本当にそうしたかったことが一度だけありました」とクレッグは言います。「マイケルはこの患者が、非常に大きなカルマのリボンを焼き払おうとしていると言いました。あれは本当にひどい状況でした。私は本当に逃げ出したいと思いました。しかしマイケルは私に、カルマが関係している場合、カルマの負債を支払うこともとても不快なことですが、支払われることのほうがもっと不快だと言いました。私は今支払いを受けることを拒否することもできますが、いつかはこの同じ義務に直面しなければならないとも言われました。私は今回だけでもすでに十分ひどい状況なのに、これをまた別の機会に経験するのは恐ろしく思いました。それで私は逃げ出さないことにしました。このような経験は二度となければいいと思います」

その患者は過去生でどんなことをして、それほどまでに不快な負債をつくったのですか？

クレッグがこれにしぶしぶ答えます。「マイケルによると、彼はかなり極悪非道なやり方で、私を障害者にしました。おもしろいことに、最終的に私が彼に手術を施した時、私たちの間にあったすべての緊張がとれるのを感じました。それ以前にもそれ以降も、このような経験をしたことは一度もありません。もう二度とないことを願っています……。嬉しいことに、手術によって彼が障害者になることはありませんでした。どうやら彼の体を切るだけで、十分だったようです。この出来事には恩恵さえありました。この患者は私に負債を支払うために、自分の病気をつくり出したのだとマイケルは言いました。病気そのものが重要だったのではなく、処置が重要だったのです」

この評価をクレッグはどのように思いますか？

「当惑しています。私が当惑しているのは、マイケルの言うことがおそらく正しいだろうという、ひどい予感がしているせいだと思います」

ジェシカは少なくとも部分的に、これに同意します。「マイケルはオーバーリーフが負債を支払う方法、あるいは支払われる方法を制限する傾向にあると言いました。肉体はただ魂を運ぶだけの、容れ物ではないのです。サイクルの中で、肉体も機能をもっています」

肉体を軽視するのはばかげたことです。肉体に完全に夢中になることもそうです。肉体は物質界の必要条件であって、肉体をもたなければ学べないことがあります。肉体から逃れようとする者、あるいは肉体を否定しようとする者は、この肝心なことを理解していません。肉体を超えて物事を見ることを否定する者は、ただ問題の他の側面を選んでいるだけです。どちらの態度もマーヤーの産物であり、〈偽の人格〉によるものです。

これは矛盾していませんか？　最初にマイケルは、〈偽の人格〉とは押し付けられた〈人格〉だと言い、次に個人的な反応もまた、〈偽の人格〉だと言っています。

〈人格〉は独自性という通念を永続させることによって、分離しつづけようと努力します。〈本質〉はもちろん、自らがより大いなる全体の一断片にすぎないということに、気づいています。〈人格〉は分類されたり、手際よく入り込まれたりするような、あらゆる妨害と戦います。このことがおそらく、この教えを解説する中で経験される、敵意についての説明になるでしょう。オーバーリーフを提供することで、私たちはあなたがたに、他者の違いをより良く理解することを可能にする道具を与えています。ですからそれらを変えようと無駄な努力をして活力を浪費するよりも、今のままで受け入れて欲しいと思います。オーバーリーフは同じような意図で提供されていますが、他のコーザル界の教師たちによって、非常に異なった意味であらわされるかもしれません。私たちは以前にも人間の本能的行動について話しましたが、この情報を更に詳しく話したいと思います。文化化された〈人格〉だけが、この動物のような本能的行動を保有しています。〈本質〉はもし開花することが許されれば、かなり違った方法で行動します。顕現した〈本質〉が決断をしたい時には、ただ決断します。人生の決断に付きものの果てしない議論や、恐れはありません。オーバーリーフに基づいています。〈人格〉だけが、オーバーリーフに支配されますが、オーバーリーフには分別がなく、「高次の感情」をあらわすことができません。私たちが使う頂点のヒヒの比喩も、この文化の数多くの攻撃的な、「有頂天になった若者たち」の行動を表現するのに、そう間違ってはいません。彼らは原始的な本能に動かされて、社会の序列の頂点にとどまろうとしています。交尾の行動や儀式は、より原始的な時代から借りてきたもの、あるいはもたらされたものであり、よく見れば動物界にも広く認められることです。

〈真の人格〉は分離ではなく統一を知覚します。このため、表現が開放的です。〈真の人格〉は喜びを体験しているため、痛みを必要としません。そしてこの喜びを世界に表現します。〈真の人格〉は真実を知っているため、嘘をつく必要がありません。さらに、〈真の人格〉はあらゆる状況において、適切に反応します。もちろん、これは喜び、優しさ、特別な輝き、肯定的な性質の高いエネルギーの道筋などとして、世界にあらわされます。しかし、〈偽の人格〉は〈真の人格〉の周りにいることが不愉快に感じます。教えから離れていればいるほど、調和のとれた人物と出会った時の不愉快さが増します。調和した人物は、真実の知識だけがもたらすことのできる、自信をもっています。調和した人物はこの自信をもってすべてのことに取り組みます。調和とはオーバーリーフの退化を意味しています。調和した人物はもはやオーバーリーフにはめられていません。このような人物は、制限のない本物の空間で自由に活動することができます。物質界の人工的な空間内の制限は、そこに捕われている者たちに安らぎをもたらします。例えば、永遠や無限の概念は、〈人格〉にとっては非常に不快なものです。〈知性センター〉にあって「知性」の要素をもっている者たちにとってさえも、それは不快に感じられます。私たちの認識からすれば、永遠や無限は明確な真実です。連続性は極性と同じように、不変です。

わかりました。しかしどのようにしてそれに対処すればいいのですか？

それはまた別のオーバーリーフの機能です。

【12章：追加情報】

第二の内なるモナドでセンターがあらわされるように、〈断片〉は家族像とも結びつき、魂が肉体に宿る以前に選択がなされていない場合には、性的志向が身につけられ、他者が自分とは違うことが理解されます。第二の内なるモナドでなされる選択は、「道徳性」や「合理性」とはまったく関係ありません。おおよそ七歳になるまで、脳の発達の性質上、これら両方の概念は思考過程の中に存在しません。社会化がなされる時期にも関係します。第二の内なるモナドに関わっている時、〈断片〉はまだ経験に基づく識別を完全に理解しておらず、第三の内なるモナドの時点まで、十分に確証することはありません。このため「真実であること」についての考えが、不可解なものになります。しかし最初の真実の側面は、第二の内なるモナドの確証の時に始まり、第二と第三の内なるモナドの間に発達し続けます。第二と第三の内なるモナドの間の数多くの学びは、事実、文化的慣習、行動の適応、言語、社会背景、そしてこれ以外のあなたがたの種のすべての経験が混ざり合ったものになります。このように工業的な社会では、高級な社会水準が「成人期」を迎える〈断片〉の準備を整えるための唯一の方法であると、私たちは言わざるを得ません。あまりにも多くの複雑な要素が関係しているために、家族像を十分に超える準備のある家族、あるいは超えることのできる家族が少なく、承認と確証ができるようになるための洞察を提供するための、十分な展望をもって子供を見ることができません。経験に基づいた識別という意味においては、第三の内なるモナドまで真実という認識は「錯覚」

の概念のままです。若い〈断片〉たちの中には「私の経験をいちばん正当であると認めない者たちは、嘘つきだ」と信じて、この考えを一生貫く者たちもいますが、これは明らかに間違っており、これに関わる〈断片〉にとって潜在的に有害な知覚です。

13章　方形と六分儀

私たちがこれまでに述べてきたすべての選択は、人生の仕事に関係しており、あなたがた自身が転生の合間に設定したひとつの目標に関係しています。このような目標はもちろん、オーバーリーフ、カルマのリボン、魂のレベル、モナド、そして合意された一連の結果の影響を受けます。しかし、あなたがたの仕事を完了させるのに役立つ、特別な形状があります。このような形状の大部分は、方形と六分儀です。相互に関係のある目標をもつ、四つまたは六つの魂の協力です。方形は〈学者〉と〈戦士〉との間に形成され、六分儀は〈職人〉、〈賢者〉、〈聖職者〉の間に形成されることが多いです。〈王〉と〈奴隷〉は、彼らの役割に本来備わっている性質のために、このような形状をつくることはありません。あなたがたの多くは方形や六分儀の一部ですが、自分と同じ形状をつくっている他の全員と出会っているのは、このグループの中に二人しかいません。クレッグは六分儀の一員で、この形状の他の五人と一緒に仕事をしています。将来、これらの〈断片〉がひとつに引き合わせられる機会が、多くなっていくだろうと思います。リーは彼女の方形のメンバーにすでに出会っていて、彼らは目標を達成することに関わっています。三人（三つ組）、七人、九人からなる形状もあります。

「マイケルが最初に方形と六分儀について話した時、私たちはかなり困惑しました」とジェシカが言います。「しかしサイクルを通して発達する、さまざまな働きをするグループがあるようなのです。マイケルは私が方形の一員で、そのメンバーのうちの二人とすでに出会っていますが、三人目はまだだと言いました。不便なことに、他の三人はヨーロッパに住んでいます」

「この取り決めには、障害がいくつかあります」とウォルターが微笑みながら言います。「私たちはせいぜい二〜三年に一度ヨーロッパに行き、一ヶ月弱旅行することができるだけで、このようにわずかな時間に他のメンバーと接触するのは非常に難しいことです」

そんなに離ればなれになっているグループが、一緒に何かを成し遂げることができるのでしょうか？

「もちろんできますが、難しいです」トレーシーのほうを見てうなずきながら、ジェシカが言います。「彼女は方形のメンバーの一人と接触しています」

「そうです。彼は私の同僚ですが、私と同じ集合的存在の出身で、とても仲の良い友人でもあります。彼と私は同じ方形の一員です。他の二人を私は知りませんが、私の友人はもう一人を知っているようです。私は今回の自分の人生の仕事についてあまり知りませんが、マイケルは私の友人も似たような役割をもっていると言いました。しかし私たちは二人とも人生の初期段階にないので、私たちにできることはあまりありません」

方形の中には、当然四つの位置があります。一番目と三番目の位置についている者は最も強いメンバーで、二番目と四番目の位置についている者たちよりも自立的な行動をとることができます。ひとつの〈断片〉は、方形の中で常に同じ位置につくのではありません。【仕事とオーバーリーフが変わるからです。】今回の人生でトレーシーという女性は、三番目の位置についています。前世で彼女は方形の二番目の位置についていましたが、二六歳の若さで死んだために、この方形は一緒に機能することができませんでした。この方形は全員が〈戦士〉で、三つの集合的存在のメンバーが集まっています。ジェシカという女性の方形は、三人の〈学者〉と一人の〈戦士〉で構成され、この瞬間ジェシカという女性は二番目の位置についています。この方形のメンバーの一人が彼女と同じ集合的存在の一員で、他の二人は別々の集合的存在に属しています。ウォルターという男性は老年期の〈職人〉ですが、六分儀に属しています。六分儀では一番目と四番目が最も強く、他の四つの位置はあまり優勢ではありません。ウォルターという男性は五番目の位置についています。彼はこの六分儀の三人のメンバーと接触していますが、この中に主要な位置についている女性は含まれていません。この女性は成熟期の〈聖職者〉で、ボストンに住んでおり、彫刻家と教師をしています。彼女はこの六分儀のメンバーのうち、一人としか出会っておらず、現在は彼女の人生の中でまだ、他の五人と向き合う準備ができていません。彼女がこの六分儀に引き寄せられ、反応する準備ができるまでに、少なくともまだ五年はかかるだろうと私たちは思います。ウォルターが四番目の位置についている人の協力を得ることが可能かもしれません。彼はこの人物を知っています。この男性は第一レベルの老年期の〈賢者〉で、美術史の教授で、ウォルターはこの人物をデービッド・スワンという男性を通して知っています。今回の人生でウォルターとデービッドが結んでいる協定のひとつは、デービッドがウォルターに彼の六分儀の様々なメンバーを紹介することです。

「彼はこれをかなりうまくやってくれています」とウォルターが言います。「六分儀についてマイケルにきいて以来、私はこの教授に会い、彼がボストンに住む女性に会ったことがあることを知りました。ですからおそらく今回の人生で私たちは何かをやり遂げられるかもしれません」

それはどんな計画なのですか？

「それはマイケルも教えてくれません」とルーシーが言います。「彼はどんなことに関係することか、どんな分野に関わることかを示してはくれますが、断定することはありません。彼は私たちに指示を与えるのではなく、自分が達成したいことに私たちが気づくように導きたいのだと言っています。自分の仕事を教えられることは、それを自分で気づくのとはかなり違います」

方形または六分儀のメンバーの人生の仕事がすれ違う場合はどうなりますか？

「そのようなことは起こりません」とジェシカが言います。「転生の合間に整理されることのひとつに、方形と六分儀の働きがあります。これらの形状は人生の仕事を促進させるためにあるのです」

「私の六分儀はとても活発です」とクレッグが言います。「奇妙なことです。このセッションに参加する以前から、私はこの五人と一緒に仕事をするのが好きでした。なぜなら私たちが一緒に仕事をすると、すべてがよりうまくいくように思えたからです。私たちのうちの三人は医師で、一人が理学療法士で、二人が遺伝子研究に携わっています。私たちは互いに刺激し合い、一緒にいるとさまざまな考えがどんどん湧き出てきます。最初は不思議に思いましたが、マイケルがこの関係を説明してくれてからは、意味がよくわかっただけでなく、六分儀が機能する方法も理解しました」

「私も私の方形のメンバーから、同じようなことを感じます」とリーが言います。「私たちは一緒に仕事をしているのではありませんが、方形のメンバーの一人は建築家で、私は不動産を扱っています。一人は大学の歴史家で、四人目は地元の記者です。私たちは歴史的建造物や史跡を確認し、保存することに取り組んでいます。私たちは単純にベイエリアから調べ始めましたが、賛同者があらわれて、作業範囲を拡大していきます。また、私たちは遺跡を確認し、保存することを切望している地元のインディアンのグループのいくつかとも接触しています。現在、私たちはそのような史跡のひとつに関する嘆願をしているところです。明らかにインディアンの居住地であった場所に、ある建築業者が小住宅を建てようとしていて、これは考古学的な遺跡を破壊するだけでなく、本物の日干しレンガ造りの建物を壊してしまうことになります。この建築業者はこの建物を、掘っ建て小屋だと説明しています。この建物は一七六〇年頃に建てられたもので、どうやらエル・カミーノ・レアルを行き来する人々のための、中継地点だったようです。私たちはこの建物を守ることができそうですが、これがどんなに難しいことか、他の人には想像もつかないだろうと思います。しかし私たち四人はかなりしぶといのです」

「私は方形の一員です」とサム・チェーセンが言います。「しかし残念なことに、私の方形のメンバーの一人がベトナムで殺されてしまいました。彼は三番目の位置についていました。私は他の二人のうちの一人だけを知っています。この人は女性で、主婦で、サクラメント・バレーで図書館員のボランティアをしています。私たちは良い友達で、彼女はいつも私に活力を与えてくれます。これはよくあることだとマイケルが言っていました」

方形と六分儀は、形状全体が作用している時、強い力をもちます。方形または六分儀が取り組んでいるさまざまな仕事を完了するのに、数回の人生が費やされても、〈本質〉は気にしません。私たちは方形や六分儀が、メンバーとともに常にこのように活動するという意味で言っているのではありません。それはあなたがたの選択です。あなたがたはこのような形状の仕事に取り組むことができないと決めることもできます。そうすることは、あなたがたの選択の自由です。他のメンバーはこのような選択を辛く思うかもしれません。しかしあなたがたの誰もが、どこかの時点で必ず方形や六分儀の関係を放棄していることは間違いありません。それはあなたがたの誰もが、人生のさまざまなサイクルの中で他の協定を放棄しているのと同じことです。これには何も悪いことはありません。これも学ぶためのひとつの方法です。物理的な距離は、転生の合間にはあまり重要に思われませんが、物質界では障害になることがしばしばあります。また歳をとるにしたがって、もしもオーバーリーフが許すのであれば、このような結びつきに引き寄せられる力に、よりゆだねやすくなります。「拒絶」または「停滞」を目標とする〈断片〉は、このような形状の他のメンバーを探そうとすることはあまりありません。方形や六分儀はしばしば、すでにカルマのリボンを焼き払っていながらも、なお結びつきの強さを感じて負債の清算が終わった後も関係を続ける者たちの間に生まれます。

より大きな形状もあります。私たちはこのグループを中核グループと呼ぶことがありますが、この定義はこのグループに限ったものではありません。共通の教師の教えを分かち合う者たち全員が、同じ中核グループの一員です。私たちはあなたがたのもとも、他の者たちのもとも訪れ、あなたがた全員は同じ、あるいは似たような道を歩んでいるのです。もしあなたがたがお互いを探そうとするならば、お互いから学び合うことがあるかもしれません。このような中核グループの中に、方形や六分儀の完成を見る者もいれば、集合的存在仲間を見つける者や、生まれ変わった昔なじみに出会う者もいます。このグループのメンバーのほとんどが、成熟期や老年期の魂です。なぜなら〈聖職者〉以外で、これ以前のサイクルの間に探究の道に入る者は、ごくまれだからです。【人生の仕事をやり遂げるために、このような形状が必要だというのではありません。形状は「援助」を提供し、手近な役割に気づき、実証することを選ぶような〈断片〉たちに定義を与えます。(〈聖職者〉の筆記録より)】

「青年期の魂たちは、このセッションに参加しても長続きしないことに気づきました」とジェシカが言います。「彼らは興味をもちますが、それはとても変わった方法です。彼らはいわゆる即席の『真理』を求めているか、あるいは一種の冒険を求めているかのどちらかです。必ずそうだというわけではありませんが、青年期の魂たちが人生全体のしくみを見つめたがることは、かなりまれなことです」

クレッグがこれに同意します。「私も自分のセッションでそのことに気づきました。青年期の魂たちは関心をもちますが、辛い話は知りたがりません。私たちのほとんどが、例えば自分が殺人を犯したために処刑されたなどとは思いたくありませんし、ましてやその判決を受けるに値する人間だったなどとは思いたくありません。私のセッションに三回参加した女性医師は、最後になぜ自分が医師になることを選んだのかと、マイケルに質問しました。そしてマイケルの答えは嫌になるほど的確でした」

この〈断片〉には、支払わなければならない負債が数多くあります。彼女のひとつ前の人生は、一九三三年に終わりましたが、彼女はフランスの役人で、政治的権力を得るために、一九一六年と一九一七年に彼女の住む地域で起きた紛争を長引かせました。そうする以外に彼女が権力を集める方法はありませんでした。この身勝手な決断のために、数多くの男性、女性、そして子供たちが死にました。ほとんどが飢えか毒ガスで死にました。この〈断片〉は彼女が引き起こした苦しみの償いをしようとしています。ところで彼女は実際にその人生で、自分が望んだ通り有利な立場に就き、自分が長引かせた紛争での勇気ある戦いぶりを評価されました。しかしそれは完全な大成功ではありませんでした。なぜならこの〈断片〉はこの戦いの間に、自分の家族のほとんどを失ったからです。三人の息子、妻、二人の娘のうちの一人が、この戦争で死にました。医師としてベトナムへ行って働く誘いを受けた時、この女性がこれを断った理由のひとつは、彼女が前世の記憶をいくつかとどめていて、こんなにも早く戦争の経験を繰り返すことが耐えられなかったからです。

また、彼女が負債を支払わなければならない相手の多くが、アメリカ合衆国西部に生まれ変わっているからです。他にも何人かはカナダ、南アメリカ、アフリカ、そしてごく少数が中国にいます。比較的近づくのが難しい者たちに対する負債は、今回の人生では支払えないだろうと私たちは思います。

「この女性はこれをきいて激怒しました」とクレッグが言います。「彼女はとても率直に改革運動を進めている平和主義者で、彼女の戦争に対する抵抗が、戦争は倫理的に間違っているという彼女自身の情熱的な信念以外から生じるものだとは、決して信じようとしませんでした。私はこれに反論はしませんが、このような人生をごく最近経験したばかりであれば、彼女が戦争に反対するより強い信念をもつことになるのも無理はないだろうということを、彼女に指摘しました。彼女はこれを受け入れることができませんでした。彼女はセッションに参加することを拒否し、この情報に魅力を感じていながらも、すべては戯言だと決め込んでしまいました」

「それはもし彼女がこの情報の一部でも確かなものと認めてしまったら、気に入らない部分までも確かなものとして受け入れなければならないからです」とエミリーが言います。「私はこの時のセッションに参加していましたが、彼女の内面で何かが起きていることは、私にもわかりました。彼女は否定してはいますが、マイケルが彼女に言ったことに共鳴する部分があることに気づいていたのだと思います」

このようなことはしばしば起こりますか？　誰かが自分の過去生について知り、それを拒絶することが？

「もちろんあります」とジェシカが観念したように言います。「素晴らしい刺激やひらめきを求めてこの情報にたどり着いたとしたら、その人はおそらく失望するでしょう。九年経ってもまだ非常におもしろいことがたくさんあり、私はマイケルが提供する情報すべてを探究することに、のめり込んでいると言えます。それが決して心地良いことではないということは、わかっています。これまでにも、特に過去生に関する情報に、悩まされることが何度かありました」

「事実は事実として認めましょう」とデービッド・スワンが言葉をはさみます。「ほとんどの人々、かなり多くの人々は、かなり悲劇的な人生を送っています。本当に幸せだという人をあなたは何人知っていますか？　自分の人生で達成すると決めたことを実際に達成する人、人生で大小の不幸を経験したことがない人、深く落胆したことのない人、信頼できる友人たちと理解ある家族に囲まれて生きてきた人、物資的にも精神的にも一日たりとも不足を感じたことがない人などいるでしょうか？　考えてみれば、このような人生はかなり味気ないものになるだろうと思いますが、ほとんどの人々が人生で直面しなければならないこととかけ離れています。有名で、美しく、非凡な人物一人に対して、何百、何千もの人々がいわゆる平凡な人生を送っています。しかしそれが私たちの大多数です。まるで病気か何かのように、私たちのほとんどが成長しながら生きなければなりません。私は幸福な幼年時代を送ったという人を、六人も知りません。青春時代を本当に楽しんだという人の数は、さらに少ないです。あなたにとって高校生活がどんなものだったかは知りませんが、私にとってはみじめなものでした。私は時々、退屈と恐慌状態の狭間で、人生を生きているように思うことがあります。大げさに言い過ぎだということは自分でもわかっていますが、こんな風に感じることはありませんか？」彼は他のメンバーがうなずいて同意するのを少し待ってから続けます。「対して重要でもない日々の出来事に時間と活力を費やし続けるやり方は、不自然です。すべての探究は、この外側にあります。これはマイケルが繰り返し私たちに言っている、物質界のくだらないことなのです。心配することは何も無いのです。そうでしょう？　しかし心配しない人がいるでしょうか？　これまでもいつもそうだったのであって、どんな時でも九九パーセントの人々が、今とほとんど変わらずに、あくせく働くことになるのです。ある人々にとってこれは非常に困難になり、またある人々にとっては比較的簡単になりますが、私たちの思考と時間と活力のほとんどは、毎日を生き抜くために費やされることになります。このような学びに費やす時間や、学びたいという気持ちを、ほとんどの人がもっていないというのは、驚くことではありません。やるべきことがあまりにも多過ぎて、探究の道を歩むことができずにいる成熟期の魂を、私は何人も知っています」

他のメンバーは沈黙していましたが、やがてウォルターが話します。「あなたはこのようであるべきだと言っているのですか」

「いいえ、違います」とデービッドが断固として答えます。「なぜこのようであるかが、簡単に理解できると言っているのです。これは私たちが探究の道に気づくべきでないという意味でも、薄汚い過去の人生を探究すべきでないという意味でもありません。しかしもしあなたが、これが人間として生きることすべてに対する答えだと確信していて、家賃や米国国税庁よりも重要だと思うなら、なぜあなたは、そして私も、この本に本名を載せていないのですか？　なぜ私たちの誰一人として月曜日に会社で上司に、私は一ヶ月に二度、十五人程の人々と集まって、ウィージャ盤に話しかけているのですが、前回ウィージャ盤は私に、サロニカのガレー船で奴隷だった時の人生について教えてくれて、その時私はキプロスの海賊と戦って死んだのだそうですと言わないのでしょうか？　上司は喜んできくのではないでしょうか？」

「慎重であるからと言って、私たちがこの情報を重要だと思っていないということにはなりません」と顔をしかめながらルーシーが言います。「デービッド、正直言ってあなたにはかなりいらいらさせられます。人生を生き抜くのが煩わしいことだというのは、誰もが知っていることですが、マイケルが繰り返し言っていることは、そこに私たちが知っている以上の価値があるということであり、私たちが自分らしく生きることを選択してもいいのだということです。私たちは自分の選択を否定する必要がありません。そして他にもあなたに言いたいことがあります。ひとつの集合的存在の一員であるということは、気持ちの良いことです。ほとんどの場合、家族よりもずっと良いです。何も説明する必要が無いからです。あなたはくだらない人生を生きることもできますが、あなたの側には常に誰か、大勢の誰かがいます。これは素晴らしいことだと思います」と言って彼女は腕を組み、デービッドの答えを待ちます。

「だってあなたはロマンチストですからね、ルーシー」とデービッドがかなり優しく言います。

「私は『情熱』のモードにある老年期の魂です。どちらにしろ同じことだなどとは、間違っても言わないでくださいね」

この最後のルーシーの反抗が緊張を解き、他のメンバーが笑います。

「それに、ロバート・レッドフォードが私たちと同じような悩みをもたずに済むとは言い切れないはずです。彼も人間です。彼も私たちと同じように、食料品や洋服を買わなければなりませんし、もし彼がサイズの合わない靴を持っていたとしたら、彼の足も他の私たち全員と同じように、痛むことがあるはずです」とルーシーが先程とは違った口調でつけ加えます。

「デービッドは私たちの中の悪魔の代弁者です」とウォルターが余計なことながら、説明します。「彼はいつも最初に歴史的情報を調べて、マイケルの言うことに立ち向かいます」

そしてこれまでのマイケルの調子はどうですか？

「いまいましいくらいに良いです」とデービッドが悔しそうに言います。「私が最も驚かされたことは、美術館が購入を計画していた絵について、質問した時のことです。その絵は誰の作品なのか確認できておらず、それを知る手段もないように思われたので、冗談半分で私はマイケルにきいてみました」

その作品は、本物のゴヤの絵です。X線とレーザーの新技術でその作品を調べれば、絵の左下の角に、画家のサインを見つけることができるでしょう。それは小さなぶちの犬の影になっています。この絵は部屋に飾られていた時に、左側が熱によって損傷したため、この場合は掃除をしてもあまり役立ちません。この作品を売りに出している男性の祖父からの手紙があって、そこには彼の父親がこの絵を購入した経緯が書かれています。この手紙はこの売り手の家の図書館の中の、家族の書類の束の中にあります。この手紙は一八四五年二月に書かれたものです。話のついでに言うと、もうひとつあなたが購入を検討しているヴェロネーゼの作品とされている絵は、大部分が助手によって描かれたもので、この芸術家が描いたのは聖ヨハネの部分だけです。

デービッドがため息をついて言います。「私たちはその作品のX線調査とレーザー投射を行い、絵の左下の角の、変色のために黒く見えていたものの実際にはぶちだった犬の影に、確かにサインを見つけました。私は『まぐれ当たり』だと繰り返しましたが、これには美術館の関係者たちもすっかり驚いていました。私はどうやってこんな推測ができたのかを、彼らに話す勇気がありませんでした。ところで私たちはこの絵を買いました。かなりの金額ではありましたが、その価値があると私は思います。そしてヴェロネーゼの作品の購入を丁寧に断りました。私はもっと妥当な金額で、より良いヴェロネーゼの作品を見つけることができると言って、理事会を説得しました」

「言っておきますが、私は誰かが所有している芸術作品が、本物であるかどうかを調べることに、ウィージャ盤のすべての時間を費やしたいとは思いません。しかし、いい気晴らしになることはあります。そしてこれはマイケルがやることの中で、最も説得力のあることのひとつであることは、間違いありません」とジェシカが言います。

マイケルは物体を鑑定することを厭わないのですか?

私たちは人生を鑑定するほうを好みます。そこから成長が生まれるからです。つづれ織りの認識です。〈本質〉の良い働きにつながる場合には、物体を鑑定することを嫌がりません。デービッドという男性の場合には、彼が芸術に関係した人生を何度も生きているために、それらの記憶を彼が入手できるようにすることが有益でした。この男性は自分の道を歩もうと努力しており、彼のなかで〈偽の人格〉の力がさほど強くない時、彼はかなり多くを成し遂げることができます。彼の態度が「懐疑主義者」であるためです。

マイケルから最初にオーバーリーフをきかされた時「まさか、冗談でしょう」とデービッドは言いました。

彼は探究の道をたどるうえで、自分の〈本質〉を信頼することを難しく感じます。しかしこれは不可能なことではなく、このグループの他の誰よりも、彼は自分の動機をすすんで調べようとしています。デービッドの集合的存在仲間の近しさも助けになっており、彼が魅力ある老年期の〈王〉と接触する時、彼の障害の多くが取り払われ、これまでに学んできたことを自分のものにできるようになるでしょう。ところでデービッドという男性は、彼の魅力ある老年期の〈王〉にとって、非常に重要な存在となります。

「この魅力ある老年期の〈王〉に関する部分が、面白いと思います」とデービッドが言います。「彼についてマイケルが最初に話した時、彼はイランに住んでいると言いました。イランですよ! あきれた話です。

いったいいつになったら、私がイランに行けるのでしょうか？　ところが私は一月（一九七八年）にイランに行くことになったのです。美術館が陶器、宝石、本、革細工、絨毯などのようなイランの人工遺物の展示をするために交渉をしているのです。もともと、先輩の学芸員がイランへ行く予定でしたが、彼は年末にこの美術館を辞めて、西海岸で学芸員をすることになり、代わりに私が行くことになりました。この知らせをきいた時、私は私の魅力ある〈王〉について、マイケルにより詳しくききました」

デービッド、あなたはヒッチハイクをしてでも、イランへ行くだろうと私たちは思います。あなたの旅が楽になったことは良いことですが、これはジェラルドという男性（先輩の学芸員）とあなたとの間の協定の性質によるものです。第二レベルの青年期の〈学者〉であるジェラルドは、まだ彼を引きつけている力に気づいてはいませんが、彼は協定の条件を満たすと同時に、彼の認識する世界における昇進を果たしました。

社会的大変動が起こらない限り、あなたはあなたの老年期の〈王〉に簡単に会うことができるでしょう。彼は学者たち、特に考古学者たちと関係する仕事をしています。しかし彼自身は〈学者〉ではありません。この第六レベルの老年期の〈王〉は、二〇代後半の男性で、イラン人の商人としてかなり成功しており、現在と過去の両方の芸術の偉大な後援者です。彼は大きな貿易会社の四世代目の指導者で、病弱な父親から最近この会社を継いだばかりです。老年期の〈王〉にとって、若い頃からあらゆる程度の責任を負うことは、珍しいことではありません。あなたはユダヤ人であるため、イランでは困難な経験をする可能性があることは、私たちも承知していますが、この男性はあなたを心から歓迎してくれるでしょう。魅力ある老年期の〈王〉に引き寄せられる力と、あなたがたの過去の人生での結びつきは、社会的偏見よりもかなり強力です。今回出会えなかった場合、あなたはスペインでこの〈王〉に会う機会をもつでしょう。

デービッド・スワンは目を輝かせて言います。「彼を見つけるのはさほど難しくないだろうと私は思います。実を言うと、私は向こうで出会うべき人がいるのだと思い始めています。この計画全体が、お決まりの煩わしさをまったく感じることなく、ローラースケートのように滑らかに進んでいるからです」彼は胸の前で腕組みして言います。「これは今私が思っているよりも厳しい経験になるかもしれませんが、私はとにかく行ってみようと思っています。みなさんにもご報告します」

「当然よ」とルーシーが言います。

マイケルは物体を鑑定するよりも、人生を鑑定するほうを好むと言いました。彼はどれくらい徹底的に人生を鑑定しようと言うのですか？　デービッド・スワンは彼の過去生のうちのひとつの概観を得たと言いました。人生の概観とは何ですか？

「言葉の通りです」とジェシカが言います。「過去生の短い伝記です。可能な場合には日付や場所も伝えられます。実証するためです」

「実証するというのは、歴史の中に確認できるという意味です」とウォルターが言います。「これはつまらないことにきこえるかもしれませんが、そうではありません。農民階級のほとんどにとっては、何百年もの間、あまり大きな変化がありません。日付が確定していると、非常に役に立ちます。読み書きのできない人々、あるいはキリスト教、ユダヤ教、その他の標準的な暦を使っていない人々、アメリカ・インディアンや中国やインドの田舎の人々、オーストラリアのアボリジニなどのような人々にとって、確定した時間を知るのは難しいことですが、他にも方法はあります。他にも旅人、戦争、日食、彗星、悪天候などのように、時間を特定するのに役立つ要素もあります。このグループのメンバーの一人が、重要な過去生のひとつをアフリカのある部族の一員として生きましたが、その部族は完全な口述の歴史資料を残しており、現在ではその一部が入手できます。私たちはこの人生が生きられた時期と、いくつかの出来事を特定することができましたが、実際の身元はまだ特定できていません。アメリカ・インディアンのさまざまな部族の場合には、歴史が抹消されているために、調べるのがさらに困難になります」

「そうです」とマージョリーが言います。「大学で教えていることの利点のひとつに、学内のすべての図書館が利用できるということがありますが、私はこれを利用してマイケルが私たちに伝えた事実の確認をしています。マイケルが言ったことを調べて、それに一致する資料が見つかるということは、彼の教えの中で、最も説得力のある部分のひとつだと思います」

「ここにひとつの概観があります。これはこのグループのメンバーの一人の人生の概観です」とジェシカが言って、黒いバインダーを差し出します。「ここにあるすべての筆記録が、概観です」

この人物は一五六七年一一月初旬、ベネチア帝国に大工であり家具職人の次男として誕生しました。この人物は早くから学習能力をあらわし、教育を受けるために、地元のアウグスティノ修道会の聖職者たちに預けられ、聖職者になるための準備をしました。彼はのみこみがはやく、とても優秀でしたが、修道会での生活に満足していませんでした。一〇歳になった時、自分が教会には向いていないことに気づき、すでに逃げ出すことを考えていました。幼い頃に受けた教育と家族背景のために、彼は一般的な神学の科目とともに、建築を学ぶようになりました。修道院の院長は野心的な人物で、この才能のある弟子の発達を通して、自分の権力を高めようとしました。彼はこれに気づいて憤慨しました。

一一歳の時、修道院を逃げ出し、それから二年間北へ向かって時おり大工仕事をしたり、筆記者のふりをしたり、注意深く泥棒をしたりして生き延びました。一五七九年、最終的に彼はポーランドにたどり着き、そこで軍の兵舎を建てる仕事をしました。彼は良く働き、読み書きの能力のために兵士たちの間で人気者になりました。兵士たちのほとんどが、読み書きができなかったためです。一五八一年、ポーランド国王ステファン・バートリが、ロシアのイワン四世を侵略した時、王の副官として同行しました。翌年、彼は負傷して捕らえられ、スモレンスク近郊で二年間捕虜兼奴隷として働きました。ここでも再び大工仕事の技が役に立ち、ポーランド人たちを気づかっていた地元の貴族のために、小さな防壁を築く代わりとして、より良い部屋と食事を与えられました。語学の才能をもっていた彼は、すぐにロシア語を身につけ、一五八五年には捕虜兼奴隷というより、拘束されている使用人という立場になりました。二〇歳になった一五八八年に、彼は貴族の主人によってモスクワに送られ、ポーランドとの国境に防壁を築くための計画と資料を皇帝に提出しました。この設計者がロシア人ではなく、ポーランド人捕虜で、カトリックの修道士であったことを知った摂政のボリス・ゴドゥノフは、この人物をスパイとして投獄することを命じました。彼は四年以上もの間、ひどい状況で投獄され、最後に盲目にされて釈放されました。それから一年間、物乞いをしたり、物語を話したりして生き延びました。最終的に彼はモスクワ西部の修道院に連れて行かれ、そこで修道士たちにラテン語をロシア語に翻訳することを教えました。一五九五年の夏、二八歳になる前にチフスで死にました。

この人物は強い意志を持った便宜主義者でしたが、第六レベルの成熟期の魂の苦悩に満ちていました。彼は宗教的な感覚にとらわれてはいませんでしたが、彼の周りに見られる宗教的特権の乱用にむかついていたのと同じくらい、信仰生活の洞察に魅力を感じていました。死を迎える頃、彼は本当にあわれみ深い魂になっていました。彼はそのようなあわれみ深さを、辛い経験を通して身につけたのです。

若くして死んだために、この人物は転生の合間に結んだ協定の多くを実行することができませんでした。しかし彼がロシアへ旅立った理由のひとつは、彼の集合的存在仲間や、完了すべき一連の結果をもっている相手に近づくためでした。彼は防壁の設計と建築を彼に依頼した貴族との間で、主人と奴隷のモナドの、奴隷の役割を完了しました。

この人物は探究に深くのめり込んでいましたが、自分がどの道を歩むべきか、まだ知らなかったのだと私たちは思います。モスクワに行った時、彼は良くないことが起こると気づいていましたが、彼が完了しようとしていたモナドの性質が、命令に背くことをさせませんでした。〈戦士〉の魂によくあるように、この〈断片〉に本来備わっている衝動が、彼を非常に恐ろしい苦難に耐えさせただけでなく、さらに他の苦難を求めさせました。苦難に満ちた人生を送ったにも関わらず、この人物は巧みな笑いのセンスをもっていて、戦士たちの間でも、ベネチアとロシアの両方の修道院でも、人気者でした。彼は感じの良い容貌をしており、背が高いわけでもがっしりしていたわけでもありませんでしたが、成熟期や老年期の〈戦士〉に良く見られる、威厳をもっていました。彼は音楽と物語を好み、生活に余裕がある時は、食べ物に凝りました。この人生で彼が始めたことを完了するために、この人物は一六一三年、東ヨーロッパに生まれ変わり、兵士として人生の一時期を過ごしました。彼は前回よりも幸運に恵まれ、四〇代半ばまで生き、この前の人生でやらなければならなかったことの多くを達成しました。ところで、この人物をロシアの修道院に連れて行く手配をした修道士も、〈戦士〉の魂で、この人物の集合的存在仲間であり、戦友として何度もともに生きたことのある人物でした。人生の崩壊がすべて、このような接触につながるという意味ではなく、「場面転換」が仕事をしやすくし、承認と実証の手助けをすることがあるという意味です。

「もうひとつ面白い概観があります」とジェシカが言います。「実はそれはウォルターのものです。この人生でウォルターと彼の六分儀のメンバーは、数年間ともに働きました。これは概観の良い対照になりますし、前の人生が後の人生の選択に影響する方法を理解しやすくすると思います」

この人物は一〇四三年五月、イスラム教のスペインに、楽器職人の家族の長女として生まれました。彼女は湾曲足だったため、結婚はできないだろうと思われていました。そのため、かなり幼い頃から家業の楽器作りを教え込まれ、一四歳になる頃には、父親や兄弟たちの仕事を手伝うのに十分な技術を身につけていました。彼女の二人の妹のうち、一人は幼少の頃に死に、もう一人は結婚してバルセロナに住んでいました。一家には四人の兄弟がいて、そのうちの二人は家業を継ぎ、あとの二人は武器製造人になりました。一〇五九年、家業では二人の弟子をとり、そのうちの一人がこの人物と同じ六分儀の一員でした。その弟子はこの人物によって、新しい楽器作りの試みを勧められ、新しい木材、金属、その他の楽器作りの技術のさまざまな側面を試しました。二年以内に彼らはラバーブとジクルンの基本的な設計を改良し、中世の弓形の竪琴に似た楽器の設計を改めました。

「ところで、ラバーブはバイオリンの先祖です」とウォルターが説明します。「スプーン型の楽器で、弦が二〜三本張ってあります。これらは弓形の楽器で、現在私たちが弦楽器の弓として思い浮かべるものよりは、射手が使う弓にかなり似たものでした。マイケルがジクルンと呼んだ楽器は、おそらくキタローネと呼ばれるルネッサンスの楽器の先祖だと思われますが、それはギターともまた違います」

三年以内に彼女は、ムーア人のスペインで最も尊敬を受ける楽器製作会社を経営していました。この注目すべき会社のことを知って、チュニスの商人がある投資の話をもちかけてきました。彼はこの人物と彼女の職人たちに、彼らの新しい技術を、ガザの楽器職人の一家に教えてほしいと言いました。この別の楽器職人のグループは、タムールあるいは首の長いウードの設計で有名で、この商人は二つのグループが設計と技術を交換することが価値のあることだと思いました。彼女はこれに同意し、二年後にはガザの一家の三人が連れて来られ、そのうちの二人が彼女と同じ六分儀のメンバーでした。これは実際に有益な提携で、これらの人々によってつくられた楽器は、その素晴らしさのために、かなりの需要がありました。

一〇六九年、彼女が二六歳になった時、カスティーリャの王サンチョ二世の権力闘争の最中に捕らえられた、キリスト教徒の奴隷が、彼女に与えられました。彼は才能のある音楽家だったからです。この〈断片〉もまた、六分儀の一員で四番目の位置につき、彼女が一番目の位置につきました。これらの職人たちは、〈本質〉では〈職人〉、〈賢者〉、〈聖職者〉でしたが、彼らの仕事は、テオルボの原型となる楽器をつくり出すことに貢献しました。テオルボとは中世の後期とルネッサンス期の、リュートに似た楽器です。

一〇九〇年にアルモラビデ朝がイスラムによるスペインの支配を主張した時、楽器職人たちはキリスト教徒の奴隷を手放さなければならないかと思われましたが、彼らの仕事を援助していた商人がカリフ（訳注：イスラム国家の指導者）と交渉し、このグループの全員をガザに移しました。

ガザで、この六分儀のメンバーの最後の一人が加わりました。彼はギリシア人の家系に生まれ、木材と象眼細工の音の質に関心をもつ、本物の音楽家でした。十字軍の熱狂がヨーロッパ全土に広がるまでの一〇年間、この六分儀はある程度平和な状態でともに働きました。彼らはその後も四年間一緒に仕事をすることができましたが、その後で六分儀のうちの二人がコレラで死に、他のメンバーは強制的にガザから立ち退かされ、より安全な場所に引っ越しました。この六分儀に関係していた商人はダマスカスに事務所をもっていましたが、この時すでに死んでいて、彼の家族は戦争中に楽器職人のグループを自分たちの家に住まわせたがりませんでした。スペインの政治情勢のために、彼らがスペインに戻ることはできなかったため、残りの四人は絶望して、アレキサンドリアを目指して旅立ちました。彼女とキリスト教徒の奴隷だった男性がそこへたどり着きましたが、今となっては彼らにできることは何もありませんでした。楽器の修理をしたり、ついたてなどのような木製の家具の修理をしたりして生活しました。この二人は、過去一二年間ずっとそうだったように、恋人同士として生きていましたが、地域社会の悪評を招き、別れるかどこか別の場所へ引っ越すことを強要されました。彼らは一緒にいることを選び、九年間さまよい歩いた後、最終的にアレッポにたどり着きました。そこで彼らは、踊り子のための学校で働きました。

この人物はアレッポ近郊で一一六年に、七二歳で死にました。彼女の長年のキリスト教徒の恋人はこの翌年、七〇歳で死にました。死の直接の原因は肺炎でしたが、高齢であったためでもありました。この人物は彼女の人生の間に、三人子供を授かりましたが、幼年時代を生き残った子供は一人もいませんでした。

これは穏やかで献身的な魂で、青年期のサイクルの第四レベルにありました。商人はこの人物の集合的存在仲間で、この六分儀を手助けするという協定を結んでおり、間違いなく彼はそれを実行しました。この人生はかなり成功した人生でした。彼女は内なるモナドをすべて完了し、一度の人生で六分儀の仕事を完了させ、人生の仕事の目標をほとんど達成し、比較的安らかに死にました。一回の人生でこれほどまでに多くを達成することは、とても珍しいことだと言えます。

「私は今でも楽器をつくるのが好きです」とウォルターが打ち明けます。「私はこれまでにチターとプサルテリウムをいくつかつくりました。私は弦楽器にとても魅力を感じます」と言って彼は少し悲しげに微笑みます。「私たちがこの概観をきいた時、私は打ちのめされました。私はそれ以前にも楽器をつくっている夢を見たことがありました。子供の頃、自分が夢で見た楽器のいくつかを実際に見たくて、学校で楽団に入りました。私は夢で見た楽器を見つけることができませんでしたが、今ではもう存在しない楽器がほとんどなのですから、無理もありません。二年前にヨーロッパへ行った時、古代の楽器を広く所蔵している三つの美術館を訪れましたが、これは驚くべき体験でした。私はその木に触れたいと、繰り返し思っていました。楽器に傷やひびを見つけた時、私は悲しくなりました。本当に不思議な体験でした」

「私はこれまでにそのような劇的な体験をしたことがありません」とリーが言います。「しかし私の方形が一緒に働いている時、とても奇妙なエネルギーが流れます。ウォルターの言う感覚は、私にもわかります。彼が楽器を見た時、彼の中のあらゆる感情が目覚めたという感覚です。私も一度だけこれを体験しましたが、その時のことは決して忘れられません。私はアフリカのチュニジアに、繊維産業の仕事をしている友人を訪ねました。彼はとても古い織物を集めていて、その中のいくつかが私にとって驚くべきものでした。私は自分自身のあらゆる部分が開かれるのを感じました。マイケルは私が一六世紀に、チュニジアで織工と染織家をしていたと言いました。私はこれを信じます」

アーノルドが咳払いをしてから言います。「これはとても不安にさせられる経験でした。リーはこの経験に深く感動していました。私は彼女に繰り返し家に帰りたくないかと尋ねましたが、彼女は素晴らしいひと時を過ごしているのだと言い張っていました。彼女は自分がどのように感じているか、私に伝えようとしましたが、私はそれを論じる概念をもっていませんでした。いまだにもっていません。しかしこのように感じているのが彼女一人ではないと知って、安心しました」

コリーンが付け加えます。「ほとんどの人々は、自分の内面のこのような感情を否定することを、教え込まれています。あるいは、もし否定できなければ、人々は自分がどこかおかしいのではないかと思い、精神科医に診てもらうべきだと思うのです。精神的動揺について専門的な治療を受けるべき人々がいるということは、私も認めていますが、人生にはまるで地獄のように抵抗し難く、不快な影響が及ぼされることがあり、それは精神的動揺や、その他の普通の感覚とはまったく関係ない場合があります。そのような場合、私はカルマ、魂のレベル、オーバーリーフ、協定など、問題が何であったとしても、人々がその問題を理解し、乗り越えることができるのだということを理解することが重要だと思います。カルマの負債を支払うことや支払われることを必要とするよりも、精神医学が治せない問題を治してくれることを期待する人々があまりにも多くいます。かんに障るオーバーリーフをもっているからといって、その人が悪い人だという意味ではなく、それはただそのような人が世界と関わる方法が違っているというだけであり、仲良く一緒に働くことができないという意味です。これはすべての問題が心理学や精神医学では治療できないと言う意味ではありませんが、カルマに取り組むために精神科医のもとを訪れることは、盲腸炎に絆創膏を貼るようなことである場合があります」

【数多くの人生の中で、〈断片〉たちはもっぱら、彼らが生まれた文化的背景の中で、その範囲内のみを確かなものと認識して、生きることに取り組みます。文化変容のほとんどが学びが知的ではなく、ほぼ完全に経験に基づくものである時に起こるのはこのためです。「正しい」行動、「よく知られている」真実、社会的地位と品行、「正しいこと」と「間違っていること」の概念は、家族の期待とともに、批判的考え方という利点を活かすこと無しに、受け入れられます。文化的枠組みがひとつ以上ある場所では、理解するということが事実に基づく情報の問題であるのと同じくらい、経験に基づく背景の問題であるということに、〈断片〉は早くから気づきます。それは〈断片〉のオーバーリーフ、人生計画その他の要素によって、励ましにも悩みの種にもなります。〈本質〉の意図が何であっても、人間社会は特定の基準が採用され、維持されることを必要とします。そしてこれがもちろん、〈断片〉たちが人生を表現し、理解するための方法に影響します。老年期の魂は、もしオーバーリーフが柔軟であることを支持すれば、より順応性をもつようになり、幼年時代の初期の経験があまり厳しく制約されません。〈学者〉の筆記録より】

マイケル・グループに参加している人々が、この教えに何らかの利益があると感じていることは明らかです。彼らはなぜそのように感じるのですか？　この教えは彼らにとってどのような利益になるのでしょうか？

ジェシカが最初に答えます。「このグループで学んできた約八年間で、私の人生と私の人生の選択についての感覚が変わりました。これは単に私がウィージャ盤を担当して、マイケルのエネルギーに直接対応する経験をしてきたという理由からではありません。しかしそれは私がこれを続けようと思った、大きな要因ではあります。私はマイケルの言う、人生をひとつに織り込むつづれ織りに心を奪われています。また、マイケルが言ったことは実用的です。私たちの顧客の中で最も難しい人物の一人に、『支配』を目標とし、『力』のモードにある、青年期の〈奴隷〉がいます。彼にはある傾向があります。彼は相手の仕事をバカにし、役立たずのように思わせ、その後でなにか素敵なことをしてくれるのです。もしこの小さな儀式を避けたければ、私は自分の意見をはっきりと述べなければならないということを学びました。彼は自分が協力的だと思っていて、そうすることをしきりに望んでいるのです。より広い意味においては、答えは存在すると思いますし、いつか私はこの学びを始めた頃よりも自分がより多くを理解しているとは言えませんが、おそらく転生の合間だけかもしれませんが、その答えが何であるか知ることができると思います」

ウォルターは人差し指で口ひげに触り、少しぼんやりしてから答えます。「マイケルは困らせるようなことばかり言います。彼は宗教や哲学の思想に反することを言うので、数多くの人々がマイケルの発言を拒絶するだろうということは、ここでの私たちの経験から私も理解しています。私の中のある部分では、正しいことと間違っていることが明確に定義された、これまで慣れ親しんできた法則がすべて適用される安全な場所へ、急いで逃げ帰りたいと思っています。物質界の責任の大きさが、時おり私をひるませます。その一方で、私がやることには理由があるのだと感じていて、これが大きな慰めとなっています」

ルーシー・ノースがこれにつられてにっこり笑って言います。「私はマイケルがすごいと思います」と彼女は熱意を込めて言います。「このセッションで学ぶことに怒りを覚えたり、落胆させられたりすることは時々ありますが、私はまだ諦めてはいません。私の人生は、それがどんなものであったとしても、私以外の他の誰のものでもないということを私は知っています。これは私にとって大いに意味のあることです。また、私は自分に期待されているからという理由で、これまでにかなりばかなことをやってきたことに気づきました。時々私はマイケルが少しくつろいで、『いい子だね』とか『ルーシー、君はよくやっていますよ』などと言ってくれたらいいのにと思うことがありますが、彼はそんなことは言いません。こんなことを私に言えるのは、自分だけなのです。私はそのやり方を学んでいるところです」

デービッド・スワンが次に話し始めます。「このセッションで私が学んだこと、そして学び続けていることは、私が人生で直面してきた困難を受け入れるのに、役立っていると思います。私の目標は『受容』ではなく、『成長』ではありますが。私はこの人生の最初の二五年間をおびえながら過ごし、このために私は非友好的で防御的になりました。これは老年期の〈学者〉としては、少し珍しいことです。今では〈偽の人格〉の圧力と、私自身が受け入れてきた期待の圧力を理解しています。そして今回の人生が、自分のやりたいことをやるための、一度きりの機会ではないと知ったことも、良かったと思います。そのことに気づいてから、面白いことに私はより多くのことを成し遂げられるようになりました」

エミリー・ライトが次に答えます。「マイケルは私にとって、いろいろな意味で大きな挑戦です。宗教的側面についてはもちろんですが、それ以上にさまざまな側面があります。本当に信心深い人々の多くは、マイケルの言うことに困惑するだろうと思いますが、彼らの信仰を調べて明確にするのに役立つと思います。このように思うのはおそらく、マイケルの教えを通して私が自分の傷つきやすさを学んだからで、他の人々もマイケルの情報を学ぶ時間をとることで、いつも同じ反応しかできないキリスト教徒の数が減り、より多くの人々がキリストの教えを信じるようになればいいと願っています。キリストの教えを信じることは、キリスト教徒であるということとは、まったく別のことです。私は自分の宗教について、このセッションに参加し始めた頃とは違った見方をしていますが、この変化は有益なものだと感じています」

クレッグが膝の上に肘を乗せて言います。「マイケルは私の仕事にとって、測り知れないほど貴重な助けになっています。彼には死ぬほど恐ろしい思いをさせられることもありますが。〈職人〉の魂の性質についてマイケルが言ったこともまた、役立っています。〈職人〉にはなじまない期待が、数多くかけられているからです。私の六分儀と一緒に仕事をすることは、非常にうまくいっていますし、やりがいがあります。ウィージャ盤を扱うことは、時には気力を無くすほどひどいと思うこともありますが、私のこのような反応はマイケルに対するものではなく、私が無視することを訓練されてきたことに対する反応だということに気づきました。私はジェシカのように頻繁に、そして長時間ウィージャ盤を扱うことができませんが、ウィージャ盤を扱う以前よりも、私は周囲の人たち全員に対して、はるかに大きな受容力をもてるようになったことに驚いています」

「私はまだマイケルのことを完全に確信していません」とアーノルド・ハリスが、白髪まじりの髪をなでつけながら言います。「しかし私は繰り返しセッションに参加し続けています。私が成熟期の〈奴隷〉だと言われた時、私はそれを退けましたが、真実であることを理解できるようになりました。私は人々に奉仕したいと本当に思っています。お金はひとつの道具であって、結果そのものではないと思います。これは銀行家にしては珍しい態度だと思いますが。私は他者に対して本物の社会貢献ができる立場に、自分の身をおいていることを理解しています。また、リーと私には三人の子供たちがいますが、そのうちの二人は、手に負えない青年期の魂たちです。この情報を知ったことで、特に彼らが一〇代の頃に、彼らとともに生活するのがかなり楽になりました」

「本当にそうでした」とリーが同意します。「私たちの抱えているすべての問題が解決したとは言いません。まだ解決できない問題もあります。しかし私は、私たちが間違いを最小限にとどめることができたのではないかと思います。私たちの友人たちが経験したことに比べれば、私たちはかなり楽ができたと思います。マイケルは私に、仕事で他者に対応するための洞察に加えて、家族に対応するための洞察も与えてくれました。何かをしようとしている時、自分が幼児期の〈聖職者〉と接しているのか、あるいは成熟期の〈賢者〉と接しているのかを知っていれば、かなり役に立ちます。私にとっては幼児期の魂と付き合うのが難しいことが多く、〈聖職者〉と私はどういうわけか、会ってすぐに意気投合することがめったにありません。すべての人々を自分のようにしようとする必要が無くなることは、とても良いことです。すべての人々と仲良くできなくても、まったく問題ないのです。同時に、私はより寛大になりました。なぜなら私は自分にとって付き合うのが苦手な人々がいるのと同じように、私と付き合うのが苦手な人々もいるのだということ、そしてすべての人々が同じように重要だということに気づいたからです」

「行き詰まった状況から離れることも、問題ありません」とジェシカが素早く付け加えます。「私はどんな犠牲を払っても、どんなに時間がかかっても、行き詰まった関係にしがみつくべきだと教えられました。今では私は、そのような関係を続けることを拒否することに、恥ずべきことなど何も無いということを理解しています」

【関係は我慢比べのようになる必要がなく、行き詰まった状況にはまることを拒否することは、他のどんな選択も正当であるのと同じように、その関係に携わっている者たち全員に、更なる承認と実証を約束します。不運なことに、社会的期待は関係を終わらせる時、誰かのせいにすることを必要とする傾向があります。そして〈断片〉が受け入れることを選択すれば、そのような変化は本物の成長の機会をもたらしますが、それを埋もれさせてしまうことがしばしばあります。これは関係を放棄することが「良いこと」だという意味でも、すべての離別が成長への欲求に基づくものだという意味でもありません。私たちはそのようなことは言っていませんし、そのようなことをほのめかすつもりもありません。子供たちの問題がある場合、離婚した両親のごまかしが子供の行動に影響を及ぼすのを避けるためには、親の〈断片〉が子供たちの個々の必要性と知覚を認識する必要があります。これは家族の機能に不適切であり、この社会のように個人主義的で、経済的であると特徴づけられる社会に生きる子供たちにとって、潜在的に有害であることを、私たちは断言しておきます。また、家族の一員に対して、肉体的な暴力によって、あるいは感情的に打ちのめすことによって、残忍な仕打ちを加えることは、法的責任に繋がると同時に、カルマのリボンにも繋がる可能性があるということも、指摘しておきたいと思います。これはあなたがたの選択ですが、そのような選択のほとんどは恐れから生まれ、相手が自分自身や他者との親密な関係を築くことができないようにしてしまう傾向

にあります。〈学者〉の筆記録より】

サム・チェーセンが次に話します。「私のような仕事をしていると、何らかの洞察を与えてくれることはどんなことでも、役に立ちます。私はこれまで、数多くの防御手段を開発してきました。それはポリオのためでもあり、私が同性愛者であるためでもあります。このグループのように、私が自分を正当化する必要もなく、実際に受ける侮辱や自分が想像する侮辱から自分を守る必要もない場所にいることは、とても楽です。私は自分の人生に本当に満足してはいません。これは成熟期の魂に典型的なことです。私はいくつかのひどい選択をしてきましたが、結果を出すべき二つの協定を放棄し、そのうちのひとつの協定は以前にも放棄していました。私は勇気を出して、今回の人生でもう一度この協定に取り組もうとしています。問題なのは、私が拒絶されるのを嫌うことです。これは私の主特性である、『傲慢』のせいです。マイケルが言ったことは、私が煮え切らないでいる、ある決断をするために役立っています。また彼は私の落胆のほとんどが、私の期待から生じているもので、実際の状況から生じるものではないということを、わからせてくれました。これは非常に役に立っています」

「その通りだと思います」とトレーシー・ローランドがうなずきながら言います。「〈偽の人格〉について学ぶことは、私にとっても役立ちました。子供の頃、その時自分がしていたことが何であれ、素敵な女の子はそんなことはしませんよ、と何度も言われたことを覚えています。私は自分自身の全側面を否定するように訓練され、これは非常に辛いことでした。過去に関してより多くの洞察を得ることで、なぜ自分がある特定の物事に対して、特定の方法で反応するのかに気づくようになりました。思い出すことで得た知識を活用するための方法を、マイケルはいくつか教えてくれました。〈戦士〉同士としてききますが、サム、あなたは自分の〈本質〉の役割の性質を知ることで、自分のもっている活力の目的を打ち砕くことがなくなったとは思いませんか」

「そうですね」とサムが一瞬おいてから言います。「私は自分を守ろうとして、自分の活力を人に与えてしまうことが、以前ほどなくなりました」

トレーシーは拳を握りしめて言います。「猛烈であることは、面白くもあります」と言って彼女はにっこり笑います。「また、ウィージャ盤を扱うことによって、私の中にはたくさんの経路が開かれました。ジェシカが素晴らしい助けになってくれて、私は思ったより早く発達しました」

ケイト・オブライアンが付け加えます。「私はいくつかのオカルト技術を学びましたが、これまでのところ、この教えが最も実用的で首尾一貫しています。私は七回の人生を何らかの宗教に打ち込んで生きてきたにも関わらず、宗教的な意味合いをもつことすべてに対して、極端に警戒しています。そしてオカルトの実践も、その形式は実際に宗教的です。この教えはそうではありません。けれども私はいつまでこのグループにとどまるかわかりません。まだ退く必要性を感じていませんが、その必要を感じたら、私はどんなことからでも自分自身を引き離します。それは私が『観察』のモードにある成熟期の〈学者〉であるせいだと思います。私は文学士号を取るためだけに六年もかかりましたので、文学修士号を取るのにも同じくらい長い時間がかかるだろうと思います。もししばらくの間、私がこのグループを離れたとしても、いつでも戻れるというのは良いことです」

マージョリー・ランドールが言います。「もしマイケルが私に言ったことが、ドレスデンでの人生についてと、過去の私と私の保証人の家族との関係についてだけだったとしても、私はそれで十分に満足していたことでしょう。しかし実際にはこの他にも情報が伝えられ、私の好奇心は巨大なものになっています。マイケルが私の心の中に植え付けた疑問を追求することに、熱心になっています。常に新しい疑問がわき起こっていて、私はその答えが欲しいのです。すこし前にジェシカが、答えがあることを確信していて、たとえ転生の合間だけだとしても、その答えが何であるか知ることができると確信していると言っていましたが、私も同じように感じています」

コリーン・ロートンが肩をすくめて言います。「私は数学とマイケルが基本的合意に達しているのだと思います。そしてマイケルがこれまでに言ったことは、私が読んだ他のどのような奥義の資料よりも、完全に首尾一貫していると思います。私は自分自身に対する責任があることを知って、嬉しく思いますし、基本的に私たちの一人一人が、自分自身の記録をとっているという意見は、道徳性、判断力、そしてアカシック・レコードなどのようなことに関する、他のほとんどの説よりも数学的だと思いました」

しかしマイケルが提供することのいったい何が、彼らを繰り返しセッションに参加させているのですか？カルマ、魂のレベル、〈本質〉の役割、オーバーリーフ、協定、一連の結果、そしてその他の結びつきを理解し、単にそこから続けるだけで、十分ではありませんか？

「もちろんです」とジェシカが言います。「しかし、セッションそのものが非常に啓発的です。それに私たちはお互いのことが好きですし、好奇心旺盛です。土曜日の午後、月二回、私たちは集まって、他の人たちとは話ができないことを話し合い、この情報について論じ、情報交換をするのです。これほどまでに役に立って協力的なことを、どうして諦められるでしょうか」

【「予定表」が資料より大事だということはありませんが、あなたがたの中にはそう思いたがる者もいます。時間、日にち、手順はすべて、便利なものです。情報は予定表に縛られてはおらず、あらゆる場所でいつで

も利用できます。しかしこれは、予定表や便利なものが悪者だという意味ではありません。私たちはただ、これを混同しさえしなければ、〈断片〉はうまくやっていけるということを、指摘したいだけです。】

【13章：追加情報】

社会的「必要性」としての父権主義の進化は、「現代」社会の制約に一般に適用できるものではなく、実際に都市文化には適合していません。しかし辺境の環境にある農耕社会では、多くの〈断片〉に対して一方の性別に限られた支配がなされる時のほうが、社会が効果的に機能する場合があります。初期の文化的集団の中では、妊娠と子供の世話が思春期を過ぎた女性に常に要求されてきましたが、男性中心の宗教の中で「正当化」が行われたために、子供たちの世話は「あまり重要でない」仕事とされてしまいました。食べ物と住処《すみか》を提供するという意味では、二～三人の子供の世話をしなければならない妊娠中の女性が、食べ物を調達することができないというのは事実であり、彼女と彼女の子供たちが生き延びるためには、援助が必要だというのも事実ですが、子供を育てることの重要性を取り除くことによって、人間社会に不均衡が生じ、それは今日もなお、あなたがたの種の中に続いています。ついでに言うと、初期の人間社会ではしばしば多産が崇拝されましたが、このような社会に女性の聖職者がいないことによってはっきりと示されているように、人々は女性性を崇拝していたのではありませんでした。男性聖職者が多産を崇拝することは、自分で自分をほめ讃えるための、象徴的な儀礼であり、女性を高めるためではありませんでした。このことが妊娠という「芸当」のために女性に押し付けられている、さまざまな制約へとつながりました。人間社会にいったん市場や都市が生まれると、農耕社会で制限されていた時のように、一方の性別に限られた職業を押し付けることは、もはやほとんどの〈断片〉にとって不適切になります。このような流行遅れの社会様式にしがみつくことによって、その制限を支持しているすべての〈断片〉のために、文化的歪みが著しく歪められます。このような経験が無益だということではありませんが、これは人生にまた別の負債を負わせ、与えられた人生で〈断片〉が本気で取りかかろうとしていることの多くを、認識することも実証することもできなくすることがあります。私たちはいくつかの職業の中に、性別の要素があることは認めていますが、そのような定義づけのほとんどは社会の歪みの結果であって、「生物学的な義務」ではありません。伝統的で機能的でない衣装に限ったことではありませんが、そのような文化的様式が「伝統」や「宗教」によって人為的に支持されなければならないところでは、このような様式が植え付けられた経験に対して、不適切なものになります。社会的習慣という意味で、このような「伝統」が役立つことはあるかもしれませんが、それらはしばしば文化の理解力を損ない、選択をする環境を損ないます。もちろん、より制限された社会的「好機」を〈断片〉が利用すればするほど、社会的制約を説明するために「伝統」がより多く用いられるようになります。このような制限は、幼児期と青年期の魂の理解と一致しますが、成熟期や老年期の魂の社会的期待よりは「押し付けがましく」なりがちです。

14章　マイケルのセッション

交霊会についてのあなたが思いつくのはどのようなことですか？　暗い部屋ですか？　香り付きのロウソク、お香、そして壁にかけられた奇妙な象徴ですか？　ひそひそ声ですか？　トランペットやタンバリンの物質化ですか？　リン姫のことを嘆き悲しんでいる、ターバンを巻いた女性ですか？

マイケル・グループは土曜日の午後に、ジェシカとウォルターの家のリビングにセッションのために集まります（彼らは交霊会と呼ばれることを好みません）。そこは日当りのいい部屋で、大きな見晴らし窓が木製の壁の傾斜に開かれています。参加者のために、快適な椅子が何脚かと、長いソファーがひとつ置かれています。三匹の猫と一匹の犬が部屋を出たり入ったりうろついていますが、猫のうちの一匹は小さなグランドピアノの上で丸まります。コーヒー・テーブルの上には、コーヒーのポット、お茶のポット、砂糖とミルク、そしてビールが置かれています。

このセッションは一九七八年九月末に開かれました。暖かい午後のことでした。ジェシカの娘と彼女のボーイフレンドが外に出て、丘の斜面の灌木を切っていました。数件となりの家では、近所の人たちがバーベキューをしていて、時おり食べ物の匂いが涼しい風にのって、家の中まで運ばれてきました。

ジェシカは揺り椅子に座り、両脚を組んで膝の上にウィージャ盤を置きました。彼女は窓に背中を向けて座りました。「景色で気が散ってしまうのです」と彼女は新しく参加した人々に説明しました。

このセッションには五人の女性と、六人の男性が参加していました。ルーシー・ノース、エミリー・ライト、トレーシー・ローランド、ケイト・オブライアン、マージョリー・ランドール、デービッド・スワン、マシュー・ハリソン、ジェームス・ヴァーネット、ヘクター（呼び名はテリー）・マクミラン、そしてローレンス・シルビアです。クレッグ・ライトは一時間ほどこのセッションに参加していましたが、緊急連絡が入って呼び出され、途中で帰りました。マシュー・ハリソンとジェームス・ヴァーネットは生物学者で、マージョリーの同僚です。ヘクター・マクミランはウォルターの芸術家の友人で、ローレンス・シルビアはクレッグの招待でこのセッションに参加した心理学者です。全員が飲みたいものを手に取って席につき、書く用意をしました。

「最初に質問したい人はいますか」とジェシカがたずねました。

「はい、私です」とマージョリーがすぐに言いました。「私たちの学部のひとりの男性について、マイケルから洞察をもらいたいのです。彼は私たち全員を腹立たせます。彼は何かやると言って、それをやりません。先月、彼は講義に三回も遅刻し、彼の生徒たちは、彼が決まった時間にオフィスにいることは決してないと言います」

「何を知りたいのですか」とウィージャ盤の上のプランシェットを置いて、ジェシカがききました。

「まず、私は彼のオーバーリーフを知りたいです。次に彼についてどうすれば良いかを知りたいです」マージョリーがこの男性に腹を立てていることは明らかで、彼女が一緒に連れてきた二人の同僚は、不安そうに見えましたが、彼女に同意してうなずきました。

あなたは彼のオーバーリーフが何だと思いますか、マージョリー？

「マイケルは時々このようなことをします」とマージョリーが同僚たちに説明しました。「マイケルは私たちにこの情報について、有益な方法で考えることに慣れて欲しがっています」頭を後ろへ投げ出して天井を見つめ、次にいらいらしたように笑いながら彼女は言いました。「私は彼が第四十四レベルの幼児期の七面鳥で、醜悪なモードにあり、足がすくむようなショックを目標とし、主特性は無責任だと思います！」

全員が笑いました。

やがてジェシカがウィージャ盤に注目を戻しました。

あなたがどうしてこんなことを言うのか、私たちには理解できます。この人物は第二レベルの青年期の〈学者〉で、「情熱」のモードにあり、「妨害」を目標とし、〈運動センター〉にあって「感情」の要素をもつ「皮肉主義者」です。彼のオーバーリーフは彼自身の内面でぶつかり合い、マージョリー、あなたのオーバーリーフともぶつかり合っています。

「〈学者〉同士はうまく付き合えるものだと思っていました」とマージョリーが言います。

あなたは第七レベルの成熟期の〈学者〉であり、あなたは彼よりもかなり数多くの経験をしています。彼はこのことを感じ、腹を立てているのです。彼を変えるために、あなたにできることはあまり無いと私たちは思います。

「斧で切り殺すというのはどうでしょう？」あきらめたというような身振りをしながら、マージョリーが言います。

それはもちろん、あなたの選択次第ですが、そうすることであなたは不必要にカルマの負債を増やしてしまいます。

「マイケル、あなたは冗談もわからないのですか？　いや、いいです。気にしないでください。今の発言には答えないでくださいね」と言ってケイトは笑います。

「彼はもっと言うことがあるようです」とプランシェットが動き出した時に、ジェシカが言います。他のメンバーはペンを準備して待ちました。

青年期の魂たちは、他の〈断片〉たちも含めた自分の環境に対して、力を振るわなければなりません。彼はあなたを無能に見せることで、自分の慢心した重要性を自分自身に納得させようとしているのです。あなたが異議を申し立てれば、それは彼があなたに割り当てた仕事を、あなたが果たせなかったということを、彼に確信させるだけです。これが事実で無いことは私たちにもわかっていますが、彼は納得しません。彼と一緒に仕事をし続けたいのなら、あなたは彼の強制をきっぱり断らなければなりません。

「しかし私は彼と一緒に仕事をし続けたくありません」とマージョリーが断言しました。「マットもジムもそうです。そのために彼らは今日ここに来ているのです」

「私たちはなんとかして道を切り開こうとしました」とマシュー・ハリソンが言いました（訳注：マット

はマシューの愛称)。「私たちの学部長は事を荒立てたくないと言い、私も彼を責めるつもりはありませんが、この男性は私が今まで一緒に仕事をしてきた中で、最悪なやつなのです」

「彼は一年生の生物学のクラスを台無しにしています」とマージョリーが首を振りながら言います。「生徒たちはこのような侮辱に耐えられるはずがありません。生徒たちはこの透明人間トムが、彼らのことなどどうでもいいと思っていることを知っています」

「透明人間トムとは？」とクレッグが尋ねました。

「彼のあだ名です。誰も彼に会えないので、皆がこう呼んでいます」とジムが説明しました。

この男性に圧力をかけることは、状況を更に悪化させるだけだと私たちは思います。

「では、私たちはどうしたらいいでしょうか？　私は生徒たちがこんなひどい扱いを受けることに耐えられません。昨日も私のオフィスに一人の生徒が泣きそうになって訪ねてきて、研究課題のために骨格標本を借りようと、もう一週間も頼んでいるのに、透明人間トムが申込みをするのを忘れてばかりいると言いました。これはやる気のある生徒に対して、あまりにもひどい仕打ちです」と言うマージョリーの苦しんだ様子を見て、マットが彼女の腕に大きな手をそっと置いて言いました。

「私たちは全員が同じ理由で、透明人間トムのことを嫌っています。私たちは彼と話し合おうと試みましたが、それはまるで壁か柱にでも話しかけているかのようでした。彼は耳を貸そうとしません」

「透明人間トムがうまくやっていることは何かありますか？」とケイトが質問しました。

このトーマスという男性は、あるひとつのモナドを完了させるのを避けようとしています。彼の〈偽の人格〉が非常に強力で、このモナドを完了させることは、彼がこれに気づくことを強要します。これは彼の選択であり、もし彼がこれを放棄することを選択した場合にも、彼にはその権利があるということを言っておかなければなりません。彼の考え方を変えようとするあなたがたの努力に、彼が応えることはありません。この警告は特にマシューという男性に向けたものです。彼は「力」のモードにある成熟期の〈戦士〉であるため、他者に圧力をかける傾向があるからです。

「青年期の〈戦士〉ですか?」とマシューが言いました。「他にも教えてもらえますか?」

ここでジェシカが口をはさみました。「あなたが自分は何だと思っているか、マイケルに伝えるほうが良いと思います。私たちが途中まで答えたほうが、マイケルはよりよい反応を示してくれます」

マージョリーはこの同僚について考えました。「彼は『力』のモードを和らげる何かをもっているはずです。成熟期のサイクルだからというだけではないと思います。彼はおそらく、『成長』を目標とする『実用主義者』だと思います」と言って彼女は、ウィージャ盤からの確認を求めてジェシカを見ました。

マージョリーという女性は、態度については正解です。この人物は確かに「実用主義者」ですが、「受容」を目標とし、〈知性センター〉にあって「感情」の要素をもち、主特性は「頑固」です。

「そうですか。確かにそのような感じがします。『受容』が目標ですか?」とマシューがゆっくりと言いました。

ジェームス（訳注：ジムはジェームスの愛称）という男性は、第七レベルの青年期の〈賢者〉で、「観察」のモードにあり、「支配」を目標とし、〈知性センター〉にあって「運動」の要素をもつ「懐疑主義者」で、主特性は「傲慢」です。このジェームスという男性がもう少し〈感情センター〉をもっていたら、彼は俳優に理想的なオーバーリーフをもっていることになると私たちは思います。彼は自分の感情を信頼しないために、俳優という職業を避けています。しかし、〈本質〉の性質と魂のレベルを知ると、この〈断片〉が脚光を浴びて、「カリスマ的」であると勘違いされている彼の〈人格〉の特徴をあらわす必要性を感じることは、避けられなくなります。また、心を向けさえすれば、彼は政治家としてもかなり成功するでしょう。

「ありがとうございます、でも私は生物学にとどまろうと思います。学部間の政治問題だけで、私には充分な気がします」

マージョリーが微笑みました。「マイケルの言うことは正しいわ、ジム。あなたには芸人としての手腕があります。あなたが生徒たちの人気を集めている理由のひとつがこれだと思います。あなたのほ乳類の進化の講義は、まるでひとつの素晴らしい演劇のようです」

少しの間、ジム・ヴァーネットはむっとしたようでしたが、やがてくつろいで人を引き込むような大きな笑顔を見せて言いました。「あなたの言っている意味はわかります。いいじゃないですか。もし生徒たちが何かを学べるなら、演劇も悪くはありません。もし何も学ばない生徒がいたとしても、演劇が彼らの注意を引き、楽しませ、その間に本当に学びたい生徒たちが学ぶことができます」

「それは素晴らしい正当化ですね」とケイトが言います。

ジムは気にしませんでした。彼は注目を浴びていることを楽しみながら、肩をすくめて言いました。「これがうまくいくのです。私は生徒の半分を怖がらせているマットとは違います」

「私は〈戦士〉なのだから仕方ありません」とマットが落胆したような滑稽な素振りを見せて言いました。

ここでジェシカが口をはさみました。「あなたがたは他にききたいことがありますか、それとも他の話題に移ってもいいですか?」

「私には他にもいくつか質問があります」とマットが真剣な様子になって言いました。「私はマージ(訳注:マージョリーのあだ名)の書き取った情報の中で、動物たちが群れの魂をもつとマイケルが言ったことを読みました。動物たちの異なる性格について、マイケルはどのように説明しますか」

動物たちは物まねが得意で、周囲の意識をもつ存在たちの行動をまねします。動物たちがより「古い」魂とともにいる時、人間の飼い主と意思の疎通をし、互いに伝達し合う傾向がかなり大きくあります。なぜなら古い魂は本来、このような接触に開かれているからです。私たちは五〇以上の単語や言い回しを理解し、飼い主と不思議なほどに近しくなって習慣的行為を確立させているペットたちがいることを知っています。犬は、猫よりも飼い主の表面的な性格を身につけやすいです。なぜならもともと犬は群れをなして狩りをする、社会性のある動物だからです。一方で猫は単独で狩りをし、より気まぐれで自立しています。犬が社会的な信号を理解するように、猫は非社会的な信号を理解します。野生のイヌ科やネコ科の動物たちを見れば、これがどのように進化してきたかが理解できるでしょう。

「もうひとつ質問があります」とこの答えが読み返された後で、マットが言いました。「この地球上では、人間だけがこのような生まれ変わりや成長を経験する種類の魂をもっているのですか」

この惑星上には、このような魂をもつ種が二つ存在しています。人類とクジラ目の動物です。それはクジラとイルカです。しかし、この銀河系だけでも魂を宿した種が一千万種以上存在しているということを、あなたがたは知っておくべきだと、私たちは思います。

「そんなことは信じられません！」とジムが突然言い、クレッグ・ライトが背筋を伸ばしました。

信じる必要は無いということを、私たちは繰り返しあなたがたに伝えてきました。あなたがたの惑星上には、魂を宿した種が二つ存在しています。それが事実です。

「彼らも同じような目標その他をもっているのですか」とケイトが質問しました。

部屋中に熱心さが広がり、プランシェットは非常に素早く動き、ジェシカがその文字を読み上げていました。

物質界に存在する魂を宿したすべての種、あるいは意識を有する生物が、同じ〈本質〉の役割をもっています。〈奴隷〉、〈職人〉、〈戦士〉、〈学者〉、〈賢者〉、〈聖職者〉、そして〈王〉です。そして同じモードをもっています。それらは「注意」、「抑圧」、「忍耐」、「観察」、「攻撃」、「情熱」、「力」です。すべてが同じ目標をもっています。「拒絶」、「妨害」、「服従」、「停滞」、「支配」、「成長」、「受容」です。すべてが同じ態度をもっています。「懐疑主義者」、「禁欲主義者」、「皮肉主義者」、「実用主義者」、「現実主義者」、「精神主義者」、「理想主義者」です。すべてが行動するための同じセンターをもっています。「知性」、「感情」、「性」、「本能」、「運動」、

「高次の感情」、「高次の知性」です。すべてが同じ主特性をもっています。「自己破壊」、「卑下」、「殉教」、「頑固」、「せっかち」、「傲慢」、「貪欲」です。それぞれの惑星、それぞれの種によって、重要視される点が異なります。銀河間の広大な空間でさえも、物質界の一部であって、高次元の一部ではないということを、覚えておいてください。意識のある種すべて、つまり進化が可能な個別の魂の中には、表現、霊感、行動、吸収が常に存在しています。これらの役割やオーバーリーフは、そのような存在を理解するために、私たちが知っている唯一の方法です。例えば、〈賢者〉は表現の役割ですが、〈断片〉が霊感を経験することも必要です。経験することが肯定的なことか否定的なことかによって、選択されるオーバーリーフは「情熱」または「抑圧」のモード、「成長」または「妨害」の目標、「禁欲主義者」または「精神主義者」の態度、「高次の感情」または「感情」のセンター、「傲慢」または「卑下」の主特性になります。【これは最初に肯定的な取り組みをするか否定的な取り組みをするかを、選択するという意味ではありません。オーバーリーフの原理だというだけのことです。それぞれのオーバーリーフの極性の中立的な統合が、経験に基づく背景に陰または陽の徴候の可能性を提供し、自分で選んだオーバーリーフの性質と一致するということです。〈聖職者〉の筆記録より)】〈断片〉が進化すると、オーバーリーフを選ぶのがよりうまくなります。モナドとカルマのリボンが、オーバーリーフの選択に影響する場合もあります。

「クジラとイルカの話に戻りますが……」とエミリーが言いました。

「私には受け入れ難いことです」とクレッグが口をはさみ、この意見にジムが賛同してうなずきました。

「もし本当に彼らが魂を宿しているとしたら、私たちは彼らと理解し合うことができるはずです」

あなたがたは同じ仲間である人類とさえ、理解し合うことができません。なぜ種を超えてまで、混乱を拡大しようと思うのですか？　しかし、これだけは言っておきます。クジラ目の動物は優勢な感覚として、聴覚を進化させました。あなたがたにとっての視覚と同じことです。あなたがたは視覚的に世界と関わりますが、彼らは聴覚的に関わります。もしあなたがたが彼らに理解して欲しいと思うなら、音楽、特により旋律的で複雑な音楽が、このような〈断片〉たちによく受け入れられます。

「彼らは私たちと同じ発達の段階にあるのですか」とケイトが質問しました。

ここは青年期の魂の惑星であることは、すでに述べました。そうです、クジラ目のほとんどはあなたがたと同じ段階にあります。

「もしクジラ目の動物を殺した場合、これは殺人にあたり、カルマの負債を招きますか」と夫であるクレッグの鋭い視線を無視して、エミリーが質問しました。

もちろんです。

「私たちの中で、イルカの魂をもっている者は誰かいますか」とクレッグが皮肉っぽく言いました。

人間は変わることなく人間の体に生まれ変わります。これは私たちがすでに述べた通り、事実です。あなたがた人間のように、種が地球に根ざしている限り、その経験は彼らの集合的存在全体が投げ込まれた種の経験に制限されます。ひとつの種が銀河のより大きな領域に出て行く時には、他の種や異なる体に生まれ変わって人生を経験することが役立つ場合があります。役割、モード、目標、センター、態度、主特性はすべて普遍的ですので、この経験からかなり多くを得ることができます。人類が進化して宇宙に存在する種の階級に入った時にも、人類の魂は種を超えた生まれ変わりを経験します。これはまだ遥か未来のことであり、あなたがたはこの世界で自分がやるべき仕事に取り組むことを、私たちはお勧めします。

「それは私たちがイルカとしての人生を経験することが無いという意味ですか？」と少しがっかりしたようにルーシーが言いました。「イルカかクジラになれたら、楽しいだろうと思いませんか？」

人類が地球に根ざさなくなった時に、あなたがたはそのようなことができます。それまでは、あなたがたは人間の体でのみ、人生を経験します。

「次はＵＦＯの話が出て来るのではないでしょうか」とジム・ヴァーネットがさげすむように言いました。

それは私たちの意図したことではありません。私たちはあなたがたの質問に答えるためにここにいます。

「わかりました。ではＵＦＯは存在しますか？　もし存在するとしたら、それは何ですか？」とマットが質問しました。

【ほとんどはよく知られている現象の誤認です。〈学者〉の筆記録より)】その他はその名の通りです。未確認飛行物体、UFOです。そのうちのいくつかは自動監視装置や、研究をしているものたちです。迷子のものたちもいます。あなたがたが旅行者と呼ぶようなものたちもいます。そのほとんどが「媒体」を通して遠くから旅をします。彼らはひとつの種を代表しているのではありません。さまざまな場所や文化からやって来ています。

「なんてばかばかしい話でしょう！」とクレッグが言いました。「最初にクジラやイルカ、そして今度は宇宙からやって来た緑色の小さな宇宙人ですか」

私たちは緑色の小さな宇宙人などとは言っていません。しかしあなたがたと似た種も二つ存在しています。その他はあなたがたとはあまりにもかけ離れているので、おそらくあなたがたは彼らが意識をもって生きている存在だとは思えないでしょう。

「月にも宇宙人がいると、本で読んだことがあります」とルーシーがあきらめきれないというような青い目をして言いました。

月にもかつては宇宙人がいました。彼らの活動のほとんどは、あなたがたが暗い側面と呼ぶようなことに限られていました。自動機械装置のいくつかはまだ残されており、それらは採鉱のためだけに使われました。この太陽系の活動を記録する観測点が二カ所あります。地球人類の月での活動が増えると、これらの観測点は撤退するでしょう。

「ばかなことを言わないでください！」とジム・ヴァーネットは言うと、立ち上がってうろうろ歩き始めました。「私は生物学者ですが、この話はすべて、まったくのでたらめにきこえます」

あなたはおびえているのです。あなたの主特性は、自分が間違っていることを認めさせようとはしません。私たちは偏見なく情報を伝えます。受け入れるのも拒絶するのも、あなたがたの選択次第です。しかし、あなたがたが受け入れようと拒絶しようと、事実は変わりません。

「いいぞ、マイケル！」と口述を読み返し終えたルーシーがマイケルを応援して言いました。

ウォルターは明らかに困った様子でした。「ジェシカ、別の質問を受付けたほうがいいかもしれませんね。これでは混乱するばかりです」

「私はマイケルに説明して欲しいです」とクレッグが主張しました。「彼は今までにこのような話をしたことがありません」

質問されなかったからです。私たちの目的は、あなたがたの質問に答えることです。もしあなたがたが物理的宇宙に存在する、他の魂を宿した種について詳しく知りたいと言うのなら、質問をすれば良いだけのことです。宇宙を旅する種のほとんどは、後期の青年期か初期の成熟期にあり、あなたがたの現在の世界よりわずかに進化しているだけです。しかし、物理的な性質のために、進化のずっと早い段階で宇宙に入る種もいます。もっと遅い種もいれば、まったく入らない種もいます。動物というより植物と同類であるとあなたがたが認識するような種は、宇宙空間に入り込むことはありませんが、そのような種の中には、旅行者と積極的に付き合うものもいます。

「そんな話はどうかしています！」とジムが断言しました。

「私は素晴らしい話だと思います」とルーシーが即座に答えました。

「こんな話は混乱を招くだけです」とウォルターがつぶやきました。

「私たちのセッションは、いつもこのようではありません」と初めての参加者たちに向かってエミリーが言いました。「この情報はすべて、私たちにとっても新しいものです」

「だからこそグループに新しい参加者が加わるのは良いことなのです」とジェシカが少し大きすぎる声で言いました。「そうでなければ、私たちは五年前と同じ話題を繰り返していることでしょう」

「古代の宇宙飛行士の理論は正しかったということですか」とデービッド・スワンが、進行中の議論を無視して質問しました。

たいてい私たちはそのような情報を、願望的思考として退けます。この惑星には初期の観測者たちがいましたが、あなたがたが原始的として捉える古代文明の数多くは、あなたがたが思うよりもずっと進歩していました。例えば、インカ文明は人が乗れるほど大きな見張り用の凧を使っていました。このような凧は長い綱でつながれていて、これに乗って山道を見張ることができました。この凧は平地よりも山のほうがよくあがり、より実用的な方法で使われました。どのような進化もすべて、宇宙からの訪問者によって与えられたものだと思っているのなら、あなたがたは自分たちの種を過小評価し過ぎています。

「このようなものが本当に存在したのだとしたら、なぜ残っていないのですか」とケイトが質問しました。

このような爪のほとんどは動物の皮と木でつくられていて、どちらも腐敗するのが早いからです。インカ人たちは車輪こそ発明しませんでしたが、彼らの都市の遺跡が明らかにしているように、彼らはその他にもかなり優れた多くの技術をもっていました。

「私はインカの遺跡に関する本を持っています」とウォルターが言いました。「そのすべてが素晴らしいと思いました。建築者としてではありませんが、私はまるでそこにいたことがあるかのように感じました」

あなたはスペイン人としてそこに行きました。あなたはピサロの仲間の一人として、ペルーにやってきました。その当時のあなたは蹄鉄工で、ペルーの奇妙な文化に、あなたは好奇心と嫌悪感の両方を感じました。なぜなら当時のあなたは敬虔なカトリック信者で、極端に迷信を信じる人だったからです。

ウォルターはむかついているようでした。「私はこれまでにいつも、スペイン人がメキシコや他のラテン・アメリカの国々でしたことを思うと、ぞっとしていました」

それはあなたがその後の人生で学んだことです。あなたはその時の人生の真実を再調査し、知覚が歪んでいた部分を理解しました。その時の人生で、あなたは小さな傷口が化膿したために、壊疽で死にました。あなたは実際に死を迎える瞬間まで、それまでにあなたがしてきたことについて、十分に考える時間がありました。その人生は中断され、あなたはその時に始めたレベルを完了するために、この後三回の人生を費やさなければなりませんでした。

「歴史の話ついでに、ツタンカーメン王についてききたいのですが」とケイトが言いました。「調査が進めば、私たちはエジプトについて他にも何か発見することがありますか」

まだ発掘されていない宝物の輝きに魅せられるよりも、墓の中の壁やさまざまな物体に彫刻されたり描かれたりしているものすべてを、完全に正確に解釈しようとすることのほうが、より有効な時間の使い方だと私たちは思います。このことは、今日までに発見された、エジプトの古美術品すべてについて言えます。

以前マイケルは、エジプトで建築の分野が宗教的な研究として考えられていたと言いました。そして数多くの神殿その他の巨大な建築物は、特定の天文学的な位置に合わせてつくられていたと言いました。

このことに関するすべての情報は記録されており、すでに翻訳されるのを待っている状態です。カルナックの巨大な神殿の中には、夏至と冬至、春分と秋分の日に光り輝くよう配置された柱があります。これらの柱にこそ、関連する情報が納められています。文字が消えてしまった部分もありますが、レーザー光線のような現代の技術で復元することができます。ピラミッドに似た機能をもつ遺跡が、中国にもあります。そのうちのいくつかはまだ発見されていませんし、まだ十分に調査されていないものや、無学な民衆によって無視されているものもあります（宗教的な神殿が王宮と間違えられているなど）。ほとんどの学者たちが、美的感覚と科学とは必然的に異なると考えて間違いを犯すことが、問題のひとつです。

ピラミッドはアトランティス神話と結びつけて考えられることがありますが、マイケルはアトランティスがポルトガル沿岸に位置していると言いました。**【実際には私たちはアトランティスが、ポルトガルの領土の沿岸にあると言いました。〈《学者》の筆記録より〉】**また彼はアトランティス文明の影響が、誰も気づかないほどはるかに広がっていると言いました。

「もし空飛ぶ円盤などのようなものについて質問しようと言うのなら、他でもなくバミューダ・トライアングルとして知られている領域で何が起こっているのか、説明してもらえますか」

まず、あなたがたが堅い地面と呼んでいるものは、溶融した地球の中心核の外側に浮かんでいる地殻の一部であり、この地殻は特に安定したものではないということを、あなたがたに言っておきたいと思います。次に、この惑星やその他のすべての惑星において、重力は非常に現実的な要素ではありますが、それは決して一定の力ではないということです。重力の相互作用や、大陸の影響力、大陸移動などによってつくり出されるさまざまな地球物理学的変形作用が存在する時には、例外が起こります。土地または海にこのような小さな乱れがある場所では、方位磁石が奇妙な動きをしたり、植物が傾いて成長したり、予期せぬことや変則的な状態が広がったりします。

もちろん、このような例外がより広い範囲に及ぶ場合もあり、それらはさらに広範囲に及ぶ現象の一部です。バミューダ・トライアングルとして知られている領域は、このような領域の中で最も有名な場所のひとつです。すでに述べたように、このような領域は、ここだけに限ったものではありません。あなたがたの精巧な人工衛星、特に熱と放射についてさまざまな分析をしている人工衛星によって、疑わしい領域の系統的な観測をすることは、そのような例外の性質に関する有益な発見につながるかもしれません。そのような分析を行うのに最適な時間は、その領域が最も活動的になる時です。このような例外的な領域での活動は、多様です。地上にある例外的な領域は、特に広範囲に及ぶものについては、海上のものよりも潜在的に危険です。

動物たちの多くはこのような危険を感じることができ、危険な領域に入ることを拒みます。私たちはゴビ砂漠と呼ばれている場所に、一ヶ所このような領域があることを知っていますが、ここには動物たちが一匹も入りません。このような領域を感じとる潜在能力は、あなたがた全員の中にありますが、そのような知覚の正当性を認める者はほとんどいません。このような領域に接触して、生き残れない者たちもしばしばいます。

ジム・ヴァーネットがジェシカの隣の空いている席に座り、彼女をじっと見つめます。「これはばかげています」

ジェシカはプランシェットを脇において言います。「私はそうは思いません」

「あなたは良識のある女性です！　しかしあなたは、この気持ちの良い午後に、ウィージャ盤を膝の上に抱えて、こんなところに座っています。これが奇妙なこととは思いませんか？　近所の人たちと一緒に、バーベキューの夕食を楽しむほうが良いのではありませんか？」

「ヴァーネットさん」少しの間、彼を観察してからジェシカが言います。「これがあなたに衝撃を与えたことは、私にも理解できます。私もしばらくの間、衝撃を受けていました。しかしこの部屋にいる人たちの大半は、真剣に質問をしたがっています。もしあなたが耳にしていることが気に入らないのなら、あなたはこの場を立ち去ることができます。これらの答えに耳を傾けることを、あなたに強要している人は誰もいません。伝えられた情報に、あなたが同意すべきだなどとは誰も言っていません。しかしもしあなたが破壊的な行動をとるのなら、私はあなたにこの部屋を出て行って欲しいと思います」

「ジェシカ、それは少し不公平ではありませんか？」とクレッグが言いました。

電話が鳴り、ウォルターは喜んで受話器を取りに行きました。「口論には耐えられないよ」とエミリーに向かってつぶやいて、彼はリビングを横切って書斎へと向かいました。少しして彼は、「クレッグ、君に電話だよ！」と呼びかけました。

「今行きます。ジェシカ、私たちはこのような空論から離れたほうがいいかもしれませんね。もっと他にもマイケルに質問したいことがあるのですから」と言いながら、クレッグは席を立ちました。

「マージがこのセッションについて話してくれた時、私は面白いだろうと思いました」とジムが少し微笑みながら、前のめりになって言います。「私は好奇心をもっていました。それは認めます。私がどのような過去生を生きてきたかについて、どんなことを思いついて話すのか、興味があったのです。しかしクジラやイルカや宇宙人についての話は、ばかげています。それはあなたもわかっているはずです」

ジェシカの表情が少し変わり、わずかによそよそしくなりました。「あなたは私がこれをやっていると思っているようですね。私ではありません。私が得る答えはすべて、どこか他の場所から来ています。私が催眠状態のセッションをした時、マイケルの声は私の声とはまったく違いました。さあ、このセッションを続けましょうか?」

クレッグがリビングに戻って言いました。「ジェシカ、ウォルター、私は行かなければなりません。誰かエミリーを家まで送ってもらえますか?」

「私が送りましょう」とトレーシーが言いました。

「ありがとう。私の患者のひとりが交通事故に合ったのです。この良識のないやつは一〇日前に手術を受けたばかりなのに、午後のドライブに出かけて他の車と接触したようです。私は今すぐ病院に戻らなければなりません。一〇分後に救急車が病院に到着するのです」彼はこう話しながら、上着を羽織りました。彼はグループに素早く手を振って、急いでドアの外へと出て行きました。

「かわいそうなクレッグ」と彼の車のドアが閉まる音をきいてから、エミリーが言いました。

「前回緊急連絡が入った時、私たちはサンフランシスコの劇場に出かける準備をしていたところでした。すでに夜遅くなっていましたので、私は結局一人で劇場へ行くことになり、クレッグはその夜二時過ぎまで帰ってきませんでした」

クレッグの車が発車した音をきいて、ジェシカがグループ全体に向かって言いました。「さあ、次は誰ですか?」

この時も再びジム・ヴァーネットが彼女の邪魔をしようとしましたが、彼女は彼を完全に無視しました。

「ウォルター、あなたは何か質問したいことがありますか」

「はい、あります」とウォルターは口論が終わったことを喜びながら言いました。「私の妹のエレンは、なぜたくさん眠るのでしょうか」

彼女は退屈だから眠っているのです。倦怠は悪質なサイクルです。それは眠りを誘い、さらなる倦怠感をもたらし、眠りの必要性をさらに高めます。テレビを見ることも、眠りの形態のひとつです。彼女の行動はよりあからさまです。もし彼女自身が望むならば、彼女は意識的にこの習慣とサイクルを壊さなければなりません。

「彼女を助けるために、私にできることは何かありますか」とウォルターが質問しました。

彼女に賛成する以外には、ほとんど何もありません。〈職人〉たちの中に、頼れる柱のような存在は数少なく、それでもそのような〈断片〉たちはあなたのように、しばしば人の役に立ちたがるのですが、人に寄りかかられることを好みません。これは批判しているのではありません。ただ〈職人〉にとってそのような手助けをすることは難しいということを、あなたに言っているだけです。そしてもしあなたがそのような手助けをするつもりなら、あなたは今気づいているよりもはるかに多くの活力を、費やさなければならなくなります。ところで、〈賢者〉にも同じような苦労があります。彼らの注目される必要性が、同じような注目を他者に与えることを難しくするからです。

「私は一緒に仕事をしている女性について質問があります」口述が読み返された後でトレーシーが言いました。「彼女は困難な時期を経験中ですが、普通の意味で、彼女には何の問題もないように思います。彼女はよく働き、健康状態も良く、人生はかなり安定していますが、とても不安を抱えています。何か意見はありますか」

この女性は現在、人生の中で〈本質〉の役割があらわれる、変化の時期にあります。これは何かを成し遂げようとする者全員にとって、そしてこの時点で達成した目標または達成できていない目標について、立ち止まって人生の再評価をしなければならない者たちにとって、本当に激変の時期です。この〈断片〉にとっても例外ではありません。探究の中で、彼女は疑いのために、現在の状態に繰り返し戻って来ています。これは実在する表面的な状況から生み出されるというよりも、彼女が入り込んでいる周期の問題です。大きな変化はより広範囲の探究へと向上させるだけであって、やがて彼女は自分が探究の道を歩んではいなかったことを知り、挫折を味わうでしょう。対人関係は、よく話題にされるような欲求不満のためではなく、再評価の時期に入るために難しくなります。この移り変わりの途方もない衝撃にこの女性が気づいていないとしても、彼女がこれを乗り越えた時、自分がたどって来た道に気づくでしょう。気づかなければなりません。彼女は相談を受ける能力を明らかにもっており、現在の状況について真剣に考える時、彼女は簡単に自信を取り戻すことができます。束の間の挫折や数多くの疑いは、この移り変わりの時期の特徴であり、これを私たちは中年の危機モナドと呼んでいます。彼女は似たような経験をした者たちと接触し、言葉で表現することで、彼女の感情を確認することがうまくできるでしょう。

別の人生からの負債もまた、現在最も重要な問題になっています。それはこの瞬間に、さらなる緊張をもたらします。彼女が負債を負っている者たちが大勢おり、彼女は否定的な結びつきを感じる者たちと付き合う時、かなり注意しなければなりません。彼女はこの情報をきき、警告から利益を得ることができます。古い負債は最初にあらわれる時、否定的な鋭い感覚をもたらすことがしばしばあります。支払いの込み入った関係にとらわれている時、この負債を終わらせようとする強い衝動とともに、借りのある者を完全に避けようとする強い欲求が生まれます。

この女性は第五レベルの成熟期の〈学者〉で、「観察」のモードにあり、「支配」を目標とし、〈知性センター〉にあって「感情」の要素をもつ「懐疑主義者」で、主特性は「頑固」です。〈学者〉の役割を、学識と混同するべきではもちろんありません。この女性は優秀な生徒ではありませんでしたが、三十七回も生まれ変わった後で、良い成績をとることなど、気にしなくなりました。成熟期の魂が画一的な環境で教育を求めないということは、すでに述べました。この問題の女性は、自らの決定により、学校から離れた環境で、素晴らしい教育を受けました。成熟期と老年期の魂にとって、成績を心配することは〈偽の人格〉のすることにすぎません。知的教養が蔑まれるところでは、学習することに対する意図的な拒絶もまた、〈偽の人格〉のすることです。

この女性と付き合うには、率直で協力的な付き合い方をすることが最善であり、価値があると私たちは思います。

テリーというあだ名で呼ばれているヘクター・マクミランが、ついに勇気を出してマイケルに質問をしました。「ウォルターが私のオーバーリーフをきいてくれて、私はそれに対する反論はありませんが、私は娘と私が同じ集合的存在仲間かどうか知りたいです」

このようなことは起こりますが、ごくまれです。この場合、この〈断片〉とは過去何回もの人生で関係があります。あなたがたは迫害に合った同じ宗教団体の一員でした。一八世紀末には、ロッキー山脈を探検しました。その時の人生でつくられた負債がひとつありましたが、それは今回の前の人生で清算されました。そして現在は、さまざまな経験を共有してきたという、強い結びつきがあるのみです。カルマ的な関係からの不快感はまだ少しありますが、子供が成長するに従って、その緊張も消えていきます。

ローレンス・シルビアも何か質問することに決めました。「私は趣味としてここ数年、歴史を学んでいます。エトルリア人について興味があります。彼らがどこから来たのか、誰だったのか、誰にもわからないようです。マイケルは知っていますか」

エトルリア人はもともと、グルジアの遊牧民の一部族で、東ヨーロッパのカルパティア山脈まで長旅をし、しばらくの間そこに住み着きました。当時、北方での彼らの生活は原始的であったため、彼らは読み書きができず、勉強することもありませんでした。当時その地方には北イタリアの土地にもともと住んでいた部族に関係するいくつかの部族がいて、このより侵略的な部族は、西に向かって領土を拡大し始めました。十分な人数に達した時、この最初のエトルリア人たちは再び西に向かい、数々の領土争いを始め、結果としてその土地にもともと住んでいた部族の男性のほとんどを殺してしまい、女性のほとんどが性的捕虜として捕らえられました。より有利な状況で、最も成功した移住がここで行われたと現在のトスカーナでは伝えていますが、この混合状態は北イタリア全土に広がりました。そしてそこに、政府と文化の中心が最終的に生まれたのです。

エトルリア語は哲学的というよりも、記述的であり、表意文字に似た文字や言葉で成り立っています。例えば、西に向けた動きを意味する文字は、小戦闘が起きた場所の説明に一貫してあらわれ、鶏の足跡にも似た三本の長い線が、書字版の右を向いた印が書かれています。この象徴が拡大されると、それは勝利を意味します。線が途中で折れている場合は、敗北を意味します。

「わかりました」と心配そうな表情をしてローレンスが言いました。「勇猛な女人族、アマゾンは本当に存在していたのですか」

歴史上で女性が〈戦士〉を務めた部族はいくつかありましたが、もしあなたがひとつの特定の部族、あるいは集団が本物のアマゾンだったかどうかときいているのならば、それは存在しませんでした。

「記録されている歴史に間違いを見つける方法はありますか」周囲を不安そうに見渡しながら、ローレンスが質問しました。

記録された歴史が間違っている場合は、私たちがあなたにそれを教えることができます。あなたはただ質問すればいいのです。

「私もひとつ質問があります」とルーシーが明るく言いました。「私の人生にあらわれた、新しい男性に対する強い感情は見込みのあるものかどうか、マイケルに教えてもらいたいのです。彼の名前はロバートといいます」

あなたが興味をもっているので、新しい恋愛関係を築ける見込みはあります。この男性は第六レベルの成熟期の〈聖職者〉で……

「嫌だわ！　第六レベルは常にひどい状態にあるのではありませんか」とルーシーが言いました。

「注意」のモードにあり、「成長」の目標をもち、「卑下」を主特性とする「実用主義者」で……

「もういいです。私はそのことを恐れていたのです」とルーシーが言ってため息をつきました。

体はよく合います。

「それはわかっています。私は他にも合うところがないかと期待していたのですが、無理のようですね」

【〈本質〉の双子同士の出会いも、見知らぬ人との出会いも、すべての出会いは有効です。ルーシー、あなたは宇宙的な重要性をもつと見なした者だけを求め、その他のすべての者たちを受け入れられないとして拒絶するというように、自分の恋愛関係を自分で制限しています。そのような制限はあなたがどう思おうとも、あなたの主特性のつくり出したものであることに間違いありません。あなたが自分自身を開くことを選択するなら、さまざまな洞察が可能になり、高水準の制限なしに相手を知覚することを選択するようになります。これはあなたが来るものすべてを受け入れるべきだと言う意味ではありません。それは選択の自由を否定してしまいます。あなたが霊的背景の欠如を予測したからといって、関係を退けることは、あなたの霊的正当性への大きな依存状態を利用しようとする、ふさわしい霊的系統をもった者たちに対して、許可を与えてしまうといった傾向も含めた、さまざまな種類の失望につながりかねないのだということを、私たちは指摘しておきたいだけです。あなたは以前、そのような経験をしたことがあると私たちは思います。これを繰り返すことを選択することもできますが、すでに意に満たないと確証済みの恋愛関係を繰り返す前に、あなた自身がもっている傾向を再調査すれば良いのではないかと、私たちは思います。〈学者〉の筆記録】

ジム・ヴァーネットは本を開き、部屋の隅に座って、わざとセッションを無視しています。

「もうひとつ質問があります」とジムの態度に明らかにばつの悪い思いをしているマットが言いました。

「なぜこのような学びに私たちが関わる必要があるのでしょうか」

あなたがそうすることを選んでいるからです。

「今回の人生で、私たちの誰かがこれを理解することはできますか」

熱心に学べば、できます。

「これを私たちが理解する必要はありますか」とエミリーが質問しました。

その必要はありません。また別の人生で、いつか必要になるかもしれません。

「ではなぜ努力する必要があるでしょうか」とマットが質問しました。

学ぶため、知るため、あなたがたの好奇心を満たすためです。自由になるためです。

「それで十分なのですか」とウォルターが質問しました。

それがすべてです。

【14章：追加の情報】

生物学もオーバーリーフも、「運命」ではありません。文化と教育があらゆる人生経験の背景を提供するように、それらは枠組みを提供します。そして分別のない生物の種の数多くの中にも社会組織が存在しますが、そこには無数の選択肢があるのではなく、ひとつの種の個々のメンバーの中に組み込まれ、制御されているものと並列して、それらは環境の要求を直接的に反映する傾向があります。魂を宿した〈断片〉としてのあなたがたは、常に数多くの選択肢をもっています。これは常にあなたがたが少なくともひとつの魅力的な選択肢を見つけなければならないという意味ではありません。そうでない場合も明らかにあります。ハリケーン、洪水、地震、戦争などのために自分の家を離れなければならない者たち、あるいは家を守るためにけがをしたり、死んだりするような危険を冒す者たちについて考えてみてください。しかし選択肢は常に存在し、選択が避けられることはありません。私たちが以前にも述べた通り、何もしないと決めることは、他のあらゆる選択と同様に、選択肢のひとつです。社会化は、服装に関する優先事項や、食事に適したもの、自己紹介の仕方などのように、より普通の選択を楽に行える環境を提供します。しかし必然的に、このような習慣的な選択にさえも決定点があり、これにあなたがたはさまざまな方法で取り組むことができます。そしてそこには幅広い結果の可能性があります。結果がどのようなものになるかは、あなたがた次第で決まることです。

あとがき【一九七八年】

この教えは条件なしに、あなたがたに自由に提供されています。

しかし、この本がこの教えに対する信仰や信念を普及させるようなことにならないことを、私たちは望んでいます。そうなることは、私たちがこの教えを伝達する目的を失敗させることになるからです。結局のところ、この教えは主に物質界には数多くの素晴らしいことがあるという真実と、「力」のモードにある幼児期の「奴隷」にとっての真実が、「観察」のモードにある老年期の「聖職者」にとっての真実とは異なるのだということを、伝えています。何度も述べているように、信念や信仰を何に対してももつことは、建設的というより破壊的なことです。これはタビネズミを海へと突き動かすような、盲目さをあらわします。

「懐疑主義者」とすべての風変わりな人物たちの姿勢は人類の歴史上、最も驚くべき、革新的な考えをつくり出してきました。「観察」のモードはもちろん、要求を満たすための供給物をつくり出します。なぜならこのモードの性質が、物事に気づくことだからです。

あなたがたが人生の仕事の中で、人生のサイクルについて理解するためにに利用できるひとつの道具として、私たちはこの教えを提供しています。これを私たちは人生のサイクルの目的として提供します。人間は孤独な狩人、獲物を求める動物として生まれます。人生のサイクルの間に、人間は仲間の人間たちと溶け込むことを学ばなければなりません。これは中位アストラル体における、進化の次の段階に進むために、すべての断片が踏まなければならない、基本的な段階です。この単純な学びとあらゆる苦痛を得るために、人間は何度も繰り返し人生を生きなければなりません。物質界での苦痛は、人間が孤独な捕食者から、啓発された高尚な状態へ向けた進化の梯子を登る時に経験する、恐ろしい孤独感に関係しています。

必要無いとは思いますが、ここで私たちは再び、魂には性別がなく、私たちが人間を"Man"と呼ぶ時、それは都合が良いからそのように呼んでいるだけであって、性的な定義づけによって優劣をつけようという意味はまったくないということを、言っておきます。男性と女性としてのあなたがたの経験は、等しく有効であり、霊的成長においてどちらかの性別が優位な立場にあるなどと仮定する理由は、どこにもありません。

これらの言葉を読む者たちのほとんどが、いずれかの段階でこれを真の教えであると確証するでしょう。より若いサイクルにある者たちの中には、苦しい孤独感を改善することができない者もいます。より古い魂たちは愛すべき仲間たちを集めて、統合の過程を経験し始めることを学ぶ者たちもいます。

〈本質〉そのものは、この統合が起こるために必要とされる長さまで生きることが可能です。この世界は、他の数多くの世界と同じように、真の統合への切望を説明するために、象徴的表現を用います。例えば、結婚式で二人が一心同体になるなどと言う、恐れを知らないばかげた考えなどです。もちろん、真の統合は肉体ではなく、魂だけに起こることであるため、これは不可能です。〈本質〉同士の接触をするには、お互いに世界の反対側にいても可能です。

進化の過程は、私たちが伝達した教えの中で、規則正しく進みます。私たちは老年期の魂たちが〈本質〉と接触できるようにするための機会を増やすために、いくつかの過程を進化させました。私たちは決してあなたがたに、これをやらなければならない、あれをやらなければならないなどと言ってはいません。もしあなたがたが〈本質〉と接触したいと望むならば、あなたがたは心を穏やかに静めなければなりません。そして私たちの知識によると、これは瞑想や追想などのような、特定の技術を賢明に使うことで、比較的簡単に達成されます。

私たちは道ではありません。私たちはあなたがたに人生のサイクル全体に関する、私たち自身の経験と、その経験が集合的に私たちに教えてくれたことを提供しています。私たちは〈戦士〉と〈王〉でした。私たちはこれらの役割をもって、あらゆる人生を経験しました。私たちはあなたがたと同じように、順序通りの役割や高位の役割、順序通りの立場や高位の立場をもって生きました。私たちは今のあなたがたと同じように、何千回も激しい喧嘩をし、争い、愛し、嘆き、死にました。私たちはやがて、私たちがアガペーと呼んでいる、無条件の受容という意味での愛し方を学びました。そして存在の新たな次元に移行しました。学びは続きましたが、私たちはより偉大なる仕事についての統合された感覚をもっていました。そして何千年もの後、私たちは存在のまた別の次元へと進むことになり、今の次元を去るためには、さらに追加の教えを学ばなければならないようです。

私たちの言葉がきき入れられなかったとしても、それは人間の感覚で言うように、私たちが失敗したことにはなりません。なぜなら私たちの目的は要求することでも、変えようとすることでもなく、伝えることだからです。私たちはあなたがたが答えをもとめる質問に答えるだけで、それ以外のことは何もしません。私たちは天国も地獄も約束しません。進歩的な進化があるだけです。その究極の状態は至福です。そしてあなたがたは私たちの助けがあっても無くても、それを達成します。

あなたがたの多くが、東洋と西洋の概念の融合を、嫌なことだと思うでしょうし、それは予想できることです。この概念がひとつになった時にこそ、私たちは発展を認めることになるでしょう。ほとんどの教えにはある程度の真実がありますが、私たちの知識によると、物質界の範囲内には現在、あなたがたがあると信じている普遍的な真実を手に入れる方法を提供できる教えは、ひとつもありません。私たちはロゴスの全体を把握していません。もし私たちがそれを把握していたとしたら、あなたがたは今、高位メンタル体の顕現を経験していることになり、私たちがそのような存在でないことは確かです。

あらゆる意味において、私たちはあなたがたと同じように、私たちの目の前に横たわっていることに対する心構えができていません。主な違いは、物質界とアストラル界の両方で、あなたがたがやがて経験することを、私たちは既に経験済みだということです。

では総括しましょう。この教えは愛をもって提供されています。信仰や信念はまったく必要ではありませんし、望まれてもいません。あなたが信じようが信じまいが、進化は起こるからです。

一九七八年一〇月一六日　　マイケル

新しいあとがき【二〇〇四年】

私たちの小さなグループは四半世紀以上もの間、制約を受けることもほとんどなく、「グル」の教義への誘惑を避け、「内なる叡智」仲間によくある落とし穴にはまることもなく存続してきました。これは私たちの経験からすると主に、青年期の魂からなる種にしてはかなり珍しいことです。この小さなグループのメンバーのほとんどが成熟期と老年期の魂ですが、彼らは青年期の魂の惑星上の、青年期の魂の国に生きているのであり、そのような環境ではそこに現存している〈断片〉たちのために、社会的しきたりや哲学を形づくることに、力が尽くされるからです。このような状況下で、カルトや異端の教団をつくる誘惑をこれほどまでに良心的に避けながら、良好な仲間関係を維持することができるというのは、非常に珍しいことです。メンバーのほとんどは、信奉者になるのではなく、生徒であり続け、好奇心に動かされるままに喜んで質問をし、「地位」を高めるために「知恵」をひけらかすことも、詳細にこだわって内側にばかり成長することもありません。しかしこのようなことが、あなたがたの種やその他の種のさまざまな生徒たちの上に起こるのを、私たちは何度も見てきました。

私たちはあなたがたのように時間を経験しませんが（そうするためには私たちは老齢の肉体を必要としますが、そのような進化の段階が私たちにとって遠い過去のものとなっていることは間違いありません）、物質界での人生を定義づける、数多くの物質的状態を鋭く認識しています。その中には非常に心地よいものもあれば、かなり辛いものもありますが、それらすべてが〈本質〉の進化に貢献し、魂をもった生命のレベルやサイクルを通して生きられるにしたがって、だんだんと積み重ねられて行くのです。やがてあなたがたは、過去の経験を現在の経験に役立たせることの意味に気づくでしょう。「必要」だから気づくのではなく、それが魂をもった種の進化の性質だから気づくのです。もちろん、これを行うためには「正しい」方法も「間違った」方法もありません。あなたがた自身の選択を押しのける、外的「権威」は存在しないのです。このような事実はありません。そこには記録係も、あなたがたを褒め讃えたり、激しく叱ったりする、両極端なうわべだけの親も存在しません。今回のあなたがたの人生において、そしてその他のどの人生においても、唯一権威をもっているのはあなたがたの〈本質〉です。〈本質〉は独断的な基準であなたがたの行為や選択を評価することが無く、あなたがた自身の完全さへと経験を統合します。〈本質〉は性急に判断を下すことがありませんし、あなたがたの人生を測る基準をもっていません。カルマが法則だと言う時、私たちは法的な意味で言っているのではなく、引力という意味で言っています。

　タオとは愛を表現する出来事であり、物質界からアストラル界、コーザル界からアカシック界やブッディ界、そしてタオそのものまで、すべての次元にあらゆる形態で存在しているのと同じように、あなたがたの〈本質〉とは累積的な人生と、その役割と配役です。タオも、肉体をもたない教師たちも、あなたがたの〈本質〉も、崇拝されることを必要としませんし、どんなに魅力的であったとしても、崇拝されたいという願望をもちません。神という言葉があらわすあらゆる意味において、私たちは神ではありません。タオもまた、神または神々ではありません。私たちは「指導者」でも「教師」でもありません。私たちは承認も不承認も無しに、あなたがたの質問に答えます。あなたがたがより「良い」質問やより「悪い」質問をすることはあり得ません。あなたがたには、何一つ必要とされることがありません。信仰も、承認も、支持も必要ありません。あなたがたに約束されていることは、進化の「真実」以外に何もありません。進化は「賄賂」を受け取りませんし、「罰」を割り当てることもありません。進化は独自の性質に基づいて起こり、それが機能するために「特別な」状況は必要ありません。基準や条件や賞賛を押し付けるような教えは、どれも有効な中位コーザル界の教えではありません。私たちは「グル」たちに「特権」を与えません。私たちは無条件の愛をもって、〈断片〉に情報を伝えます。これは感傷的で操作的な押しつけを意味するのではなく、本当に慈悲深い私心のなさを意味しています。あなたがたのすること、あるいはしないことが、私たちの提供する情報を変えることもありませんし、あなたがたが本物の霊媒と接触し続ける限りは、このような情報を入手できなくなることもありません。本物の霊媒とは、人生計画に中位コーザル界との連絡を取ることが含まれている老年期の魂を意味し、オーバーリーフがこのような連絡を取ることを可能にする者のことを意味します。承認や実証と、信じることとは異なります。信じることは、あなたがたの誰にも「期待」されていませんし、「必要」ともされていません。それは今回の人生においても、他の人生においても同じです。

存在しているすべての〈断片〉の、すべての人生、すべての経験は、あなたがたにとっても他の誰にとっても、等しく正当です。選択についても同じことが言えます。いったんこのことに気づき、これを確証すれば、自分自身との本当の親密さを保つことが可能になり、さらには広範な親密さに対する恐怖が消えていきます。これが良い働きの根本的性質であり、〈本質〉の作用であることは、間違いありませんが、これは私たちによっても、他のどのような存在によっても、何らかの形であなたがたに要求されるものではありません。

二〇〇四年七月　マイケル

訳者あとがき

「マイケルからのメッセージ（Messages from Michael）」は一九七九年に最初にアメリカで出版されて以来、多くの読者の支持を受け続けてきた本で、二〇〇五年には新たなメッセージが追加されて編集された、二五周年記念版が発行されました。本書はこの二五周年記念版の訳書です。七〇年代から今日まで、アメリカの精神世界に影響を及ぼし続けてきた本書が、二一世紀に合わせた改訂版となって、日本で出版されることになったのは、大変喜ばしいことだと思います。

本書に登場するマイケルとは、千以上の魂が再統合した、中位コーザル界の存在です。本書では「マイケル」「彼」などのように単数で呼ばれていますが、現在マイケル・グループのメンバーの間では、「マイケルたち（The Michaels）」という呼び方で統一されているようです。

ウィージャ盤をとおしてマイケルたちから最初にメッセージを受け取って以来、マイケル・グループのメンバーたちは現在まで三〇年以上もの間、定期的に集まり、メッセージを受け取り続けています。その膨大な量のメッセージは、本書の他にも数冊の書籍として発行されているほか、ホームページ上（http://www.messagesfrommichael.com/）でも一部公開されており、登録すれば最新のマイケル・メッセージがメールで受け取れるニュースレターなども発行されているようです（すべて英語）。

マイケル・グループそのものは現在も非公開で、メンバーの承認がなければ新たにグループに加わることはできませんが、マイケル・メッセージの内容に興味を持った読者のために、マイケルたちにオーバーリーフをきいたり、質問したりできる、有料のサービスも提供されています。

ウィージャ盤とは、日本で言うところの「こっくりさん」とほぼ同じもので、日本では紙に鉛筆やペンで数字や五十音を書いて、鉛筆などを持って質問をし、その鉛筆が動いた先の答えを読み上げますが、ウィージャ盤はこれがボードゲームのようになって販売されているもので、鉛筆の代わりにプランシェットという、より滑りのよい道具を使います。私も子供の頃、放課後に友達とふざけてこっくりさんをして遊んだ記憶がありますが、大の大人が集まってウィージャ盤に向かい、大真面目な質問をしている姿を想像すると、少し滑稽なようにも思えます。しかしこれが三〇年以上も続けられているということが、このマイケルたちという存在の魅力と、そのメッセージの実用性を物語っているのかもしれません。

マイケルたちが繰り返し言っているとおり、「信じる」必要は何一つないのですから、「マイケルからのメッセージ」を活用するもしないも、自由に使っていただければ、訳者として幸いです。

この本につながるすべての皆様に感謝をこめて

二〇一〇年五月　鈴木　里美

【行動】		【吸収】
＋説得 〈戦士〉 －威圧	＋支配 〈王〉 －独裁	＋知識 〈学者〉 －理論
＋献身 「服従」 －追従	＋指導力 「支配」 －専制	＋停止 「停滞」 －ものぐさ
＋反論 「皮肉主義者」 －中傷	＋知覚 「現実主義者」 －推測	＋実用性 「実用主義者」 －教義
＋無私 「殉教」 －頑固	＋大胆さ 「せっかち」 －不寛容	＋決断 「頑固」 －頑迷
＋持続性 「忍耐」 －不変	＋活力 「攻撃」 －好戦性	＋明晰 「観察」 －監視
＋永続的 「運動」 －精力的	＋超道徳的 「性」 －色情的	＋原子 「本能」 －解剖

オーバーリーフ表

	【表現】		【霊感】	
役割	＋創造 〈職人〉 －巧妙さ	＋表現 〈賢者〉 －演説	＋奉仕 〈奴隷〉 －束縛	＋慈悲 〈聖職者〉 －熱狂
目標	＋識別 「拒絶」 －偏見	＋アガペー 「受容」 －機嫌取り	＋先祖返り 「妨害」 －隠遁	＋理解 「成長」 －混乱
態度	＋調査 「懐疑主義者」 －疑念	＋融合 「理想主義者」 －抽象化	＋平静 「禁欲主義者」 －諦め	＋証明 「精神主義者」 －信仰
主特性	＋自己犠牲 「自己破壊」 －生贄	＋自己中心癖 「貪欲」 －強欲	＋謙遜 「卑下」 －自己軽視	＋誇り 「傲慢」 －虚栄
モード	＋熟考 「注意」 －恐怖症	＋権威 「力」 －圧制	＋自制 「抑圧」 －禁止	＋自己実現 「情熱」 －同一化
センター	＋思考 「知性」 －理屈	＋統合 「高次の知性」 －テレパシー	＋感受性 「感情」 －感傷	＋感情移入 「高次の感情」 －直観

訳者：鈴木　里美（Suzuki Satomi)

学生時代の留学経験をいかして翻訳、英会話指導をするほか、サウンドヒーラーのトム・ケニオン氏のもとで学び、2007年よりボイス・トーニングのセッション、ライブなどを行っている。宮城県在住。
訳書にトム・ケニオン著『マグダラの書』、ジャスムヒーン著『神々の食べ物』、ジーナ・レイク著『根本的な幸せへの道』（すべてナチュラルスピリット刊）などがある。

ホームページ　http://www.gandtree.com

著者：チェルシー・クィン・ヤーブロ（Chelsea Quinn Yarbro）

プロの作家として40年以上の経験を持つヤーブロは、これまでに80冊以上の本を書き、70以上の短編フィクション、多数のエッセイや論評を発表する。またクラッシック音楽の作曲もしている。彼女のプロとしての最初の仕事は、随分以前に解散した子供劇団の脚本家（1961年～1962年）。60年代半ばに小説家に転向し、以来書き続けている。

1963年に大学を離れて1970年にフルタイムの作家になるまで、人口統計学の地図製作者として働き、今でも彼女自身の本や時おり他の作家たちの本の地図を描いている。

幅広いテーマの参考図書を所有しており、それらは食やファッション、武器や通商路、宗教や法律などすべてに及ぶ。歴史や文化に大変な魅力を感じ続けており、コレクションは絶えず増え続けている。また、大量の書物を読み、小説の題材になるような興味深い人々や土地を探し続けている。

1997年、トランシルバニア・ドラキュラ協会より文学騎士の爵位を与えられ、2003年世界ホラー協会よりグランド·マスター賞を与えらる。2006年、国際ホラー組合は生きた伝説の1人として登録し、女性として初めてこのような栄誉を受けた。

懐疑的なオカルト研究者として彼女は40年以上にわたって錬金術から動物占いまであらゆる研究をし、1970年代後半にはサンフランシスコのマジック・セラーでプロのタロットカード占い師や手相見として時々働く。

彼女には家庭的なたしなみが2つあり、良き料理人であり、針仕事が得意。その他のことは手当たり次第。

離婚経験があり、カリフォルニア州バークレーの町に3匹の猫（手に負えないバタースコッチとクランペット、エカチェリーナ大帝）と暮らしている。執筆が忙しくない時は交響楽団の演奏会やオペラを見に出かける。

数年前、親戚の集まりで40年ぶりに再会したいとこがヤーブロに、「最後に会った時、ヤーブロは暗がりに座って怖い話をしていた」と言う。それに答えてヤーブロは言いました。「驚くなかれ、私は今も同じことをしているのよ」

マイケルからのメッセージ

●

2010年10月26日　初版発行

著者／チェルシー・クィン・ヤーブロ

訳者／鈴木里美

装幀／斉藤よしのぶ

編集・DTP／日浅綾子

発行者／今井啓喜

発行所／株式会社ナチュラルスピリット・パブリッシング80

〒104-0061　東京都中央区銀座2-12-3 ライトビル8階
TEL 03-3542-0703　FAX 03-3542-0701
E-mail: info@naturalspirit.co.jp
ホームページ http://www.naturalspirit.co.jp/

印刷所／壮光舎印刷株式会社

ISBN978-4-903821-83-2 C0011